High Performance Leader – Dauerhaft erfolgreich auf der Top-Ebene

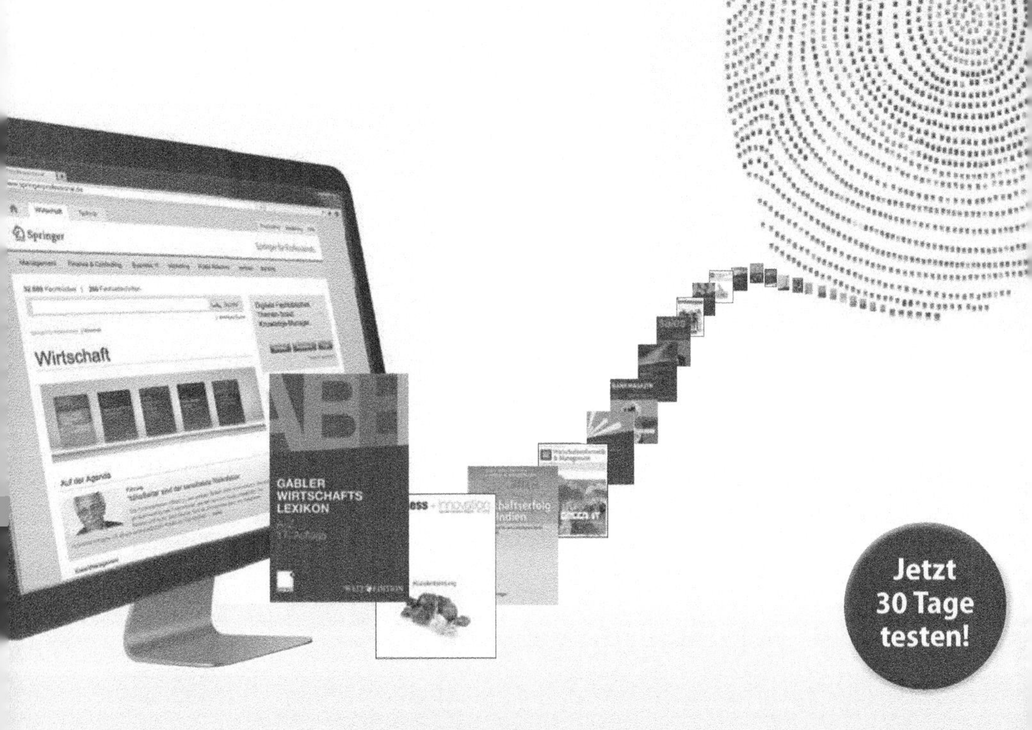

Doris Kappe

High Performance Leader – Dauerhaft erfolgreich auf der Top-Ebene

Wirksame Selbst- und Unternehmenssteuerung

Dr. Doris Kappe
Aschau
Deutschland

Kontakt unter:
www.drkappeconsulting.de
info@drkappeconsulting.de

Eingetragene Marken:
Dr. Kappe Integrierte Unternehmensentwicklung®
Dr. Kappe Integriertes Change Management®
Dr. Kappe Integriertes Change Coaching®

Um die Lesbarkeit zu vereinfachen, wird auf die zusätzliche Formulierung der weiblichen Form verzichtet.
Wir möchten deshalb darauf hinweisen, dass die Verwendung der männlichen Form explizit als geschlechtsunabhängig verstanden werden soll.

ISBN 978-3-658-09018-0 ISBN 978-3-658-09019-7 (eBook)
DOI 10.1007/978-3-658-09019-7

Die Deutsche Nationalbibliothek verzeichnet diese Publikation in der Deutschen Nationalbibliografie; detaillierte bibliografische Daten sind im Internet über http://dnb.d-nb.de abrufbar.

Springer Gabler

Gedruckt auf säurefreiem und chlorfrei gebleichtem Papier

Springer Fachmedien Wiesbaden ist Teil der Fachverlagsgruppe Springer Science+Business Media
(www.springer.com)

Inhaltsverzeichnis

1 Einleitung

„Before you are a leader, success is all about growing yourself. When you become a leader, success is all about growing others."
(J. Welch/Marci 2015)

Zusammenfassung

Erfolgreiche Unternehmen brauchen Persönlichkeiten, die die heutigen Führungsherausforderungen angehen und für strategisch komplexe Problemstellungen Lösungen finden. Die Megatrends Globalisierung, Digitalisierung, Individualisierung, demografischer Wandel und Umweltkrisen sorgen für höchst volatile Zeiten, in denen sich ganze Branchen tief greifend verändern. Viele unterschätzen die rapide zunehmende Komplexität und Dynamik dieser Veränderungen. Gemäß dem von der Boston Consulting Group entwickelten Komplexitätsindex hat sich die Businesskomplexität in den vergangenen 60 Jahren versechsfacht. Dies lässt sich mit den traditionellen Managementansätzen nicht mehr steuern, weder durch ständig erweiterte Leistungskennzahlen noch durch Personal- oder Kulturinitiativen. Stattdessen wird das Nutzen der kollektiven Intelligenz im Unternehmen zum wichtigsten Erfolgsfaktor für gute Entscheidungen. Je höher die Komplexität, desto höher der Ertrag aus der kollektiven Urteilskraft.

Der High Performance Leader schafft Arbeitsstrukturen und -kulturen, die Mitarbeiter in die Lage versetzen, ihre Intelligenz und Kreativität maximal einzubringen. Er ist ein sozialer Architekt, der Neues schafft, Innovationen fördert, Kräfte entfesselt und das operative Geschäft am Laufen hält. Ein Managementteam entscheidet besser, wenn es die Vielfalt der vorhandenen Erfahrungen und Perspektiven gezielt nutzt. „Wie können die Eckpunkte dieser neuen Führung aussehen?

D. Kappe, *High Performance Leader – Dauerhaft erfolgreich auf der Top-Ebene*,
DOI 10.1007/978-3-658-09019-7_1

Operative Problemlöser sind nicht mehr im Vordergrund, stattdessen wird der Rahmen gesetzt, in dem Beschäftigte ihre Probleme selbst lösen“, so Prof. Dr. Christian Stamov-Roßnagel im Harvard Business Manager Spezial. (2015) Das allein reicht allerdings nicht aus. Für die High-Performance-Organisation braucht es, ergänzend zu den hierarchischen Strukturen, durchdachte Netzwerkstrukturen und eine integrierte Steuerung, die sowohl die fachliche als auch die Verhaltensebene berücksichtigt. Es braucht High Performer, die im Führungsteam die richtigen Weichen stellen, Netzwerkstrukturen aufbauen und eine Teamkultur (vor-)leben. Das operative Geschäft wird über die vorhandenen hierarchischen Strukturen gesteuert. Die Zukunftsthemen, die sich aus der Unternehmensstrategie ergeben, werden von eigens aufgesetzten Netzwerken, das heißt interdisziplinär zusammengesetzten Arbeitsgruppen bearbeitet. Nicht die sogenannten „larger-than-life charismatics“ (Kotter 2008) sind entscheidend, vielmehr kommt es auf das Zusammenwirken von Leadern, Managern und Mitarbeitern an, die in einem abgestimmten Change-Leadership-Prozess, in Tausenden von ausgerichteten Einzelaktionen, das Neue schaffen.

Glaubwürdige, verlässliche und mental ausgerichtete Führungskräfte bilden mit jeder ihrer Handlungen und Aussagen Vertrauen in diesen Prozess. „Die Unantastbarkeit meiner Versprechen, der Glaube an den Wert meiner Ware und an mein Wort standen mir stets höher als ein vorübergehender Gewinn“, so Robert Bosch. (Matschoss 2014) Der High Performance Leader kennt darüber hinaus die Grundbedürfnisse der Menschen und berücksichtigt diese in seinem Führungshandeln:

- Autonomie – das Bedürfnis, eine Wahl zu haben
- Bezogenheit – das Gefühl, verbunden zu sein mit anderen
- Beitrag – das Bedürfnis, eigene Stärken einbringen zu können
- Kompetenz – das Gefühl, sich weiterentwickeln und einen sinnvollen Beitrag zu einem großen Ganzen leisten zu können.

Die entscheidende Schlüsselkompetenz bezogen auf den Aufbau von Glaubwürdigkeit des High Performers ist wirksames Selbstmanagement. Es bedeutet, die Verantwortung über den eigenen mentalen Zustand, über das Erleben des Lebens in jedem Moment als Ergebnis des Denkens und Fühlens zu übernehmen und zu managen.

Festgefahrene Überzeugungen, Denk- und Verhaltensmuster sind lediglich Wiederholungsschleifen des schon Dagewesenen und stellen de facto ein großes Risiko, nicht nur für die Führungskraft, sondern auch für das Unternehmen dar. Denn „im Extremfall wird das Unternehmen zum Spiegelbild der Seele des Geschäftsführers.“ (Kets de Vries 1996) Und wo große Stärken sind, sind auch immer eklatante menschliche Schwächen zu finden. Selbstzerstörerische Verhaltensmuster wie Workaholismus, Realitätsverlust, Vereinsamung spielen auch beziehungsweise besonders bei den Mitgliedern der Top-Führungsebene eine große Rolle. Viele High Performer sind ständig auf Achse, selbst am Wochenende kann sie nichts davon abhalten, Unerledigtes abzuarbeiten, ambitioniert Sport zu betreiben, Berichte und Artikel zu studieren etc. Ruhe, Besinnung, Geduld, Entspannung haben da oft wenig Platz. Erschwerend kommt hinzu, dass das Selbstverständnis und das Rollenbild der erfolgreichen Führungskraft keine Schwächen erlaubt und ihr Verhalten in der Leistungsgesellschaft immer wieder belohnt und damit verstärkt wird. In den psychosomatischen Kliniken befinden sich Arbeitssüchtige, die ihren Herzinfarkt gerade so überlebt haben und immer noch nicht in der Lage sind, Phasen der Ruhe und Entspannung in ihr Leben zu integrieren. Doch häufig genug wird erst dann, wenn die Balance schon weit aus den Fugen geraten ist, wirklich nachgedacht: über sich selber. Für die Betroffenen ist es hilfreich zu lernen, sich zu erinnern und die zugrunde liegende Dynamik für ihr Getriebensein zu finden. Für denjenigen, für den die Arbeit das Zentrum seines Lebens ist, sind Selbstwertschätzung und Leistung eng miteinander verknüpft. Oft hat er gelernt, sein gesamtes Selbstwertgefühl aus der Arbeit zu ziehen. Erst durch das Erkennen der Hintergründe und Motive wird er sein Verhalten ändern können. Doch gerade High Performer neigen dazu, den Preis, den eine allzu einseitige Ausrichtung im Leben haben kann, zu verdrängen, um dem Helden in sich treu zu bleiben. Je größer der Verantwortungsrahmen ist, desto größer ist die Notwendigkeit, genau das nicht zu tun. Stattdessen sollte jeder High Performer die eigenen Verhaltensmuster (er-)kennen und managen können. Das hilft, am Boden zu bleiben und einen auf Dauer angelegten gesunden Kontakt mit sich selber und mit anderen aufzubauen und zu erhalten. Selbstmanagement oder Personal Mastery bedeutet einerseits, sich nicht einzuschränken, vielmehr das volle Potenzial zur Wirkung zu bringen, und andererseits, sich nicht selber durch die gelernten Muster steuern zu lassen.

> Je besser der mentale Zustand ausgerichtet wird, desto wirksamer sind Manager in der Realisierung ihrer Ziele, desto geringer ist das Risiko für das Unternehmen und desto wahrscheinlicher der dauerhafte Erfolg.

Der Zusammenhang zwischen mentalem Zustand und Erfolg konnte auch in einer globalen Langzeit-Studie von Caillet, Hirshberg und Petti (2014), in der 740 Leader befragt wurden, bestätigt werden. Ergebnisse dieser Studie waren beispielsweise:

- Mentale Zustände, die von Leadern oft erfahren werden, sind: happy, energized, excited, elated, ecstatic, euphoric, satisfied, calm, stressed, anxious, frustrated, tired, disappointed, angry, depressed, hopeless, desperate.

- 94 % der Befragten antworteten, dass calm, happy and energized (CHE) die mentalen Zustände sind, die in Zusammenhang mit Effektivität und Performance erlebt werden, und dass die meisten Leader in der Lage sind, diesen emotionalen Zustand regelmäßig herzustellen.
- Die mentalen Zustände frustrated, anxious, tired and stressed (FATS) treten allerdings relativ häufig auf und können kurzfristig Vorteile bringen, sind aber gegenläufig, das heißt, sie haben langfristig gesehen und besonders in der Beziehungsgestaltung einen negativen Effekt.
- Die Befragten empfanden es schwieriger, von einem niedrigen (z. B. angry, hopeless, depressed) in einen höher eingestuften (happy, energized, excited) mentalen Zustand zu wechseln.

Heute gibt es hochwirksame Selbstmanagement-Methoden, die helfen, die mentalen Denk- und Verhaltensmuster zu erkennen und auszurichten, das heißt, die oft blockierenden Hintergrund-Dynamiken zu lösen und das volle Leadership-Potenzial zur Wirkung zu bringen. Durch eine fokussierte Bearbeitung der entscheidenden Selbstmanagementthemen wird die Wirksamkeit in der Leadership-Rolle nachhaltig gesteigert und die Balance im Leben ausgerichtet. (Kap. 3)

Führung in Zeiten der Transformation 2

Zusammenfassung

Gestiegene Kundenerwartungen und ständig notwendige Organisationsveränderungen stellen höchste Anforderungen an die Top-Führungskräfte. Gerade in diesen Zeiten ist es von entscheidender Bedeutung, sich die Ausrichtung des Unternehmens, der Führung und des eigenen Handelns zu vergegenwärtigen und diese entsprechend anzupassen. Für die Bewältigung der Transformation sind Vertrauen und Glaubwürdigkeit in die Führung von großer Bedeutung. Doch häufig findet man eher Orientierungslosigkeit und Aktionismus anstatt wirksame Neuorientierung und Anpassung. Führungskräfte, die die Ausrichtung des Unternehmens nicht regelmäßig überdenken und die notwendigen Entwicklungen nicht vornehmen, riskieren dessen Existenz. Doch die Fähigkeit hierzu beginnt mit der eigenen Person. Findet weder Reflexion noch Neuausrichtung bezogen auf die eigene Person statt, ist die Wahrscheinlichkeit groß, dass genau das in Bezug auf das Unternehmen ebenso wenig passiert. Will man den Führungsanforderungen gerecht werden, braucht es Reflexionsfähigkeit, Lernbereitschaft und Gestaltungswillen. Es braucht die Bereitschaft, mit gesunder Distanz die jeweilige Situation zu betrachten und auszurichten. Je anspruchsvoller die Herausforderungen sind und je größer der Verantwortungsrahmen ist, desto entscheidender ist es, ein wirksames Selbstmanagement zu pflegen. Denn dadurch wird eine ausgeglichene innere Basis geschaffen beziehungsweise gestärkt, die es erlaubt, die jeweiligen Veränderungen klar einzuschätzen und die Situation zu gestalten. Einsamen Helden auf der Top-Ebene gelingt dies oft nicht mehr, sie verlieren stattdessen den Bezug zu sich selber, zu Kollegen, Freunden und damit zu ihrer Umwelt. Der dauerhaft erfolgreiche High Performance Leader ist ein Selbstmanager, er arbeitet am inneren und äu-

D. Kappe, *High Performance Leader – Dauerhaft erfolgreich auf der Top-Ebene*,
DOI 10.1007/978-3-658-09019-7_2

ßeren Erfolg, er weiß, worauf es hier ankommt, und er findet Lösungen für sich und sein Umfeld. Er weiß die eigenen Potenziale und die der anderen nachhaltig zur Wirkung zu bringen.

Sowohl die Wirtschaft als auch die Gesellschaft durchlaufen derzeit eine der größten und fundamentalsten Transformationsperioden. Die treibenden Kräfte dieser Transformation kann man zu fünf großen Themenfeldern zusammenfassen: Demografie, Technologie, Klimawandel, Staatsverschuldung und – bedingt durch die gegenseitige Abhängigkeit – Komplexität.

George Friedman (2009), ein Experte für politische Strategie, beschreibt unsere Zukunft mit den folgenden Worten: „Demokratisierung der Technologie, die letztlich in einer rasanten telekommunikativen Verflechtung ihren Höhepunkt findet." Globalisierung bedeutet also eine den Globus umspannende Verflechtung und Vernetzung, basierend auf einer vor Jahrzehnten noch als undenkbar anmutenden Kommunikationskultur. Die Chancen der Globalisierung liegen in der Transparenz gewisser politischer und auch wirtschaftlicher Zusammenhänge. Die Globalisierung ermöglicht vor allem im unternehmerischen Umfeld weltweiten Zugang zu Wissen sowie einen damit einhergehenden stärkenorientierten Einsatz von Ressourcen in den jeweiligen Märkten. Die Auswirkungen der Globalisierung liegen sicherlich in einem gnadenlosen Verdrängungswettbewerb, der wie zu keiner anderen Zeit das Prinzip der reifen Märkte auf globaler Ebene (und nicht mehr nur im Heimatmarkt) durchsetzt. Es geht nicht mehr um das Schlucken der Kleinen durch die Großen, sondern vielmehr um das Einverleiben der ins Konzept passenden Langsamen durch die Schnellen. Das heißt, Globalisierung eröffnet Chancen und birgt gleichzeitig die Gefahr, nicht schnell und richtig genug reagiert zu haben. Unweigerlich wird durch zunehmende Internationalisierungstendenzen aus dem nationalen der globale Markt, aus dem Agieren in einem souveränen Staat ein Aktionismus mit Weltformat (durch vermehrte Abhängigkeiten) und aus der Kultur eines einzelnen Unternehmens ein Melting Pot gemeinsam getragener Werte in der fusionierten Holding.

Der Zweck eines Unternehmens, nämlich die (Er-)Schaffung von Kunden durch eine Marktleistung und die Transformation von Ressourcen in ökonomische Werte, erhält grundsätzlich neue Möglichkeiten und Perspektiven. Auf Basis der technischen Kommunikations- und Interaktionsmöglichkeiten, die das Internet, der E-Commerce und das World Wide Web bieten, sind Zeit und Distanz (theoretisch) keine limitierenden Faktoren mehr. Produktentwicklung zum Beispiel kann in einem 7/24-Service rund um die Uhr von einem internationalen Team geleistet werden. Es gibt kein Problem, Wissen auszutauschen und mit einer spezifischen Entwicklungsarbeit am anderen Ende der Welt fortzufahren.

Konsequenzen, die diese enormen Möglichkeiten für die Unternehmen und deren Führung haben, sind:

- Auf Basis des weltweiten Wettbewerbs sind Unternehmen gezwungen, die technologischen Möglichkeiten zu nutzen.
- Unternehmen sollten die notwendige Hard- und Software einführen, die ein integriertes Informationssystem ermöglichen.
- Mitarbeiter müssen in die Lage versetzt werden, diese Technologien zu nutzen und in virtuellen, globalen Teams zu arbeiten.

Die ökonomischen und technologischen Entwicklungen bedeuten für das Management von Unternehmen, dass komplexe Probleme zu lösen und höchste Maßstäbe gerade gut genug sind, um diesen Herausforderungen zu begegnen.

Das wiederum bedeutet, dass die skizzierten, in Gang befindlichen Veränderungen die Führungskräfte sämtlicher Organisationen vor größte Herausforderungen stellen. Die Schlüsselaufgabe der obersten Führungsebene ist es, in dieser Zeit für die richtige strategische Orientierung zu sorgen. Die strategischen Fragestellungen müssen neu gestellt und beantwortet werden: (Malik 2011)

- Wofür haben die Kunden bisher gezahlt? Für welche Lösungen werden sie künftig eine Rechnung zahlen?
- Welche Anforderungen an neue Lösungen sind gestellt und wo können wir bis zur Alleinstellung kommen?
- Wer oder was ist der Wettbewerb in der neuen Welt?
- Welches waren unsere bisherigen Stärken? Wo müssen wir die Stärken weiterentwickeln oder umlenken?
- Wie verändern sich die Mission des Unternehmens und seine Geschäftsfelder?
- Wie muss das Unternehmen künftig funktionieren? Was war bisher im Unternehmen wie geregelt, was aber künftig nicht mehr funktionieren wird?
- Wie müssen wir die Schlüsselressource Führung auf das Neue ausrichten?
- Welche Konsequenzen hat die neue Welt für die Liquidität, die Profitabilität und die finanzielle Stabilität des Unternehmens?

Die Beantwortung der Fragen und noch mehr die Umsetzung neuer strategischer Ausrichtungen erfordern Klarheit des Denkens, Präzision des Handelns, vorbildliches Verhalten und glaubwürdige Führung. Die Veränderung in den Märkten, die technologischen Entwicklungen, der Innovationsbedarf bei Produkten und Informationssystemen, bei der Produktion und Distribution werden Aufgaben erheblicher Komplexität mit sich bringen. Die entscheidende Problematik wird aber in den sozialen Folgen all dieser Veränderungen liegen. „Wir werden nicht nur anderes und anders produzieren, distribuieren und konsumieren; wir werden anderes und anders arbeiten, lernen und lehren, wissen und können, sagen und hören müssen; wir werden uns anders verhalten und die Menschen anders behandeln müssen, und vor allem werden wir anders führen müssen." (Malik 2013)

Es wird eine Wirtschaft sein, in der Wissen die entscheidende Komponente ist, um Leistung zu erzielen und Wohlstand zu schaffen beziehungsweise zu erhalten. Das Top-Management ist gefordert, bezogen auf diese Herausforderungen die richtigen Antworten zu finden und umzusetzen. Ohne auf die Frage zu antworten, warum Änderungen notwendig sind, was sich warum verändern muss, werden die notwendigen Transformationen nicht umsetzbar sein und es wird kein Vertrauen in die Führung entstehen. Die Welt strukturiert sich neu und es kommt darauf an, vorne mit dabei zu sein – mit Innovationen bezogen auf Strategien, Prozesse und das Verhalten.

Doch die Realität sieht ernüchternd aus. Obwohl laut einer Befragung von 101 hochrangigen Managern durch die Unternehmensberatung Accenture (Gneuss 2015) Deutschlands Großunternehmen fundamentale Veränderungen ihrer Branchen durch die Digitalisierung erwarten, verfolgen sie keine umfassenden Strategien in diesem Feld. Zwölf Prozent der Befragten erwarten disruptive Auswirkungen der Digitalisierung auf ihre Branche, 66 % sehr deutliche. Auch im Umgang mit Kundendaten sind die Unternehmen zurückhaltend. Nur neun Prozent analysieren das Nutzungsverhalten ihrer Dienste in großem Umfang, 55 % gar nicht. Von Widerständen der Mitarbeiter gegen diese Veränderungen der Arbeitswelt berichten 48 % der Umfrageteilnehmer. Eine übergreifende digitale Strategie gibt es der Umfrage zufolge aber nur in 41 % der Unternehmen, 48 % beschränken ihr Engagement auf einzelne digitale Projekte.

In dieser Situation ist es entscheidend, das Bewusstsein der Organisation dafür zu stärken, dass ständige strategische Anpassungen nötig sind und dass diese immer nach der größten erkennbaren Chance ausgerichtet sein sollten. Strategische Unternehmenssteuerung bedeutet relevante Veränderungen am Markt zu analysieren, Geschäftschancen oder Risiken hieraus abzuleiten und mit entsprechenden grundlegenden Veränderungen hierauf zu reagieren. Nur so können Wettbewerbsvorteile erkannt und das langfristige Überleben der Unternehmung gesichert werden. Wer das heute nicht tut, riskiert die langfristige Überlebensfähigkeit.

> Die Verwirklichung der Unternehmenspolitik stellt eine Daueraufgabe dar, die nur mit Aussicht auf Erfolg angegangen werden kann, wenn der systemische Einbezug in ein integriertes Gesamtkonzept verbunden wird mit einem systemischen Vorgehen bei der Erarbeitung und Umsetzung. Die Lenkung des Gesamtprozesses erfolgt dabei gleichzeitig auf der Inhaltsebene und auf der Verhaltensebene. (Krieg 1979)

Gelingende Transformation berücksichtigt notwendigerweise alle Systemebenen und erfordert eine entsprechende Erweiterung der Transformationsarchitektur. Bezogen auf die Unternehmenspolitik, die Unternehmensstrategie, die Unternehmensstruktur und die Unternehmenskultur sind Anpassungen unumgänglich. Das erforderliche integrierte Handeln ist keineswegs die selbstverständliche und angewandte Praxis in der Unternehmenssteuerung. Vielmehr konzentriert man sich einseitig auf die machbaren operativen Sachthemen. Ressourcen-Knappheit ist hier oftmals der angegebene Grund für die eingeschränkte Vorgehensweise. Doch man weiß längst, dass nur durch die bewusste Gestaltung und Steuerung des Entwicklungsprozesses auf allen relevanten Systemebenen (Strategie, Struktur, Kultur) die Dinge in Bewegung gebracht werden.

Das Unternehmen ist ein komplexes, produktives, soziales System. Gelungene Transformationsprozesse finden demnach nicht nur bezogen auf die betriebswirtschaftlichen, die harten, sondern auch bezogen auf die sogenannten weichen Faktoren im Unternehmensgeschehen statt. Das Systemverhalten stellt eine aktiv zu steuernde, strategische Größe dar. Die Unternehmenskultur ist, genauso wie die Unternehmensstrategie und die ausgerichteten Geschäftsprozesse, eine entscheidende Steuergröße für das Management. Die notwendige ganzheitliche Perspektive im Transformationsprozess einzunehmen bedeutet somit, das Unternehmen unter mehreren Perspektiven zu betrachten und den Entwicklungsprozess mit einer entsprechend angepassten Struktur zu steuern. Doch das ist bis heute selten der Fall.

> Hingegen werden im integrierten Transformationsprojekt tatsächlich die betriebswirtschaftlichen und verhaltensorientierten Bedingungen systematisch geprüft und bezogen auf die sachlogischen und verhaltensbezogenen Problem- und Fragestellungen analysiert – das Systemverhalten wird als zu steuernde Größe und nicht nur als individuelles Merkmal betrachtet.

Hier liegt der entscheidende Unterschied im Grundverständnis und der sich daraus abzuleitenden Vorgehensweise im Transformationsprozess. Es wird eine – beide Ebenen berücksichtigende – spezifische Entwicklungsarchitektur erarbeitet, die eine wichtige Basis für die notwendige Transformation darstellt.

Denn: Um die langfristige Überlebensfähigkeit von Organisationen zu gewährleisten, ist das Verhalten im Unternehmen konsequent auf den Kundennutzen auszurichten. Es kommt entscheidend darauf an, inwieweit die Schlüsselkunden an das Unternehmen gebunden werden, neue Kunden in neuen Märkten gewonnen werden können und notwendige Transformationsmaßnahmen nachhaltig umgesetzt werden. Diese sollten von den beteiligten Mitarbeitern mitgetragen und weder aktiv noch passiv boykottiert werden.

Die Herausforderung besteht darin, die an die neuen Gegebenheiten angepasste Geschäftsstrategie zu erarbeiten und mit so wenig Störungen wie möglich in die Unternehmenspraxis umzusetzen.

Neben den Fachthemen sind es die Verhaltensthemen, die eine notwendige Geschäftsanpassung und -veränderung entscheidend be- und verhindern können.

Das Verhalten beziehungsweise die Unternehmenskultur bezeichnet die impliziten, hintergründigen Strukturen einer Unternehmung. Normen und Werte, Einstellungen, Haltungen und Argumentationsmuster definieren die Kultur. Üblicherweise betrachtet das Management die Kultur als „gegeben" und nicht steuerbar. Letztlich ist alles, was in der Führungsaufgabe getan wird, ausgerichtet darauf, das Verhalten im System zu steuern. Trotzdem stellt es eine Herausforderung dar, auf die gewachsene Unternehmenskultur einzuwirken, denn im Gegensatz zur formalen Organisationsstruktur ist die Kultur organisch und unbewusst im Verhalten und Denken der Mitarbeiter verankert. High Performance Leader greifen genau hier ein und wissen den größten Stellhebel im Unternehmen auszurichten und zu nutzen. Am Beispiel des Hilti-Konzerns wird aufgezeigt, wie das gelingen kann.

Beispiel aus der Praxis

Der Hilti-Konzern, bekannt für seine Bohrhämmer und Befestigungssysteme, steht für eine erfolgreiche Unternehmensentwicklung über mehrere Managergenerationen hinweg und für ein integriertes Vorgehen, das das Verhalten als Steuerungsgröße mit berücksichtigt. Dieser Erfolg wurde unter anderem dadurch möglich, dass das Unternehmen auf der Top-Ebene nicht von Einzelkämpfern regiert wird, sondern durch ein funktionierendes Top-Team gemanagt wird. Seit der Zeit des Gründers M. Hilti werden klare strategische Ziele und eine motivierende Vision erarbeitet und kommuniziert. Darüber hinaus wird bei Hilti seit Generationen auf eine starke Kultur, die durch Mut, Integrität, Teamarbeit und Einsatz geprägt ist, großen Wert gelegt. Die Manager begreifen diese Schaltgröße im Unternehmen als einen der entscheidenden Erfolgsfaktoren und werden nicht müde, hieran weiter zu arbeiten.

„Die Unternehmenskultur stellt eine Reihe meist unbewusster Annahmen dar, die die Mitglieder der Organisation teilen und die sich in gemeinsamen Werten und aus diesen in abgeleitetem Handeln widerspiegeln. Das vorbildliche Verhalten Einzelner im Unternehmen, beispielhafte Prozesse und der ständige Austausch über Ereignisse prägen die Kultur. Die Werte und Grundüberzeugungen spiegeln sich in der spezifischen Gestaltung von Managementsystemen wider – etwa in der Leistungsbeurteilung, den Stellenprofilen oder der Beförderungspolitik" (Poralla und Bruch 2009).

So versichert der Verwaltungsrat M. Hilti: „Die Kulturentwicklung zeigt zudem messbare Ergebnisse. Die jährliche Mitarbeiterbefragung, an der 92 % der Belegschaft teilnahmen, ergab, dass 81 % Hilti als Arbeitgeber weiterempfehlen würden; 87 % sind stolz darauf, bei Hilti zu arbeiten; und 94 % sind bereit, was immer möglich ist, für den Unternehmenserfolg zu tun. Unsere Mitarbeiter und die Unternehmenskultur sind nicht weiche Elemente, sondern entscheidende Treiber des Erfolgs von Hilti – sie sind eines unserer wichtigsten Erfolgsgeheimnisse. Wie stark diese Faktoren zum Erfolg von Hilti beitragen, zeigt sich nicht zuletzt an den erfolgreichen Wechseln im Geschäftsleitungsteam und daran, dass der Konzern seit Jahrzehnten stolze Wachstumsraten aufweist" (Poralla und Bruch 2009).

Ebenso zeigt die Erfahrung in vielen Beratungsprojekten, in denen es um wirksame und nachhaltig umgesetzte Veränderungen in Unternehmen geht, wie entscheidend der sogenannte weiche Faktor Verhalten für das Gelingen und den Erfolg ist. Eine Studie von Hammer und Champy (1996) belegt ebenso, dass bis zu 70 % der Reengineering-Projekte am Widerstand der Belegschaft, das heißt am Faktor Verhalten scheitern beziehungsweise nicht den erwarteten Erfolg bringen. Verhalten ist demnach eine der Kernerfolgsgrößen im Unternehmen. Die Frage nach der Steuerbarkeit von Verhalten und der jeweiligen konkreten Vorgehensweise hierzu ist entscheidend.

Auch das im Folgenden beschriebene Projekt macht diesen Parameter sozialer Systeme deutlich. Die Praxiserfahrung erinnert unmissverständlich daran, dass das auf den Kundennutzen ausgerichtete Verhalten nicht nur ein absolut entscheidender Potenzialhebel im Unternehmen ist, sondern auch die langfristige Überlebensfähigkeit sichert.

Beispiel aus der Praxis

Der Gründer einer Werbeagentur beauftragte den Berater, eine strategische Unternehmensanalyse durchzuführen. Das Ergebnis dieser Analyse war unter anderem die Tatsache, dass es nur einen Schlüsselkunden gab, von dem rund 80 % der Aufträge eingingen. Dies stellte für das Unternehmen ein Risiko dar, das es schnellstmöglich zu bearbeiten galt. So wurde eine Akquisitionsoffensive zur Gewinnung weiterer definierter Zielkunden gestartet. Allerdings traten immer wieder Probleme in der Umsetzung der vereinbarten Maßnahmen auf und dies besonders in einem Unternehmensbereich. Die diesbezüglich durchgeführten Diskussionen zur Behebung des Problems brachten die Situation nicht wirklich weiter. Erst relativ spät wurde man auf eine bestehende Konfliktsituation zwischen dem Gründer und dem zweiten Mann im Unternehmen aufmerksam. Beide hatten schon seit Längerem nicht mehr ernsthaft miteinander gesprochen. Auf die Frage nach der Ursache dieses Missverhältnisses wurde mitgeteilt, dass der zweite Mann im Unternehmen nachweislich Unternehmensgelder für persönliche Zwecke verwendet hatte. Damit lag eine wesentliche Ursache für die Nichtkooperation und die mangelnde Umsetzungsbereitschaft auf dem Tisch. Der Firmengründer konnte allerdings nicht dazu motiviert werden, das offensichtlich Notwendige zu tun und mit aller Konsequenz ein solches Verhalten zu unterbinden. Für ihn war es in der Situation nicht möglich, das Thema der Veruntreuung konsequent zu managen. Er war „tief enttäuscht" und entschied sich, nur noch in schriftlicher Form mit der Führungskraft zu kommunizieren und eben nicht konsequent zu handeln. Das Beratungsmandat wurde daraufhin zurückgegeben. Nicht einmal ein halbes Jahr später musste das Unternehmen Insolvenz anmelden. Der Hauptkunde hatte im Rahmen eines Kostenreduzierungsprogramms Unkorrektheiten in den Abrechnungen nachgewiesen, für die eindeutig der Geschäftsführer verantwortlich war. Alle Beauftragungen wurden daraufhin sofort gestoppt. In der zur Verfügung stehenden Zeit konnten die Einnahmeverluste nicht mehr ausgeglichen werden. Das Unternehmen, das in zehn Jahren aufgebaut worden war, existierte nicht mehr.

Dies ist ein weiteres Beispiel für die Bedeutung der strategischen Erfolgsgröße Verhalten. Bevor Empörung über das offensichtliche Missmanagement laut wird, sollte allerdings die Frage gestellt werden, wie es zu einem solchen Verhalten in einer verantwortlichen Position kommen konnte. Oftmals spielen gelernte Verhaltensmuster und ungeklärte Konfliktdynamiken auf der Top-Ebene eine entscheidende Rolle und verhindern ein konsequentes und zielführendes Managen der Situation oder führen zu eklatanten Fehlentscheidungen. Erst wenn Führungskräfte im Rahmen des Selbstmanagements bereit sind, diese zu hinterfragen und Lösungen zu finden, ist eine Wiederholung destruktiver Muster im System zu vermeiden. Die Themen Selbstmanagement und Verhaltenssteuerung werden umso wichtiger, je größer die Verantwortung ist und desto dringlicher Veränderungen im Unternehmen umgesetzt und Leistungspotenziale erschlossen werden müssen.

Notwendige Entwicklungen und Veränderungen in der Organisation werden allerdings zu oft auf die lange Bank geschoben und eben nicht umgesetzt. Es fehlt an Top-Führungskräften, die bereit und mutig genug sind, sich diesen neuen Herausforderungen zu stellen, und es fehlt an dem zielführenden Vorgehensmodell, das hierbei unterstützt. Unternehmen in der globalen, neuen Welt brauchen Leader, die anders agieren als Führungskräfte in der hierarchisch strukturierten, nach Befehl und Gehorsam operierenden Unternehmung.

Nicht jede Führungskraft ist ein Leader und braucht es auch nicht zu sein. Wichtig ist es allerdings, Leadership und Management, bezogen auf das Rollen- und Aufgabenverständnis, zu unterscheiden, die unterschiedlichen Kompetenzbereiche zu verstehen, anzuerkennen, entsprechend zu entwickeln und einzusetzen. John P. Kotter hat in seinem Buch „How Leadership Differs From Management" (1990) den Unterschied beschrieben. Manager sind eher Steuerer des operativen Geschäfts, Leader dagegen Visionäre, die die Zukunft gestalten und in eine neue Zukunft führen. Nach Kotter (2015) steht Management für das perfekte Organisieren der Abläufe, das Planen und Kontrollieren. Leadership hingegen bedeute, die Geführten mit Visionen zu inspirieren und zu motivieren. Leadership schaffe Kreativität, Sinnerfüllung und Wandel.

Diese Unterscheidung kennzeichnet zwei archetypische Führungsfiguren, die sich in der Praxis wohl nur allzu oft in wechselseitigem Unverständnis gegenüberstehen. Doch das muss nicht so sein. Sowohl die engagierten Manager, die das operative Geschäft am Laufen halten, als auch die Leader, die den notwendigen strategischen Change im Unternehmen umsetzen, werden gebraucht. Es kommt gerade auf das gekonnte Zusammenwirken beider an. Mit klug durchdachten Netzwerkstrukturen, ergänzend zu den hierarchischen Strukturen, wird sichergestellt, dass sowohl die operativen Themen als auch die strategischen Themen im Unternehmen bearbeitet und umgesetzt werden. Manager sorgen für die sorgfältige Bearbeitung des operativen Geschäfts, sie sorgen für die Bearbeitung der komplexen Anforderungen auf Basis definierter und ausgerichteter Prozesse, sie stellen die Umsetzung operativer Ziele sicher und lösen die anfallenden Probleme. Die Bearbeitung der strategischen Themen, die Umsetzung notwendiger Veränderungen und die Entwicklung von Neuerungen hingegen erfordern Leadership. Hier geht es darum, eine neue Zukunft zu schaffen und Mitarbeiter auf allen Ebenen dafür zu gewinnen. Es geht darum, realistische Zukunftsbilder zu entwickeln, Führungskräfte und Mitarbeiter zu motivieren und kreativ Innovationen zu erarbeiten und umzusetzen.

Cornelia Hegele-Raih stellt in ihrem Artikel „Was ist Leadership" (2004) einige der Irrtümer vor, die sich in der Literatur zum Leadership-Konzept mit der Zeit eingeschlichen haben:

Irrtum: Leader sind besser als Manager

Weil Leadership so gut klingt, musste plötzlich jede Führungskraft Visionen haben, die Umwelt begeistern und mit Sinn beglücken. Auch Jack Welch wollte nur noch Leader bei General Electric sehen, keine Manager. Kotter jedoch wusste, dass ein Unternehmen beide Typen braucht. Zu keiner Zeit können Firmen ohne Manager auskommen, die alles perfekt zu organisieren verstehen. In Umbruchphasen ist allerdings in der Tat ein Leader vonnöten, der die Menschen zusammenschweißen und auf eine neue Richtung einschwören kann.

Irrtum: Die Idealbesetzung ist ein Manager-Leader
Um John P. Kotter, Professor für Führungsmanagement an der Harvard Business School, zu zitieren: „Niemand kann Leader und Manager in einem sein. Statt das zu beherzigen, versucht man, sich Leader-Manager heranzuziehen. Wenn ein Unternehmen jedoch den elementaren Unterschied zwischen Leadership und Management begreift, kann es getrost daran gehen, seine Spitzenleute so zu schulen, dass sie – entsprechend ihrer jeweiligen Stärken – später die eine oder die andere Rolle übernehmen können" (Kotter 1990). In der Besetzung eines gut funktionierenden Managementteams sollten beide vorkommen. Der Leader nimmt die Rolle des strategischen Visionärs, Treibers, Motivators und Strategen ein, der Manager sorgt für die operative Umsetzung der anstehenden Themen. In Transformationsprojekten ist im Leitungsteam darüber hinaus auch die Rolle des Change-Managers zu besetzen, dessen Aufgabe schwerpunktmäßig die Verhaltenssteuerung ist. Mit einem so besetzten Change-Management-Team sind die drei entscheidenden Steuerungshebel für das Lernen und die Entwicklung im Unternehmen besetzt und Veränderungen können nachhaltig umgesetzt werden.

Irrtum: Leader sind Charismatiker
John Kotter besteht darauf, dass Leadership nichts Mysteriöses ist. Von Charisma hinge echte Führungskunst ebenso wenig ab wie von irgendwelchen exotischen Charaktereigenschaften. Das Entwickeln einer geschäftlichen Zielvorgabe ist keine Zauberei, sondern nüchterne, strategische Arbeit. Visionen bräuchten auch nicht brillant neuartig zu sein, die besten seien es gerade nicht. So sagte Jan Carlzon mit seiner Vision – SAS für den viel fliegenden Geschäftsreisenden zur attraktivsten Fluglinie der Welt zu machen – nichts, was man in der Branche nicht längst wusste. Wenn allerdings ein Unternehmen in einer Branche immer ein kleines Licht war und dessen Manager plötzlich davon sprechen, die Nummer eins werden zu wollen, handele es sich um ein Hirngespinst, nicht um eine Vision.

Ein Leader in der globalen Welt zu sein, stellt heute Führungskräfte vor neue Herausforderungen. Führung – das Gestalten, Steuern und Entwickeln von komplexen, sozialen und produktiven Systemen – muss neu gedacht werden. Peter Drucker, der einflussreiche Vordenker des Managements, hat die veränderten Anforderungen wie folgt beschrieben:

> Führungskräfte müssen lernen, mit Situationen zurechtzukommen, in denen sie nicht befehlen können, in denen sie selbst weder kontrolliert werden noch Kontrolle ausüben können. Das ist die elementare Veränderung. Wo es ehedem um eine Kombination von Rang und Macht ging, wird es in Zukunft Verhältnisse wechselseitiger Übereinkunft und Verantwortung geben. (Wartzman 2014)

Da gute Führung gelernt werden kann, sollten Firmen ihr Führungsverständnis überprüfen, neu ausrichten und ihre Talente entsprechend mit langfristiger Perspektive entwickeln. Leadership kann sich nur entfalten, wenn ein geeignetes Umfeld geschaffen wird. So ist die Verankerung einer entsprechenden Kultur nach John Kotter das Höchste, was Führungskunst erreichen kann.

Leadership-Kompetenzen in der „neuen Zeit" sind schwerpunktmäßig Strategieentwicklung, Change-Management, Teamentwicklung und Selbstmanagement. Ein global aufgestelltes Unternehmen braucht eine global ausgerichtete Steuerung. „Das neue globale Organisationsparadigma erfordert funktions- und kulturübergreifende Prozesse und Integrationskompetenz, das heißt eine Einstellung kultureller Relativierung, exzellente Beziehungskompetenz, Neugier und in besonderem Maße interkulturell sensible Kompetenz" (Kets de Vries und Florent-Treacy 2002, S. 295).

Der erfolgreiche High Performance Leader steht nach Manfred Kets de Vries – Professor für Leadership am renommierten INSEAD-Institut – für zwei entscheidende Rollen im Unternehmensgeschehen (Kets de Vries 2002):

- die Rolle des Architekten – die Organisation strategisch gestalten und strukturieren, Kontroll- und Anerkennungssysteme etablieren
- die Rolle als Vorbild und Gestalter des Systemverhaltens – die gelebten Normen bezogen auf das Verhalten eines jeden Systemmitglieds gestalten, das heißt die Systemkultur entscheidend und entsprechend der strategischen Anforderungen steuern.

Die Beschreibung von Ecclestone beispielsweise trifft – bezogen auf einen ganz anderen Hochleistungsbereich – die beschriebenen High-Performance-Qualitäten. Ecclestone (2013) schwärmt vom Weltmeister: „Sebastian Vettel hat Eigenschaften, die andere nicht haben. Man muss nicht nur das sehen, was er auf der Strecke leistet, sondern auch die Art und Weise, wie er sein Red-Bull-Team motiviert, und das Talent, mit dem er ein Auto auf Maß entwickelt."

Der High Performance Leader zeichnet sich darüber hinaus durch ein systemisches Führungsverständnis aus. Das heißt, es wird davon ausgegangen, dass die in Organisationen entstandenen Strukturen und die Anforderungen so komplex geworden sind, dass die klassischen Steuerungsvorstellungen (Ursache-Wirkungs-

Beziehungen) nicht mehr ausreichen. Nach dem systemischen Führungsverständnis sind Organisationen soziale Systeme, die wiederum gekennzeichnet sind durch Netzwerke von Handlungen, Wirkungen und Folgewirkungen mit vielfältigen Rückkopplungsschleifen. High Performance Leader setzen aufgrund ihrer Persönlichkeit und Kompetenz Entwicklungsprozesse in Gang, verbessern, schaffen Netzwerke und Beziehungsstrukturen. Das wirkt sich positiv auf die Kommunikation im Unternehmen aus, Blockaden werden abgebaut und effizientes Arbeiten wird gestärkt.

High Performance Leader arbeiten auf der Ebene der Einstellungen, der Denkweisen der Menschen und schaffen es, die Ausrichtung und das Commitment für den notwendigen Change umzusetzen. Damit nutzen sie die entscheidenden Stellhebel im Veränderungsprozess.

Die Unternehmensberatung IBM Global Business Services hat in ihrer Studie „Making Change Work" (2009) über 220 Change-Manager in mehr als 140 Unternehmen aus 21 Branchen in Deutschland befragt und die folgenden Hindernisse bei der Umsetzung von Entwicklungen im Unternehmen analysiert:

- 65 %: die Einstellung und Denkweisen der Menschen
- 41 %: die Ressourcenknappheit, das Budget, das Personal
- 40 %: die Unternehmenskultur
- 35 %: das mangelnde Commitment des Managements.

Als Konsequenz daraus wurden die folgenden entscheidenden Faktoren für eine wirksame Unternehmensentwicklung abgeleitet, an denen High Performance Leader in ihrem Führungshandeln ansetzen:

- das Bewusstsein für die Herausforderung
- das Bewusstsein für realistische Planungen und Erwartungen
- die Anwendung formaler Methoden im Change-Management.

Der Druck auf die Unternehmen, sich den permanent wandelnden internen und externen Einflüssen zu stellen, wird in den nächsten Jahren weiter zunehmen. Dabei gehört eine professionelle Steuerung der notwendigen Transformationsprozesse zu den größten Herausforderungen in der Arbeit von High Performance Leadern.

> In einem integrierten Vorgehen, in dem beide Motivations- und Handlungsbereiche – die Sach- und die Verhaltensebene – professionell gesteuert werden, zeigt sich das Können des High Performers.

Denn wenn Fachkräfte kaum zu finden sind, Teams nur auf Zeit bestehen und Mitarbeiter und Chefs stärkerem Druck denn je ausgesetzt sind, helfen die alten Rezepte nicht mehr weiter. High Performance Leader und Change-Manager im global agierenden Unternehmen etablieren eine Unternehmenskultur, die in der neuen, globalen Welt eine Identifikationsbasis bietet. Es werden Werte vermittelt, die ein erfolgreiches wirtschaftliches und sozial verträgliches Handeln unter den gegebenen Bedingungen ermöglichen bzw. unterstützen.

> High Performance Leader zeichnen sich dadurch aus, dass sie strategisch, strukturell und verhaltensbezogen Bedingungen schaffen, die erfolgreiches Arbeiten ermöglichen. Auch in Bezug auf das Verhalten werden klare Orientierungen gegeben bzw. erarbeitet und in die Umsetzung gebracht.

„Damit berühren und inspirieren sie die kollektive Vorstellungskraft ihrer Mitarbeiter und führen sie zu gesunder Höchstleistung" (Kets de Vries und Florent-Treacy 2002). In ihrem Ansatz zum Global Leadership beschreiben Kets de Vries und Florent-Treacy (2002) drei Metabedürfnisse, die diese erfolgreichen globalen Manager bei den Mitarbeitern bewusst oder unbewusst ansprechen:

- Gemeinschaft – Förderung von Gemeinschaftstugenden wie gegenseitige Unterstützung, Respekt und Zusammenarbeit
- Freude – Freude am Tun und das Entdecken von Neuem (auch, wie andere arbeiten und die Dinge tun) macht Menschen kreativ und produktiv
- Sinn – sich als Teil eines größeren Ganzen wertvoll zu erleben.

Die High Performance Leader nehmen demnach die Metabedürfnisse wahr und berücksichtigen sie in ihrem Führungshandeln. Sie tragen eine ausgeprägte Offenheit für Unterschiedlichkeit in allen Bereichen, unter anderem auch bezogen auf kulturelle Erfahrungen. „Anders als Manager, die zwar in der Welt herumreisen, aber ihr Herz zu Hause lassen, tauchen jene auch in die fremde Kultur ein, lassen sich auf Andersartigkeit und andere Erfahrungen ein und empfinden dies als Bereicherung. Häufig bringen sie auch schon entsprechende Erfahrungen aus binationalem Familienhintergrund oder langjährigen Auslandsaufenthalten mit, die sie offen werden ließen für den Kontakt mit anderen Kulturen und anderen Mentalitäten" (Kets de Vries und Florent-Treacy 2002).

> High Performance Leader fördern den Teamgeist in internationalen und virtuellen Teams, haben einen klaren strategischen Blick, sind gute Kommunikatoren, schaffen ein Klima, in dem Ideen wachsen und Mitarbeiter mit unterschiedlichem kulturellen und persönlichen Background respektiert werden und ihre Kompetenz einbringen

können. Sie stehen für eine gemeinsame Vision, sind Meister des Beziehungs- und Selbstmanagements und erwirtschaften langfristig gute Ergebnisse. Sie sind sich der Risiken, die solchen Transformationsprozessen innewohnen, bewusst. Doch sie sind mutig genug, für das Neue einzustehen und schaffen genau dafür Raum. Sie sind wirksame Selbstmanager und hören nicht auf, ihre Fähigkeiten weiterzuentwickeln und zu lernen. Sie stellen hohe Ansprüche an sich und an ihre Umgebung und sind bemüht, die vorhandenen Potenziale – sei es in der Organisation oder bezogen auf die eigene Person – zu entdecken und zu verwirklichen.

2.1 Dauerhaft erfolgreich auf der Top-Ebene

Der High Performance Leader ist eine disziplinierte und willensstarke Persönlichkeit mit klaren Werten, einem inneren Anliegen und einem sinnvollen Beitrag für das Unternehmen. High Performer entwickeln sich über Jahrzehnte des Lernens, des Meisterns von Krisen, des engagierten Einsatzes. Ihre Kompetenz wird in unzähligen Stunden des Lernens und Entwickelns herausgebildet. High Performer sind bereit, aus ihren Fehlern und misslungenen Projekten die richtigen Schlüsse zu ziehen und sich selber ständig weiterzuentwickeln. Diese Lernbereitschaft bezieht sich nicht nur auf die fachlichen Aspekte im beruflichen Tätigkeitsbereich, sondern schließt ebenso die zwischenmenschlichen, familiären und persönlichen Herausforderungen ein.

Reflektierte und stabile Persönlichkeiten, mit einem klaren inneren Kompass und einem ausgerichteten, authentischen Verhalten sind erfolgreich, lernen aus ihren Fehlern und leben ein balanciertes Leben. Der Weg zu dauerhaftem Erfolg ist somit immer ein innerer und äußerer Prozess und zeigt sich in allen Bereichen des Lebens. Erfolgreich ist, wer einen sinnvollen Beitrag im Unternehmen leistet, wer eine stabile Gesundheit hat, wer konstruktive Beziehungen pflegt, in einem funktionierenden privaten und beruflichen Netzwerk eingebunden ist und wer sein Selbstmanagement nicht vernachlässigt.

Fredmund Malik beschreibt die Herausforderung zum Thema Selbstmanagement im Rahmen der Führungsaufgabe wie folgt:

> Der Mensch bleibt sich selbst ein Fremder, wenn er nicht systematisch, konsequent und ausdauernd sein eigenes Wesen erforscht. Er muss mit sich selbst experimentieren, sich fordern und herausfordern, um zu erfahren, wo seine Grenzen liegen. Persönlichkeitswirkung und Persönlichkeitsreife sind nur auf dem Weg einer langen Entwicklung zu erreichen. Zu viele bleiben stecken, weil ihnen oft elementare Einsichten und Erkenntnisse vorenthalten bleiben. Dauerhafter Erfolg als Führungskraft kann aber in einer sich rasch verändernden Welt nur von jenen Menschen erwartet

> werden, die ein Leben lang dazulernen und höchste Maßstäbe an ihre persönliche Leistung und Entwicklung stellen. Nur wer sein eigenes Management beherrscht und kultiviert, wird andere führen können, und nur solchen Menschen sollte man andere anvertrauen. (Malik Seminarinput)

Diejenigen, die auf der Top-Ebene dauerhaft erfolgreich sind, stellen höchste Ansprüche sowohl im fachlichen Bereich als auch bezogen auf die eigene Persönlichkeit und den Umgang mit anderen. Selbstverständlich gibt es auf der Top-Ebene niemanden, der nicht auch Schwächen hätte und der nicht mit den Herausforderungen des Lebens konfrontiert wäre. Menschen gehen durch Lebenskrisen, sind in der Gefahr zu scheitern und zahlen ihren Preis für getroffene Entscheidungen. Aus psychologischer Sicht werden ein Leben lang Lern- und Entwicklungsaufgaben an jeden Einzelnen gestellt. Persönliche Stärke, Authentizität und Glaubwürdigkeit entwickeln sich gerade durch das Meistern dieser Herausforderungen. Persönlichkeiten, die eine große Ausstrahlung besitzen, weisen ein gemeinsames Merkmal auf. Sie alle sind auf eine selbstverständliche Art ganz sie selbst geworden. Das klingt sehr einfach, stellt aber eine große Anforderung an den Menschen dar: nämlich der zu werden, der man ist, beziehungsweise der zu werden, der man sein kann.

> Es ist wohl die wichtigste Lebensaufgabe des Menschen, sich so kennen und annehmen zu lernen, wie man wirklich ist. Kein Mensch kann von dem, was er ist, wegkommen und sich entfalten, bevor er nicht gelernt hat, sich als Person zu akzeptieren. Ist dies aber einmal gelungen, dann stellen sich Veränderungen mit der Zeit fast wie von selbst ein. Die Beziehungen zu anderen Menschen werden echt und lebendig, man fühlt sich sicherer und ruhiger, in der Führung hält die spontane Kreativität wieder Einzug. Von großen Künstlern, zum Beispiel Malern, weiß man, dass sie ihre unvergänglichen Meisterwerke erst dann schaffen konnten, nachdem sie sich völlig von äußeren Vorbildern oder gängigen Stilrichtungen gelöst und sich ganz der eigenen, inneren Bilderwelt zugewandt hatten. In diesem Sinne müsste man allen Führungskräften ans Herz legen, den Mut aufzubringen, in der Führung ganz sie selbst zu sein, das heißt, mehr auf die inneren Impulse und Gefühle zu hören und sich weniger nach äußeren Meinungen und Theorien, wie ein Manager sein müsse, zu richten. (Kälin et al. 1996)

Je anspruchsvoller die Herausforderungen sind, desto wichtiger wird die innere Basis und Ausgeglichenheit. Der High Performance Leader arbeitet bewusst an der Entwicklung der eigenen Person, weiß, worauf es hier ankommt, und findet Lösungen für sich und sein Umfeld. Selbstmanagement ist ein lebenslanger Prozess.

In jeder Phase des Lebens sind persönliche Entwicklungsthemen zu erkennen und zu lösen – bis schließlich am Ende des Lebens das Loslassen gelernt werden muss.

Der Weg eines erfolgreichen High Performers erfordert demnach Reflexion, die ihm erlaubt, seine jeweiligen Lebensumstände klar einzuschätzen und zu gestalten. Angekommen auf der Top-Ebene wird er sein Verhalten notwendigerweise neu ausrichten und sich dabei an den nun relevanten Erfolgsdimensionen orientieren. Die meist unausgesprochenen Regeln und Normen sollten herausgearbeitet, die wichtigen Stakeholder erkannt und die eigene Positionierung gefunden werden. Gerade, wenn man talentiert und erfolgreich ist, kann der Blick auf die persönlichen Bereiche, die nicht erfüllt gelebt werden, vernebelt sein. Das diesbezügliche Erwachen kommt oft erst viel später, und häufig ist dann eine Neuausrichtung mit höheren emotionalen Kosten verbunden beziehungsweise nur schwer möglich. Doch es gilt: „Wer sich seinen eigenen Wunden nicht stellt, der wird ständig andere kränken oder er wird sich selbst verletzen. Die Beschäftigung mit der eigenen Lebensgeschichte ist die Voraussetzung, andere richtig zu führen. Denn sonst vermischt sich die unaufgearbeitete Lebensgeschichte mit den eigentlichen Aufgaben“ (Grün 2006).

Oftmals aber konzentrieren sich die High Performance Leader so auf ihre Arbeit, dass sie die Lebensbereiche Familie, Kinder und Freunde komplett an die Partnerin/den Partner delegieren oder so lange vernachlässigen, bis es zum Bruch kommt. Dem inneren Erfolgskompass zu folgen, bedeutet demgegenüber, sich über die vier Bereiche – Arbeit/Beruf 1), Gesundheit 2), soziale Bindungen und Kontakte 3), Lebenssinn und Kultur 4) – bewusst zu werden sowie verantwortliche Balance und echte Zufriedenheit ins Leben zu bringen.

Es geht darum, die eigenen Stärken bewusst zu sehen und zu nutzen, den Sinn des Handelns zu erkennen, Beziehungen so zu gestalten, dass sie zu einer Kraftquelle werden und einen Ausgleich ermöglichen, sich um die eigene Gesundheit zu kümmern und das zu tun, was es braucht, um auf Dauer leistungs- und genussfähig zu bleiben. Der Arzt und Psychotherapeut Wolf Büntig (2006) beschreibt die besondere Herausforderung der fortlaufenden Persönlichkeitsentwicklung mit den folgenden Worten: „Je nach Anpassungsdruck und Angebot an Vorbildern verkümmern wir zur Persönlichkeit, die etwas darstellt, sich mit Idealbildern identifiziert, auf Vergangenheit reagiert und an Sehnsucht nach dem Eigentlichen leidet; oder wir reifen zur autonomen Person, die sich sein lässt, wer sie ist, der Gegenwart angemessen handelt und sich des Daseins freut.“

2.2 Enormer Druck auf der Top-Ebene

Der internationale Wettbewerb, die Globalisierung, gestiegene Kundenerwartungen und ständig notwendige Organisationsveränderungen stellen höchste Anforderungen an die Top-Führungskräfte.

> Wirtschaft und Gesellschaft befinden sich in einer der größten Transformationen. Der fundamentale Wandel von der Alten zur Neuen Welt wird größer sein als jede andere bisherige Gesellschaftsumwandlung, denn sie erfasst die globale Welt. Das Meistern dieser immensen Herausforderungen erfordert ein neues Denken und das Entwickeln und Umsetzen von Neuerungen. Die Mobilisierung menschlicher Energie, Leistungskraft und Kreativität sind entscheidend. (Malik 2011)

Die folgenden Beispiele veranschaulichen die Anforderungen und machen die Möglichkeit des Scheiterns unter diesen Rahmenbedingungen deutlich.

Beispiele aus der Praxis

Michel Demaré gab mit 56 Jahren seinen Job als Finanzchef beim Stromversorger ABB auf und ist jetzt Präsident des Agrochemiekonzerns Syngenta. Er sagte dem Wirtschaftsmagazin Bilanz: „Das Tempo hat sich erschreckend beschleunigt. Wie die ständige Erreichbarkeit und das sofortige zur Sprache bringen von Problemen, so steige gleichzeitig die Erwartung an schnelle Lösungen. Ich war völlig absorbiert von der Menge an Arbeit, Reisen, Meetings. Es hat mich zu frustrieren begonnen, dass ich kein Thema mehr tief gehend angehen konnte.“ Als Verwaltungsratschef von Syngenta, Vizepräsident der UBS und als Stiftungsratsmitglied der Businessschule IMD in Lausanne habe er nun „eine neue Karriere mit mehr Raum“ (Gnirke 2013).

In Deutschland wechselte der Telekom-Vorstandsvorsitzende René Obermann zum Kabelnetzbetreiber Ziggo. In dem kleineren Unternehmen wollte er wieder näher am operativen Geschäft agieren. Doch der Plan ging nicht auf. Ziggo wurde vom US-Unternehmen Liberty International übernommen. Und schon nach kurzer Zeit verließ Obermann das Unternehmen wieder, um dann beim US-Finanzinvestor Warburg Pincus, als Managing Director und Partner weltweit Investitionsmöglichkeiten in der Telekommunikations-, Medien- und Technologiebranche aufzuspüren. „In der Schweiz zog sich Swiss-Re-Lenker Stefan Lippe mit 56 Jahren Anfang 2012 in das Privatleben zurück“ (Dunsch 2013).

Dass die Wege auf der Top-Ebene nicht immer erfolgreich enden, zeigt der Suizid eines Spitzenmanagers aus dem Jahr 2013. Das Geschehnis schärft noch einmal in dramatischer Weise den Blick auf die Selbstmanagement-Themen, die es zu steuern und zu lösen gilt. Der Journalist Marc Kowalsky (2013) gibt einen Einblick hinter die Kulissen der Top-Ebene in Organisationen.

„Sieben Jahre lang leitete Carsten Schloter den Telefonriesen Swisscom. Er galt als erfolgreicher Konzernchef, stand auf dem Höhepunkt seiner Karriere. Doch dann nahm sich der 49-jährige High Performer das Leben. Die Selbsttötung ist der wohl erschütterndste Todesfall der jüngeren Schweizer Wirtschaftsgeschichte. Der 49-Jährige war in der Blüte seiner Schaffenskraft, er war erfolgreich, er war in Wirtschaft und Politik hoch angesehen, wurde auch von Gegnern ob seiner Visionen und seiner scharfen Rhetorik respektiert. Gut aussehend und sportlich verkörperte er Virilität, er war einflussreich und wohlhabend, blieb dabei aber immer bescheiden. Die Karriere des Carsten Schloter schien ungebremst. Aber Schloter war schon immer ein innerlich Getriebener. Manche Menschen ruhen in sich selbst, er gehörte nicht dazu. ‚Carsten hatte nie eine lockere Aura, konnte nie völlig entspannt sein. Das war ihm als Person nicht gegeben‘, sagt einer, der ihn lange Zeit in der Konzernleitung erlebt hatte. Er litt unter der von ihm selbst gewählten Trennung von seiner Frau und den drei Kindern, wie er in ungewöhnlicher Offenheit und mit dem Verweis auf Schuldgefühle in einem Interview bekannte. Am Swiss Economic Forum in Interlaken berichtete der charismatische Manager, dessen Mobilität eine fast kontinuierliche Erreichbarkeit und ständig wechselnde Arbeitsplätze beinhaltete, über Schwierigkeiten mit seiner Work-Life-Balance. Am Ende half ihm auch sein Hang zu extrem sportlichen Herausforderungen nicht mehr. Hinzu kamen für den Mann, der sich gerne als aufsässiger Querdenker gebärdete, Konflikte mit seinem Verwaltungsratspräsidenten. Ein eigenes Büro hatte Schloter seit Jahren nicht mehr, er arbeitete mobil und in Sitzungszimmern. Auf seine ständige Erreichbarkeit per Handy, SMS und E-Mail war er stolz. ‚Du rennst vor dir selbst weg‘, warf ihm allerdings einer seiner Freunde an den Kopf. Keine stabile Partnerschaft, die Kinder nur noch alle 14 Tage, eine unsichere berufliche Zukunft, niemand, dem er sein Herz ausschütten konnte – dem 49-Jährigen fehlten die Ankerpunkte. Die Belastung als Swisscom-Chef, die persönliche Unzufriedenheit und die ständigen Scharmützel nagten schließlich an seiner Gesundheit. Seit Frühling dieses Jahres litt er zunehmend an Schlafstörungen, wie er mindestens einem Managerkollegen anvertraute. Anderen Führungskräften der Swisscom fiel auf, dass der Chef, der früher vor Energie sprühte, bisweilen zusammengesunken in einer Ecke saß. Ein Freund bemerkte im Sommer, dass der sonst so eloquente Schloter auffallend lange Denkpausen beim Reden einlegte. ‚Ich stelle bei mir fest, dass ich immer größere Schwierigkeiten habe, zur Ruhe zu kommen, das Tempo herunterzunehmen‘, sagte er selber“ (Marc Kowalsky 2013).

Ein häufiges Symptom bei Top-Managern ist, dass es ihnen nicht mehr gelingt, abzuschalten. Anstatt sich vor dem Schlafen entspannen zu können, grübelt man zum Beispiel über Arbeiten nach, die noch nicht erledigt sind, oder denkt an die Arbeitslast, die am folgenden Tag auf einen wartet. Dies führt dazu, dass das Stressniveau hoch bleibt. Das Einschlafen wird verhindert. In einer SECO-Studie mit dem Titel ‚Stress bei Schweizer Erwerbstätigen' gaben 2010 über alle Berufsgruppen hinweg 27 % der mit Gesundheitsproblemen kämpfenden Personen an, unter Schlafstörungen zu leiden. In der Studie geben 34 % der Befragten an, häufig oder sehr häufig gestresst zu sein. Dies sind sieben Prozent mehr als bei einer vergleichbaren Studie aus dem Jahre 2000. Das berichtete Stressempfinden unterschied sich nicht zwischen den verschiedenen befragten Berufsgruppen. (Walda 2010)

Kein Wunder, dass Beobachter angesichts des wachsenden Drucks auf Top-Führungskräfte zunehmend skeptisch werden. Wer möchte sich solchen Bedingungen freiwillig aussetzen? „Der Weg an die Unternehmensspitzen ist oft mit viel Arbeit, Glück und einem Paket harter Bandagen verbunden. Viele Manager und Unternehmer konzentrieren sich ihr ganzes Leben auf die berufliche Leistung. Wenn sich der eigene Selbstwert aber ausschließlich nach Erfolgs- und Leistungskriterien bemisst, können Rückschläge schnell zu einem Gefühl der Hoffnungslosigkeit führen" (Wolfersdorf 2009). High Performer scheitern nicht an mangelnder Fachkompetenz, sondern eher an den zwischenmenschlichen, politischen Risiken bzw. an dem Anspruch an sich selbst. Fehlschläge werden als persönliches Versagen wahrgenommen. Häufig nehmen sie dann auch keine Unterstützungsangebote in Anspruch, die ihnen einen gesünderen Zugang zur Situation bzw. die Verarbeitung des Scheiterns ermöglichen würden.

2.3 Mut zur Selbstreflexion und Neuausrichtung

Die Anforderung an Spitzenmanager sollte auf andere Weise als mit Ausstieg zu regeln sein. Selbstmanagement und Selbstreflexion bieten hier praktikable Möglichkeiten, mit den Herausforderungen umgehen zu lernen.

Peter Drucker, der US-amerikanische Ökonom und einer der wohl bedeutendsten Managementautoren, macht deutlich, dass wir in Zeiten mit noch nie dagewesenen persönlichen und beruflichen Chancen und Risiken leben. Dies erfordert allerdings auch eine noch klarere Übernahme von Verantwortung für die eigene Entwicklung und persönliche Reife. Dazu Peter Drucker wörtlich:

> knowledge workers must, effectively, be their own chief executive officers. It's up to you to carve out your place, to know when to change course, and to keep yourself engaged and productive during a work life… To do these things well, you'll need

> to cultivate a deep understanding of yourself… how you learn, how you work with others, what your values are, and where you can make the greatest contribution. (Drucker 2008)

Es erfordert Mut zur Selbstreflexion, besonders dann, wenn man auf der Top-Ebene angekommen ist und eine Neuausrichtung bezüglich der Rollenwahrnehmung notwendig wird. Es sind unterschiedliche Fähigkeiten, die jemanden einerseits in die Top-Ebene bringen und die ihn andererseits auf der Top-Ebene halten. Auf der oberen und der obersten Führungsebene kommen zwei unterschiedliche Rollenkonzepte zum Tragen, in denen die geforderten Qualifikationen zum Teil konträr sind. Ohne Selbstreflexion und Neuausrichtung wird sich ein getriebener Top-Manager, der durch Ich-Bezogenheit, erfolgreich praktiziertes Self-Selling, einen enormen Leistungsanspruch und Krisenresistenz zum Held aufgestiegen ist, nicht plötzlich zurücknehmen können, wenn er oben angekommen ist. Und er wird wahrscheinlich auch den „Weak Signals" keine besondere Aufmerksamkeit schenken, zuhören und Fragen stellen, anderen gegenüber Wertschätzung und Dankbarkeit ausdrücken und das eigene Anliegen ohne Unterlass immer wieder freundlich ansprechen.

Zentrale Fragen für den Top-Manager sind:

- Wie kann ich eine gemeinsam getragene strategische Ausrichtung schaffen und eine zielgerichtete Zusammenarbeit unterstützen?
- Wer gehört zu dem Kreis von Menschen, denen ich vertraue, mit denen ich offen reden kann?
- Wie kann ich ein realistisches Zukunftsbild für mich, mein Team und für das Unternehmen entwickeln und glaubhaft kommunizieren?
- Welche persönlichen Entwicklungsthemen sind zu lösen, und wie gehe ich damit um?
- Welche Führungskultur braucht es, um effektiv und gemeinsam ausgerichtet voranzugehen und die Unternehmenszukunft zu gestalten?

Stephen Covey, der Vorreiter des Selbst- und Zeitmanagements, hat sein Grundverständnis und Vorgehen ebenfalls an die heutigen Bedarfe angepasst. Da – streng genommen – Zeit nicht zu managen ist, legt er den Fokus seiner vierten Zeitmanagement-Generation auf das Selbstmanagement. Diese Weiterentwicklung der Perspektive bedeutet allerdings auch, dass es heute viele unterschiedliche Sichtweisen und Definitionen zum Thema Selbstmanagement gibt. Covey konzentriert sich aktuell im Wesentlichen auf die Verbesserung der Lebensqualität durch die Befriedigung von vier grundlegenden Bedürfnissen:

- Sicherstellung der physischen Leistungsfähigkeit und der mentalen Energie
- Schaffung befriedigender Beziehungen zu anderen und die Bewältigung gemeinsamer Herausforderungen
- Steigerung der Lernfähigkeit und Förderung des persönlichen Wachstums durch den Erwerb neuer und die Weiterentwicklung vorhandener Fähigkeiten
- Erarbeitung inspirierender Zukunftsperspektiven und Erkennen des tieferen Sinns in der persönlichen Entwicklung und der Schaffenskraft. (Covey 2014)

Menschen streben danach, ihre individuellen Stärken zu zeigen und einen Beitrag zu leisten, sie möchten erfüllt, beseelt von ihrer Aufgabe sein. Um dies zu erreichen, bedarf es der Selbstmanagement-Disziplin, das heißt der Reflexion der eigenen Person und Lebensumstände. Allerdings gibt es erstaunlich wenige Erwachsene, die sich dieser Aufgabe stellen. Insbesondere für Top-Manager, die Verantwortung für Mitarbeiter und das Unternehmen tragen, sollte die Bearbeitung der Selbstmanagement-Grundthemen selbstverständlich sein. Und so ist es auch: Erfolgreiche Menschen erweitern beständig ihre Fähigkeiten, lernen die Realität deutlich wahrzunehmen, sind sich ihrer bzw. der notwendigen Ziele bewusst und haben gelernt, diese in kooperativer Zusammenarbeit mit anderen umzusetzen.

Unreflektiert besteht eine starke Tendenz, einmal gelernte Denk- und Verhaltensmuster beizubehalten, die Welt entsprechend zu interpretieren und eben nicht die eigenen mentalen Modelle und Vorgehensweisen zu hinterfragen und gegebenenfalls neu auszurichten. Hierzu braucht es Feedback und das Einlassen auf andere Vorgehensweisen, das Zurücknehmen der eigenen Sicht der Dinge, das Zulassen und Prüfen von anderen Perspektiven. Die einseitige, unreflektierte Sicht, bezogen auf die eigene Person, verstärkt die Hybris. Freund-Feind-Wahrnehmungmuster verstärken die Tendenz, nur noch das wahrzunehmen, was ins Muster passt. Alles andere wird ignoriert oder als bedrohlich wahrgenommen. Alltägliche Dinge werden uninteressant und als Zeitvergeudung wahrgenommen.

Einsamen Helden gelingt Reflexion und offener Austausch nicht mehr, sie verlieren stattdessen den Bezug zu ihren Nächsten und zu ihrer Umwelt. Es entsteht ein eingegrenzter Blick auf die Dinge, das immer mehr und immer schneller steht im Vordergrund der Aufmerksamkeit, echte Begegnung und Austausch finden nicht mehr statt, eine emotionale Ödnis macht sich breit. Auf ihrem Weg in die Top-Etage ist es entscheidend, diese Dynamik zu stoppen. Es kommt darauf an, die jeweiligen sozialen Netzwerke neu zu definieren und bewusst zu gestalten. Um das Leben in Balance zu halten, ist es entscheidend, einen gesunden Ausgleich zum Beruf zu leben, Beziehungen zu pflegen und langfristig tragende Lösungen für die jeweils anstehenden Herausforderungen zu finden. So ist und bleibt man auf gesunde Weise eingebunden. Persönliche Entwicklung gelingt, wenn einerseits die Talente geschärft und andererseits getragene Beziehungen immer wieder neu aufgebaut werden. Ebenso kommt es darauf an, eine gesunde innere Distanz zu entwickeln, in bestimmten Abständen die eigene Lebenssituation sozusagen von außen zu betrachten und sich dadurch eben nicht in den Ereignissen des täglichen Lebens zu verlieren.

> Dauerhaft erfolgreiche Leader rennen nicht der Macht oder der Aufmerksamkeitsdosis hinterher, sondern wissen um ihren Beitrag, den sie leisten, kennen ihre Schwächen und Limitierungen, haben gelernt, diese anzunehmen, damit umzugehen, und haben umsetzbare Lösungen für sich gefunden. Sie sind sich ihrer Werte und ihres Wertes bewusst und sind bereit, die Grundhaltungen immer wieder zu überprüfen und gegebenenfalls neu auszurichten. Auf der Top-Ebene angekommen zeigen sie höchste Aufmerksamkeit für sich und andere, sind in Resonanz mit ihrer Umwelt und bringen die eigenen Anliegen konstruktiv und konsequent ein.

Die folgenden Fragen geben Anregung zur Selbstreflexion (in Anlehnung an Tracy 2010)

1. Was machen Sie beruflich? Was ist Ihre Aufgabe?
2. Welche drei wichtigsten Arbeitsthemen stehen auch für Ihre Werte?
3. Wie messen Sie Ergebnisse in Ihrer Arbeit und in Ihrem privaten Leben?
4. Welche spezifischen Fähigkeiten und Talente haben Sie?
5. Welche Aufgaben erledigen Sie besonders gut?
6. Was sind Ihre drei wichtigsten Karriereziele? Welche Maßnahmen können Sie unmittelbar ergreifen, um diese umzusetzen?
7. Was sind Ihre drei wichtigsten Ziele bezogen auf Ihre Familie und Ihr persönliches Leben? Welche Maßnahmen können Sie unmittelbar ergreifen, um diese umzusetzen?
8. Was sind Ihre drei wichtigsten finanziellen Ziele? Welche Maßnahmen können Sie unmittelbar ergreifen, um diese umzusetzen?
9. Was sind Ihre drei wichtigsten Gesundheitsziele? Welche Maßnahmen können Sie unmittelbar ergreifen, um diese umzusetzen?
10. Stellen Sie sich vor, Ihr Familien- und Privatleben wäre perfekt, wie würde es heute aussehen? Welche Maßnahmen können Sie unmittelbar ergreifen, um diese umzusetzen?
11. Welche Fähigkeiten können Sie entwickeln, die Ihnen helfen, Ihr wichtigstes Ziel zu erreichen?
12. Was sind die drei entscheidendsten Schwächen in Ihrem Leben und was können Sie tun, um diese zu kompensieren?
13. Was sind die drei größten Chancen, Möglichkeiten in Ihrem Leben – gerade jetzt? Welche Maßnahmen können Sie unmittelbar ergreifen, um diese umzusetzen?

14. Auf welche drei Qualitäten sind Sie besonders stolz? Welche Stärken von Ihnen sollte man kennen beziehungsweise sollten von Ihnen später in Erinnerung bleiben?
15. Was sind Ihre größten Sorgen im Leben? Was verursacht Ihnen momentan den größten Stress im privaten und beruflichen Bereich? Welche Maßnahmen können Sie unmittelbar unternehmen, um dies zu ändern beziehungsweise zu lösen?
16. Welche drei Schwächen würden Sie gerne überwinden? Alle starken Personen haben auch Schwächen.
17. Mit welchen drei Worten sollen Menschen Sie nach Ihrem Tod beschreiben?
18. Was sind Ihre drei wichtigsten Business-Werte, für die Sie stehen?
19. Was sind Ihre drei wichtigsten Werte, die Sie in Ihrer Familie und in der Beziehung zu anderen leben?
20. Wer sind die wichtigsten Menschen in Ihrem Leben?
21. Was sind Ihre liebsten Freizeitaktivitäten?
22. Was würden Sie tun, wenn Sie ungeplant einen Tag frei hätten?
23. Was würden Sie tun, wenn Sie ungeplant einen Monat frei und ein unlimitiertes Budget zur Verfügung hätten; Sie könnten alles machen und hätten einen Monat Zeit?
24. Was würden Sie mit Ihrem Leben anfangen, wenn Sie heute erfahren würden, dass Sie nur noch sechs Monate zu leben hätten?
25. Was würden Sie tun, wenn Sie zehn Millionen Euro hätten und nur noch zehn Jahre Zeit zum Leben? Wie würden Sie Ihre Zeit verbringen?
26. Welche Ziele würden Sie sich selber setzen, wenn Sie die Garantie auf Erfolg hätten?
27. Welche drei Aktivitäten in Ihrer Arbeit oder in Ihrem privaten Leben machen Sie glücklich und selbstbewusst?
28. Welche drei Aktivitäten beziehungsweise Aufgaben mögen Sie gar nicht?

2.4 Balancierte Lebenskunst entwickeln

Ein balanciertes Leben ist das Ergebnis von gesammelten Erfahrungen, von Lernbereitschaft, vom Willen und der Selbstverpflichtung für ein ressourcenorientiertes, kraftvolles und beitragendes Leben. Doch vielen fällt es schwer, die Balance zu halten. Eine von der Universität St. Gallen durchgeführte empirische Studie (Bruch und Ghoshal 2008) zeigt, dass 50 % der Unternehmen in der sogenannten Beschleunigungsfalle – Activity Trap –, also in einer Überhitzung und Überforderung großer Teile der Mitarbeiter stecken. Die Folgen sind eine (emotional) erschöpfte, aggressive und kündigungsbereite Belegschaft und eine signifikant reduzierte Leistung. Hochleistungsorganisationen – Unternehmen, die über einen langen Zeitraum höhere Leistungen erbringen – zeichnen sich allerdings dadurch aus, dass Burnout-Erkrankungen und die Beschleunigungsfalle deutlich weniger auftreten. Wie aber gelingt der Ausstieg hier?

Beispiel aus der Praxis

Für den erfolgreichen Top-Manager war es nichts Ungewöhnliches, regelmäßig bis spätabends im Büro zu sein. Er war der Überzeugung, dass eine andere Arbeitsstruktur mit mehr Freiraum für ihn selber und die Familie nicht umsetzbar ist und mindestens zu einem Leistungsabfall des Teams führen würde. Doch er war nervös und unkonzentriert und die Qualität seiner Arbeit und seine privaten Beziehungen litten bereits deutlich darunter. Auf Dauer konnte es so nicht weitergehen. Im Rahmen des Coaching-Prozesses konnte er dann einen Weg finden und hat seine Lebens- und Arbeitsweise bezogen auf ein paar wenige Punkte umgestellt. Heute hat er es geschafft, beendet regelmäßig seinen Arbeitsalltag am frühen Abend, hat samstags seinen handyfreien Tag eingeführt und sorgt bewusst für regelmäßige Entspannungs- und Erholungsphasen. Fokussiertes Arbeiten und geplante, regelmäßige Zeiten der Regeneration ermöglichen ihm eine hohe Konzentration im Beruf. Für sich persönlich hat er eine Tages-, Wochen- und Jahresstruktur gefunden, die beides abdeckt und die funktioniert. Er lebt seine Grundprinzipien und gibt diese auch an seine Mitarbeiter weiter. Seine Performance und die seines Teams haben nicht darunter gelitten. Das Gegenteil war der Fall: Er konnte eine der besten Produkteinführungen als Erfolg verbuchen.

Ein High Performer auf oberster Ebene hat Schwierigkeiten mit seinem neuen Chef. Der Führungsstil und die Herangehensweise an die anstehenden Themen waren so unterschiedlich, dass es immer wieder zu Missverständnissen und Unstimmigkeiten kam. Einerseits stand die Überlegung im Raum, in dieser Situation das Unternehmen zu verlassen. Auf der anderen Seite konnte und wollte die Führungskraft nicht „flüchten“. Stattdessen entschied er, sich nicht beirren zu lassen und einen Weg mit genau diesem Vorgesetzten zu finden. Regelmäßige Reflexionen der eigenen Verhaltensmuster konnten die Hintergründe und Verhaltensalternativen deutlich machen. Im Rahmen eines Jahres wurde eine funktionierende und gegenseitig respektvolle Arbeitsbeziehung zum Vorgesetzten aufgebaut. Erst dann bewarb sich die Führungskraft erfolgreich für eine Managementfunktion in einem anderen Unternehmen. Einige Jahre später war es eben dieser Vorgesetzte, der dem High Performer eine Geschäftsführungsaufgabe, die genau seinen Vorstellungen entsprach, anbot.

Gemäß Senges-Anderson (2008) ist das Ziel des Selbstmanagements die pro-aktive Gestaltung eigener Kognitionen, Emotionen, Motivationen und Handlungen. Eine erhöhte Selbstwahrnehmung in Bezug auf die vier Kernbereiche (Gesundheit, Arbeit, soziale Bindungen, Lebenssinn) des Lebens führt zu einem klaren Bewusstsein über die eigene Aufstellung und die Handlungsfelder bezogen auf ein optimiertes Selbstmanagement. Verhaltensmuster, die den Erfolg bremsen, werden erkannt und neu ausgerichtet.

Die Aufgabe des Coaches im Rahmen des Reflexionsprozesses ist es, dem High Performer eine größere Bewusstheit über das eigene Innenleben, das innere Theaterstück, zu ermöglichen. In diesem Prozess werden unter anderem auch die Konsequenzen, die eine gewordene, innere Aufstellung in Bezug auf aktuelle Lebenssituationen hat, erkannt. Die volle Gestaltungskraft im Leben als Erfolgspersönlichkeit zu nutzen, hängt davon ab, inwieweit prägende Erfahrungen reflektiert und andere mögliche Sichtweisen ins Bewusstsein gerückt werden. Der Coach unterstützt – auf Basis seiner geschulten Wahrnehmungsfähigkeit und eines gekonnten Intervenierens – das Gewahrwerden alternativer Perspektiven zu der jeweiligen Situation. Hier reicht es nicht, rein kognitiv zu arbeiten beziehungsweise zu reflektieren. Denn: Das Wissen ist in Bezug auf die Entwicklung der Persönlichkeit der Trostpreis, es ändert, bezogen auf das Innenleben, wenig.

> Vielmehr braucht es eine phänomenologische, das heißt auf die Erfahrung beruhende Vorgehensweise. Entsprechend erlebte Aha-Momente beziehungsweise sogenannte „Tipping Points“ ermöglichen den Transformationsprozess in das volle Leadership-Potenzial und führen zu tatsächlich gelebten Veränderungen. Verhaltensmuster, also Prägungen aus dem Herkunftssystem, werden erkannt. Die sich daraus ergebenden Selbstmanagement-Themen werden bearbeitet und unbewusste Reinszenierungsdynamiken unterbrochen. Die Selbstwahrnehmung und das Rollenverständnis richten sich entsprechend aus und eine bewusstere Verantwortungsübernahme ist möglich. Der High Performance Leader entwickelt so ein reflektiertes Selbstbewusstsein, trifft bewusst seine (Lebens-)Entscheidungen und richtet sich entsprechend seiner Stärken, Ziele, Werte und Möglichkeiten aus. Er überwindet selbst begrenzende Einstellungen und ermöglicht somit den dauerhaften Erfolg für sich und andere (s. Abb. 2.1).

Doch das scheint für viele Mitarbeiter nicht umsetzbar zu sein. T. Schwartz, der Leiter des Energy-Projects, in dessen Rahmen mehr als 20.000 Mitarbeiter über ihre Erfahrungen mit dem modernen Arbeitsleben befragt wurden, zeigt auf, dass Mitarbeiter sich ausgelaugt, nicht einbezogen, entkoppelt und entmutigt fühlen.

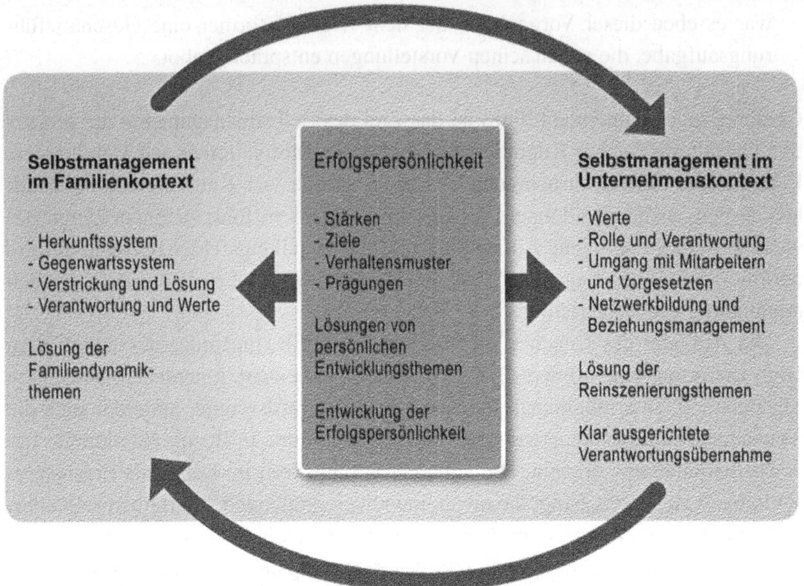

Abb. 2.1 Erfolgspersönlichkeit (Kappe)

„Hören Sie Ihren Mitarbeitern zu" – möchte man da ausrufen. Ideen, Gefühle und Erwartungen werden in vielen Unternehmen heute noch außen vor gelassen. Doch was und wie Menschen beitragen, hängt eng damit zusammen, wie sie sich fühlen. Stattdessen wird dem Maschinenbild entsprochen, das vor 200 Jahren relevant war. Von Maschinen wird erwartet, dass sie schneller, besser, effektiver produzieren. Menschen sind eben keine Maschinen. Um auf Dauer motiviert und leistungsfähig sein zu können, sind die vier Energiebereiche zu berücksichtigen und ausgerichtet zu leben (s. Abb. 2.2): Körper (Gesundheit, Fitness, lernen, den Körper gesund zu erhalten), Emotion (Beziehungen, Netzwerke, lernen, Emotionen zu managen, denn wie Menschen fühlen, das beeinflusst stark deren Leistungsfähigkeit), Verstand (Arbeit, Beruf, lernen, sich bewusst auf die richtigen Themen zu fokussieren), Geist (Sinn, Kultur, sinnstiftend arbeiten). Menschen sind am leistungsfähigsten, wenn sie abwechselnd Phasen der Leistungserbringung und Phasen der Erholung in ihr Leben einbauen. Firmen, die eine auf Dauer engagierte und überdurchschnittlich leistungsstarke Belegschaft wollen, sind gut beraten, dies zu berücksichtigen. Es geht nicht darum, noch länger im Büro zu sein und noch härter zu arbeiten, sondern es geht darum, bei all den Anforderungen ein intelligentes

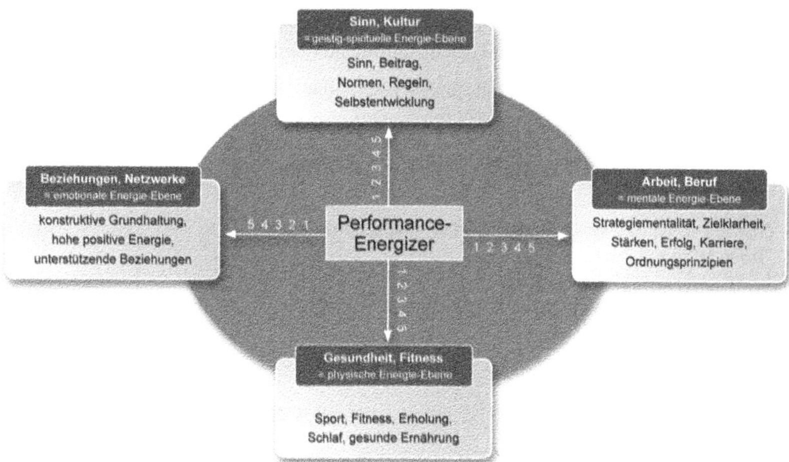

Abb. 2.2 Die vier Kernbereiche eines balancierten Lebens (Kappe, in Anlehnung an T. Schwartz 2014)

Selbstmanagement zu betreiben und die Ressourcen – die eigenen und die der anderen – klug einzusetzen. T. Schwartz sagt hierzu:

> While machines can run on one source of energy, people have four core energy needs: physical, emotional, mental, and spiritual. It's time to usher in the Human Era at work. In the Human Era, leaders take better care of their people, so people can take better care of their business. The challenge for employers is to free, fuel, and inspire their employees to bring more of their potential to work every day. (Schwartz 2014)

Je besser die Bedürfnisse der Menschen berücksichtigt werden, desto gesünder, zufriedener, engagierter, produktiver und loyaler verhalten sie sich. Das Zitat „Take care of them, and they'll take care of the business" (Schwartz 2014) fasst die Ergebnisse der Studie in einem Satz zusammen.

Je besser der High Performance Leader seine eigenen Bedürfnisse kennt und balanciert lebt, desto eher wird er in der Lage sein, dies auch bei seinen Mitarbeitern wahrzunehmen und eine entsprechende Unternehmenskultur zu etablieren. Die folgenden Fragen helfen, eine größere Klarheit über sich selber zu erlangen, und geben Anstöße für ein balancierteres Leben. (s. Tab. 2.1)

Der Fragebogen in Tab. 2.1 bietet die Möglichkeit, sich selber, bezogen auf die vier Kernbereiche, einzuschätzen.

Tab. 2.1 Fragebogen: Energize your Performance (Kappe, in Anlehnung an Schwartz 2013)

Energiebereich: Lebenssinn, Kultur (geistig-spirituelle Ebene)	-	1	2	3	4	5	6	+
- Inwieweit macht das, was Sie tun, für Sie einen Sinn?	-	1	2	3	4	5	6	+
- Ist Ihr Beitrag zum großen Ganzen für Sie erkennbar?	-	1	2	3	4	5	6	+
- Erleben Sie Anerkennung und Wertschätzung für Ihren Beitrag?	-	1	2	3	4	5	6	+
- Inwieweit ist das, was Sie tun, in Übereinstimmung mit Ihren Werten?	-	1	2	3	4	5	6	+
- Ist die Weiterentwicklung als Person für Sie wichtig?	-	1	2	3	4	5	6	+
Balancebereich: Gesundheit, Fitness (physische Ebene)								
- Verfolgen Sie ein regelmäßiges Übungsprogramm? Wie sorgen Sie für Ihre Fitness?	-	1	2	3	4	5	6	+
- Haben Sie innerhalb der letzten drei Jahre eine Gesamtuntersuchung und eine Augenuntersuchung machen lassen? Hatten Sie eine Zahnuntersuchung innerhalb der letzten sechs Monate?	-	1	2	3	4	5	6	+
- Gibt es etwas, was Sie nicht essen sollten, Sie aber essen? Haben Sie Über- oder Untergewicht? Rauchen Sie oder trinken Sie viel Alkohol?	-	1	2	3	4	5	6	+
- Haben Sie einen tiefen, erholsamen Schlaf? Gibt es ausreichend Erholungsphasen?	-	1	2	3	4	5	6	+
- Gibt es Arbeitsbedingungen, die dauerhaft ein gesundheitliches Risiko darstellen?	-	1	2	3	4	5	6	+
Balancebereich: Beziehungen, Netzwerke (emotionale Ebene)								
- Nehmen Sie sich Zeit für die Familie, für den Partner und jedes der Kinder?	-	1	2	3	4	5	6	+
- Gibt es in der Familie ungeklärte Themen, die Sie angehen und klären sollten?	-	1	2	3	4	5	6	+
- Pflegen Sie Kontakt mit Menschen, die Ihnen freundschaftlich verbunden sind?	-	1	2	3	4	5	6	+
- Fühlen Sie sich in Ihrem privaten Umfeld wahrgenommen und wertgeschätzt?	-	1	2	3	4	5	6	+
- Gehen Sie Hobbys beziehungsweise Tätigkeiten nach, die nicht im Zusammenhang mit Ihrem beruflichen Kontext stehen?	-	1	2	3	4	5	6	+

Tab. 2.1 (Fortsetzung)

Balancebereich: Arbeit, Beruf (mentale Ebene)	
- Sind Ihre Arbeitsbeziehungen konstruktiv und zielführend?	- 1 2 3 4 5 6 +
- Haben Sie den Eindruck, dass Sie Ihre Stärken einbringen können?	- 1 2 3 4 5 6 +
- Passt Ihre Arbeitsorganisation und können Sie Ihr Arbeitspensum in guter Qualität erledigen?	- 1 2 3 4 5 6 +
- Welchen Beitrag leisten Sie im Arbeitskontext? Fühlen Sie sich diesbezüglich anerkannt und wertgeschätzt?	- 1 2 3 4 5 6 +
- Sind Ihre Aufgaben klar formuliert, kennen Sie Ihre konkreten Ziele?	- 1 2 3 4 5 6 +

Selbstmanagement bedeutet nun, sich über die Ziele, bezogen auf alle Lebensbereiche, klar zu werden. Von Brian Tracy – einem amerikanischen Executive-Berater (2012) – stammen die folgenden Maximen für die Selbstentwicklung:

> You are the architect of your own destiny; you are the master of your own fate; you are behind the steering wheel of your life. There are no limitations to what you can do, have, or be. Except the limitations you place on yourself by your own thinking.
>
> Gather in your resources, rally all your faculties, marshall all your energies, focus all your capacities upon mastery of at least one field.

Die Selbstmanagement-Arbeit besteht darin, die jeweilige Realität, bezogen auf die Ziele, zu erkennen und eigene Selbsttäuschungen und Beschränkungen, bezogen auf die noch nicht umgesetzten Ziele, zu durchbrechen. Denn Verhaltensmuster, die nicht bewusst sind, halten gefangen. Sobald sie bewusst wahrgenommen und (an-)erkannt werden, verlieren sie ihre verhaltenssteuernde Kraft. Je klarer man die persönliche Wahrheit erkennt und sich gleichzeitig seinen Zielen verpflichtet, desto mehr kreative Kraft wird erzeugt, desto wahrscheinlicher wird es, dass die richtigen Schritte zur Realisierung des vollen Leadership-Potenzials angegangen und tatsächlich umgesetzt werden. Es lohnt sich, sich mit der eigenen Person auseinanderzusetzen, sich die Zeit zur Selbsterforschung zu nehmen und sich entsprechend innerlich und äußerlich auszurichten. High Performance Leader machen genau das und gehen den Weg der Selbst- und Potenzialentwicklung.

High Performance Leadership 3

Zusammenfassung

Der High Performance Leader hat ein reflektiertes Selbstbewusstsein, erkennt die jeweiligen Gegebenheiten der Situation und richtet sich entsprechend seiner Ziele und Möglichkeiten aus. Er zeichnet sich durch ein starkes Selbstbewusstsein und durch Klarheit bezogen auf seine Lern- und Entwicklungsfelder aus. Er überwindet selbst begrenzende Einstellungen. Verhaltensmuster, die den Erfolg bremsen, werden erkannt und ausgerichtet. Je besser der High Performance Leader seine eigenen Haltungen und Emotionen (er-)kennt, desto besser wird er in der Lage sein, diese auch bei seinen Mitarbeitern wahrzunehmen und eine bewusst ausgerichtete Team- und Unternehmenskultur zu etablieren. Ob nun eine Top-Führungskraft als Leader oder „Misleader" in Erinnerung bleibt, hängt entscheidend von der Fähigkeit ab, die sogenannten „schwachen Signale" und emotionalen Gegebenheiten wahrzunehmen, zu verstehen und in Richtung der gemeinsamen Ziele zu beeinflussen. Auf Basis einer ausgeprägten emotionalen Kompetenz ist es möglich, den menschelnden Faktor im sozialen System so zu orchestrieren, dass das Wohlbefinden, die Sinnhaftigkeit und die Performance nachhaltig gestärkt werden. Mitarbeiter, die sich ernst genommen fühlen, mit denen klar und offen über die Unternehmensbelange kommuniziert wird und denen strategische Notwendigkeiten nahegebracht werden, fühlen sich ernst genommen, sind motivierter und bringen bessere Leistungen. Dauerhaft erfolgreiche Verantwortungswahrnehmung auf der Top-Ebene gelingt, wenn die persönliche Entwicklung Schritt hält mit den steigenden Anforderungen und wenn – weitgehend unabhängig vom Erfolg – eine innerlich gefestigte Person mit klaren Zielen und Werten den Herausforderungen begegnet. Der High Performance Leader ist in der Lage, inmitten der Höhen und Tiefen des Lebens und der Ereignisse, maßvoll zu sein, Ruhe zu bewahren, die jeweilige Situation und die Mitspieler zu analysieren und überlegt vorzugehen. Die Stär-

D. Kappe, *High Performance Leader – Dauerhaft erfolgreich auf der Top-Ebene*,
DOI 10.1007/978-3-658-09019-7_3

ken werden eingesetzt, die Schwächen werden im Zaum gehalten und gemäß den Zielsetzungen wird konsequent vorgegangen. Der Weg eines erfolgreichen High Performers erfordert Reflexion, die ihm erlaubt, sich selber, die anderen und die jeweilige Situation klar einzuschätzen und zielgerichtet zu gestalten. J. Welch beschreibt dies wie folgt: "Before you are a leader, success is all about growing yourself. When you become a leader, success is all about growing others." (Martin 2015)

Nach Senge (2011) braucht es nicht weniger als fünf (Führungs-)Disziplinen, um eine nachhaltige Entwicklung im Unternehmen, das heißt eine lernende Organisation zu etablieren. „Eine lernende Organisation ist idealerweise ein soziales System, welches sich ständig in Veränderung befindet, das heißt eine Organisation, die sich den verändernden Marktbedingungen anpasst. Ereignisse werden als Anregung aufgefasst und für Entwicklungsprozesse genutzt, um die Wissensbasis und Handlungsspielräume an die neuen Erfordernisse anzupassen. Dem liegt eine offene und von Individualität und Persönlichkeit geprägte Organisation zugrunde, die ein innovatives Lösen von Problemen erlaubt“ (Senge 2011). Stellhebel, die derartige Lernprozesse unterstützen, sind (in Anlehnung an Senge 2011):

- klare Visionen, gemeinsame Zielsetzungsprozesse, die Orientierung am Nutzen der Kunden
- die Fähigkeit, zu kooperieren und Konflikte zu lösen, ein wechselseitiges Vertrauen und Teamgeist
- die Prozessorientierung und Selbstregulation in Gruppen
- ein partizipativer Führungsstil, die Unterstützung neuer Ideen (v. a. durch die Führung), ein Ideenmanagement, die Integration von Personal- und Organisationsentwicklung
- die Belohnung von Engagement und Fehlertoleranz bei riskanten Vorhaben
- die Fähigkeit zur (Selbst-)Beobachtung und Prognose (gut funktionierende Informations- und Kommunikationssysteme – rascher und genauer Überblick über die Wirkung der wichtigsten Prozesse).

Senge (2011) vertritt darüber hinaus die Meinung, dass fünf Fertigkeiten (Disziplinen) beherrscht beziehungsweise berücksichtigt sein müssen, um lernende Organisationen zu etablieren:

- Personal Mastery – individuelle Reife
  - Durch die Persönlichkeitsentwicklung der Mitglieder einer Organisation werden deren Fähigkeiten angehoben. Die Themen sind Sinnfragen bezogen auf den eigenen Beitrag in der Berufs- und Lebenssituation und die Art und Weise des Führungshandelns.

- Mental Models – mentale Modelle
  - Welche expliziten und impliziten Grundannahmen haben wir, um die Welt um uns herum zu erklären? Thema dieser Disziplin ist, diese Annahmen sichtbar, besprechbar und damit zum Gegenstand der Entwicklung zu machen.
- Shared Visioning – gemeinsame Vision
  - Gemeinsame Visionen entstehen, wenn alle Mitglieder der Organisation die gemeinsamen Ziele verstehen und verinnerlichen. Jeder begreift den Zweck und was seine Aufgabe zum Erreichen des gemeinsamen Ziels ist. In der Regel besitzen Visionen auch eine starke emotionale Komponente.
- Team Learning – Lernen im Team
  - Team Learning findet statt, wenn die Mitglieder eines Teams sich einem gemeinsamen Ziel verpflichtet fühlen und dieses in einer kollaborativen Gemeinschaftsleistung umsetzen.
- Systems Thinking – Denken in Systemen
  - Auf Basis einer ganzheitlichen Betrachtung des Unternehmens als soziales System werden die Wirkmechanismen analysiert und typische Verhaltensmuster erkannt, sie werden besprechbar und bearbeitbar.

Es bedarf jeder der fünf Disziplinen, um eine lernende Organisation zu entwickeln. Die Disziplinen unterstützen sich wechselseitig. Im Rahmen eines Entwicklungsprozesses werden die Fähigkeiten der Organisation schrittweise angehoben. Doch entscheidend sind eine Handvoll Schlüsselpersonen einer Organisation, die diese prägen und verantwortlich steuern. Für sie ist das Personal-Mastery-Thema unausweichlich, denn wenn sie es nicht für sich tun, dann sind sie bezogen auf ihre unternehmerische Verantwortung in der Verpflichtung, die innere Stärke zu erhalten, die es ihnen erlaubt, über einen längeren Zeitraum ein hohes Maß an Verantwortung zu tragen und auf diesem Wege nicht den persönlichen und macht-politischen Stolpersteinen anheimzufallen.

Was aber zeichnet einen auf Dauer erfolgreichen High Performance Leader aus? Welche innere Ausrichtung führt ihn zum Erfolg und lässt ihn in den entscheidenden Situationen das richtige Gespür haben, die richtigen Worte finden und die richtige Entscheidung fällen? Aus welchem Holz ist so einer wirklich gemacht und was unterscheidet ihn gegenüber demjenigen, der es nicht bis ganz nach oben schafft beziehungsweise sich dort nicht halten kann? Wer wird auf Dauer erfolgreich sein auf der Top-Ebene? Und wer wird dann doch stolpern? Wer wird mit einer Geste, einem Fingerzeig oder einer pikanten Situation das Image unwiderruflich prägen und vielleicht mehr verraten als in all den erfolgreich selbst inszenierten Situationen zuvor?

Ein Beispiel dafür ist Hilmar Kopper, ehemaliger Vorstandsvorsitzender der Deutschen Bank, der am 21. April 1994 die bekannten und denkwürdigen Worte sagte und die offenen Handwerkerrechnungen in Höhe von 50 Mio. DM als „Peanuts" bezeichnete.

„Unvergessen ist auch Jürgen Schrempp, der zusammen mit seinem obersten Öffentlichkeitsarbeiter, Hartmut Schick, den 30. Geburtstag seiner damaligen Assistentin Lydia Deininger in Rom auf der Spanischen Treppe feierte und von Polizisten nach dem Woher und Wohin gefragt wurde, worauf es zu lautstarken Auseinandersetzungen gekommen sein soll" (Deckstein 2010). Schrempp hatte 1995 beim Einzug in die Konzernzentrale verlauten lassen: „Daimler braucht mich mehr, als ich Daimler brauche" (Grässlin 2000). Obwohl J. Schrempp 1996 gegenüber Herbert Riehl-Heyse, Journalist der Süddeutschen Zeitung, bedauerte, diesen Satz gesagt zu haben, zeigt die Äußerung unfreiwillig viel. In einem Nebensatz, in einer unkontrollierten Situation, in einer unüberlegten Entscheidung, offenbaren sich Beweggründe, Haltungen, Absichten und letztlich handlungsleitende Impulse. Dagmar Deckstein (2010) skizziert Schrempp als einen unerbittlichen Perfektionisten, in Diskussionen sei er impulsiv, direkt und brutal. „Es wird diskutiert im Vorstand, aber zum Schluss macht Schrempp den Sack zu. Es ist nahezu unmöglich, den Chef von einer einmal getroffenen Entscheidung abzubringen. Im Vorstand bestimmt nur einer – der Vorsitzende. Er ist der hemdsärmelige Macher, der sich in seinen mehr als 30 Daimler-Jahren ein riesiges Netzwerk aufgebaut hat." Schrempp sei es gelungen, mit Herrschaftswissen hervorragend Druck aufzubauen und einen ihm ergebenen Führungsnachwuchs zu installieren. Die ehemalige Frau seines älteren Bruders, Gerlinde Schrempp, sagt: „Jürgen besitzt einen brutalen Adlerblick: Den bekommt er dann, wenn ihn jemand kritisiert" (Deckstein 2010). Sein Biograf Jürgen Grässlin schreibt (2000): „Die Liste der Schrempp-Opfer ist lang: Dill und Liener bei Mercedes, Schäffler und Mehdorn bei der DASA, Reuter und Werner bei Daimler-Benz, Eaton, Holden und Stallkamp bei Chrysler. Der vormalige Chrysler-Chef Thomas T. Stallkamp hatte allzu laut über das Lebenswerk des Deutschen nachgedacht und in US-Medien gegen den Daimler-Chrysler-Merger gestichelt. Als der Amerikaner dann auch noch als Thronfolger und damit potenzieller Konkurrent gehandelt wurde, entließ ihn Schrempp kurzerhand."

In einen anderen Zusammenhang ist der spektakuläre Auftritt Gerhard Schröders am Abend des 18. Septembers 2005 in Erinnerung geblieben. Es ist 20:15 Uhr, SPD und CDU sind mit 34 und 35 % fast gleichauf. Schröder gibt sich dennoch siegessicher und attackiert seine Herausforderin und die damalige Oppositionsführerin Angela Merkel scharf: „Es gibt einen eindeutigen Verlierer: Und das ist nun wirklich Frau Merkel", tönt Schröder in der Süddeutschen Zeitung vom 14. August

2011 über seinen TV-Auftritt 2005. In der Welt am Sonntag räumt Schröder später ein, „ein bescheidenerer Auftritt wäre besser gewesen" (Stuff 2011).

„Auch Sporttitan Uli Hoeneß ist nach seinem Prozess gezwungen, mehr Bescheidenheit zu üben. Sein Vermögen ist futsch, die Ämter sind weg und eine Gefängnisstrafe gehört nun zu seinem Erfahrungsschatz. Hoeneß wurde ein besonders schwerer Fall von Steuerhinterziehung vorgeworfen, er habe aus grobem Eigennutz gehandelt," so berichtet das Handelsblatt am Tag der Urteilsverkündung (Hackhausen und Zinnecker 2014). „Es ist ein beispielloser Absturz eines einflussreichen Menschen. Hoeneß wurde im März 2014 vom Landgericht München wegen Steuerhinterziehung zu einer Freiheitsstrafe von dreieinhalb Jahren verurteilt. Er trat von seinen Funktionen als Präsident des FC Bayern München e. V. und als Vorsitzender des Aufsichtsrats der FC Bayern München AG zurück. Er galt vor seinem Gerichtsverfahren vielen als Vorbild. Als aktiver Fußballspieler gewann er in den 1970er-Jahren mit dem FC Bayern München nahezu alle wichtigen Titel im Vereinsfußball. Mit der deutschen Nationalmannschaft wurde er 1972 Europameister und 1974 Weltmeister. Nach seiner aktiven Karriere übernahm Hoeneß das Management beim FC Bayern und trug dazu bei, den Verein finanziell und sportlich zu einem der weltweit erfolgreichsten Fußballvereine auszubauen. Er war Präsident des FC Bayern München e. V. und seit 2010 Vorsitzender des Aufsichtsrats der FC Bayern München AG. 30 Jahre lang lagen die Geschäfte des Vereins in seiner Verantwortung. In dieser Zeit machte er Bayern München zu einem der umsatzstärksten Clubs der Welt" (wikipedia/Uli Hoeneß). „Als wäre das nicht genug. Neben seiner Tätigkeit als Fußballmanager gründete Hoeneß gemeinsam mit Werner Weiß 1985 ein Unternehmen – die HoWe Wurstwaren KG. Doch schlussendlich wurde ihm die Gier nach ‚immer mehr' zum Verhängnis" (Hackhausen und Zinnecker 2014).

Und selbst der ehemalige langjährige Vorstandsvorsitzende und Aufsichtsratsvorsitzende der Siemens AG, Prof. Dr. Heinrich von Pierer, und weitere Ex-Manager des Industriekonzerns erhielten eine Ladung vor das Oberlandesgericht Athen. Der Vorwurf: gemeinschaftliche aktive Bestechung in einem besonders schweren Fall sowie Geldwäsche. Siemens soll über Jahre griechische Politiker und Beamte bestochen haben, um öffentliche Aufträge zu gewinnen. Von Pierer wollte sich nach Angaben des Handelsblatt (4/13) nicht dazu äußern. In Deutschland konnte ihm keine persönliche Verwicklung in die Schmiergeldaffäre nachgewiesen werden. Ein Ordnungswidrigkeitsverfahren wegen Verletzung der Aufsichtspflicht wurde gegen Zahlung einer sechsstelligen Summe eingestellt. Ignoriert Herr von Pierer die Vorladung aus Athen, wollen die Richter internationalen Haftbefehl erlassen. Von Pierer könnte Deutschland dann praktisch nicht mehr verlassen, da ihm im Ausland die Festnahme und Auslieferung nach Griechenland droht.

Über Jahre und Jahrzehnte erfolgreiche Top-Manager befinden sich eines Tages – scheinbar „plötzlich“ – in einer schwierigen oder sogar ausweglosen Lage. Diese Situationen hätten vermieden oder zumindest früher erkannt und geändert werden können. Und erfolgreiche Manager handeln in der Regel, wenn sie einmal ein Problem erkannt haben.

3.1 Wie Führungskräfte sich selbst ausbremsen

Viele Chefs stehen sich selber im Weg. Ihre Selbstwahrnehmung und ihre Leistungsfähigkeit hängen zudem häufig stark von ihrem Status ab. So haben Jennifer Carson Marr (Georgia Institute of Technology) und Stefan Thau (London Business School) diesen Zusammenhang untersucht und berichten folgende Ergebnisse: „When high status people suffer a humbling loss, their performance tends to decline dramatically, because they've become dependent on their rank to maintain a positive view of themselves“ (Marr und Thau 2014). Hier wird erschreckend deutlich, wie stark die Selbstwahrnehmung und die Leistungsfähigkeit bei Personen mit hohem Status von externen Faktoren abhängig sein können. Das lässt die Schlussfolgerung zu, dass Menschen mit hohem Status häufiger über extrinsische Motivatoren ihr Verhalten ausrichten beziehungsweise beeinflussen lassen. Professor Malik betont hingegen in seinen Top-Manager-Schulungen, wie wichtig es ist, sich von den Motivationskünsten Dritter und damit von äußeren Faktoren unabhängig zu machen. Genau hierin liegt der Kern des Selbstmanagements. Der High Performer ist in der Lage, seinen mentalen Zustand zu managen und sich eben nicht unreflektiert von äußeren Faktoren steuern zu lassen. Nachdenklich machen ebenso die Studienergebnisse von Manfred Kets de Vries – Professor of Leadership Development and Organizational Change am renommierten INSEAD (2014) –, die zeigen, dass Manager den Ruhestand fürchten. Demnach ist nicht selten einer der bedeutendsten Faktoren im Leben von Top-Managern die Aufmerksamkeit, die mit der öffentlichen Rolle einhergeht. Ihr Lebensanker ist die Identifikation mit ihrer Rolle und mit dem Unternehmen. Wenn der Ruhestand ansteht, verliert der Top-Manager die Identitätsanker Macht, Status, Rolle und Einfluss mit einem Schlag. Dies wird noch verstärkt durch den Umstand, dass er oftmals ein Berufsleben lang viel für genau diese Rolle aufgegeben hat: ein erfüllendes privates Leben, gute Beziehungen mit dem Partner, den Kindern und den Freunden, Hobbys etc. Der mögliche Ruhestand wird somit als bedrohlich empfunden. Nicht selten sind die ehemals erfolgreichen Manager dann mit negativen Emotionen wie Angst, Wut und Depression konfrontiert und mit der Verarbeitung all dessen, was bis dorthin erfolgreich verdrängt worden war. Erschwerend kommt hinzu, dass die Leader-Rolle immer auch mit schwierigen Entscheidungen einhergeht, die das

Leben von anderen positiv, aber eben auch negativ beeinflussen kann. All diese Entscheidungen und deren Konsequenzen sind zu verarbeiten und kommen unter Umständen erst spät wieder voll ins Bewusstsein. Wie wichtig es für Leader ist, ein balanciertes Leben zu leben und neben der Arbeit etwas Erfüllendes zu haben, wird auf Basis dieser Einschätzungen deutlich, besonders auch, um der im Folgenden beschriebenen Verhaltenstendenz etwas entgegenzusetzen.

> Its inevitable that top executives who have placed their work at the center of their entire adult lives will be devastated when power dynamics shift and a named-but-not-yet-in-office successor begins to win converts to his or her very different dream for the future of the organization. Like an old lion they will lash out in an attempt to put ambitious ladder-climbers in their place. The wit who said the primary task of a CEO is to find his or her likely successor and kill the bastard had a point: that ‚bastard' stands to destroy the outgoing CEO's most cherished dreams. (Kets de Vries 2014)

In der Zeitschrift brand eins (Willenbrock 2014) wird genau diese Schwierigkeit am Beispiel eines ehemaligen Top-Managers, Thomas Sattelberger, beschrieben:

> Als Führungskraft bei Daimler, Lufthansa, Continental und Deutsche Telekom kümmerte er sich um eine menschlichere Arbeitswelt. Jetzt steht er vor seiner größten Herausforderung: sich selbst. Mit einer Mischung aus enormem Ehrgeiz, Intellekt, Ruppigkeit und Durchsetzungskraft machte er sich in der sonst eher zartbesaiteten Personalerbranche einen Namen. Bei der Lufthansa gründete er Deutschlands erste Corporate University, bei der Telekom boxte er quasi im Alleingang die erste Frauenquote in einem DAX-Konzern durch. Er holte Jugendliche ohne Schulabschluss ins Unternehmen und verpflichtete seine Führungskräfte dazu, nach Feierabend keine E-Mails mehr zu beantworten, um sich und ihre Mitarbeiter vor zu viel Arbeit zu schützen. Er bemaß sein Ego am Radius der Druckwellen, die von seinen Reformprojekten quer durch die Unternehmen gingen. Er war und ist ein Marketinggenie in eigener Sache.

Einerseits meinen sie auffallen zu müssen, wenn sie sich profilieren und vorankommen wollen. Andererseits ist jede persönliche Regung gefährlich.

> Mit Jürgen Schrempp, seinem damaligen Vorgesetzten bei der DASA, geriet Sattelberger immer wieder aneinander. Nach einem denkwürdigen Vorfall, bei dem Sattelberger bei einer internen Veranstaltung aufstand und Schrempp kritisierte, war er weg. Was tat er in solchen Momenten, in denen er seine Ohnmacht spürte? Er brüllte. Schrie die Wut aus sich heraus, bei sich im Büro, hinter verschlossenen Türen. Von den Ausbrüchen bekamen außer Sattelbergers Sekretärinnen jedoch nur wenige etwas mit. Er arbeitete abgeschottet von seinen Leuten, wie ein Einsiedlerkrebs auf einem einsamen Felsen, weit draußen im Meer. Nachts legte er sein Handy neben sich, eingeschaltet. Fast vier Jahrzehnte lang war sein Leben eine endlose Kette aus Kraftakten und Krisen, aus 18-Stunden-Tagen und ebensolchen Wochenenden. Seine Mitarbeiter

merkten das an den bis zu 130 Mails und SMS-Nachrichten, mit denen er sich zwischen Freitagabend und Montagmorgen von zu Hause aus auf Trab hielt, schließlich gibt es in einem Konzern immer irgendwelche Schräglagen zu begradigen oder Katastrophen zu verhindern. Nach vier Jahren Telekom brachte er 95 Kilogramm auf die Waage. Sein Puls fuhr Achterbahn. Er fühlte sich oft wie ein überlasteter Großflughafen, auf dem zu viele Flugzeuge gleichzeitig zur Landung ansetzen wollen. Dass er die meisten von ihnen selbst in Bewegung gesetzt hat, kam ihm lange nicht in den Sinn. (Willenbrock 2014)

Die Berufswelt, die nur zwei Modi zu kennen scheint, Vollgas oder Vollbremsung, fordert scheinbar oder tatsächlich die volle Identifikation mit dem Job. Was aber bleibt, wenn die Arbeit erledigt ist, aber noch viel vom Leben übrig ist? „Das Rentnerleben ist eine Strafe für ihn. Er tut alles, um Leerlauf zu vermeiden. Der Körper aber verlangt nach Ruhe. Auch das macht die Stille am See so laut" (Willenbrock 2014). Wie kann wirksam gelebt und gearbeitet werden – ohne sich selber zu verlieren beziehungsweise sich zu sehr zu identifizieren? Was muss hier kompensiert werden und warum? Was will man nicht sehen? Wie hält man eine gesunde Distanz? Was ist wichtig im Leben? Keine leichte Aufgabe, hier Antworten zu finden – aber unerlässlich für dauerhaften Erfolg im Beruf und im Leben.

Karriere gelingt, wenn die persönliche Entwicklung Schritt hält mit den steigenden Anforderungen und wenn eine innerlich gefestigte Person mit klaren Zielen und Werten in der Lage ist, den Hochs und Tiefs auf dem Karriereweg standzuhalten. Dass beispielsweise zu viel Ehrgeiz die berufliche Laufbahn stocken lässt, ist keine ganz neue Erkenntnis. Auch falsche Entscheidungen spielen eine, aber nicht die größte Rolle. Vielmehr scheint es so zu sein, dass sich zahlreiche Entscheider selbst blockieren. Das geht auch aus der US-Studie von G. Spreitzer und Chr. Porath hervor, die über 10 Jahre den Karriereweg mehrerer Hundert Manager aus 50 Ländern und 30 Branchen begleitet haben. Dabei zeigt sich eine deutliche Übereinstimmung in den Verhaltensmustern, die die Ursache dafür sind, dass ein großer Teil der Führungskräfte in den immer wieder gleichen Karrierefallen landet.

Die eigenen Ziele werden überbetont

Nichts ist wichtiger, als die eigenen Ziele zu erreichen – selbst Familie, Kinder und Freunde werden dem untergeordnet. Der Ehrgeiz treibt voran und lässt einen schier unglaublichen Einsatz über Jahre und Jahrzehnte erbringen. Über die Kosten hierfür wird nicht ernsthaft nachgedacht, oder erst dann, wenn es zu spät ist, wenn die Beziehungen zerbrochen sind oder der Körper mehr als deutliche Signale sendet. Alles wird auf eine Karte gesetzt.

Beispiel aus der Praxis

Eine der wenigen Top-Führungsfrauen eines Industrieunternehmens hatte es mit viel Einsatz und Willen auf die Top-Ebene geschafft, genoss die Machtposition und die Möglichkeit, Einfluss zu nehmen – bis sie einen Fehler machte und die Führungsriege verkleinert werden sollte. Nach jahrzehntelanger, erfolgreicher Arbeit wurde sie in einem Tochterunternehmen auf eine Position gesetzt, auf der sie ihre Stärken nicht wirklich einbringen konnte. Im Coaching war sie dann, weil es zunehmend Konflikte mit ihren Kollegen gab, die Leistung nicht stimmte und sie sich in ihrer neuen Rolle nicht wirklich angekommen fühlte. Ihre private Situation als unverheiratete, kinderlose Singlefrau war dadurch geprägt, dass sie ihre Mutter, die ein Pflegefall war, versorgte und damit ihre wenige freie Zeit verbrachte.

Es ist ein hoher Preis für Macht und Position. Die Frage, die es möglichst früh genug zu reflektieren gilt, ist: Welchen Preis bin ich bereit zu zahlen? Was ist mein Plan B, wenn es einmal nicht mehr so läuft? Was sind meine Grundwerte und was ist mir wichtig? Wie möchte ich mein privates Leben gestalten?

Das persönliche Image wird überbewertet

In einer schnelllebigen globalen Businesswelt, in der die Zeit für eine tiefer gehende Analyse oder für das Durchdenken von zur Entscheidung anstehenden Sachverhalten oft fehlt, ist man geneigt, nur noch die richtigen Stichworte zu nennen, die passende Story zu bringen und Kompetenz und Können vorzugaukeln. Und es funktioniert oftmals über einen erstaunlich langen Zeitraum – mit entsprechender Kommunikationsfähigkeit, gestützt auf ein internes Netzwerk, werden die politisch richtigen Themen bedient und oberflächlich bearbeitet. Doch wer sich und seine Leistung überbewertet, lähmt gleichzeitig seine Bereitschaft zum Lernen und ist nicht offen für die genaue Analyse. Dies birgt ein hohes Risiko. Werden in komplexen Problemsituationen eingeschränkte Sichtweisen zugelassen, ist die Wahrscheinlichkeit, richtige Lösungen zu finden, deutlich eingeschränkt. Führungskräfte, denen es letztlich nicht um den Beitrag zum Ganzen geht, sondern um Macht und Anerkennung, haben ein höheres Risiko, mit ihren Einschätzungen und Entscheidungen falsch zu liegen. Dies kann – gerade bei sehr ambitionierten Top-Führungskräften – lange gut gehen. Doch es zeigt sich früher oder später, ob und wie kompetent jemand wirklich ist und welche Führungsfähigkeit tatsächlich zugrunde liegt.

Beispiel aus der Praxis

Das Ziel einer Top-Führungskraft war die Geschäftsführerposition in einem der Tochterunternehmen des Konzerns. Er war der Einzige, der bereit war, die Sanierung eines Geschäftsbereichs verantwortlich zu übernehmen. Mit der Unterstützung eines internen und externen Beraterstabs war es möglich, den Bereich innerhalb von zwei Jahren zu sanieren. Mit dem Image des erfolgreichen Sanierers startete er dann tatsächlich als Geschäftsführer in einer holländischen Niederlassung – hier allerdings ohne Beraterstab. Nachdem er nicht wirklich in der neuen Rolle Fuß fassen konnte, kehrte er unverrichteter Dinge nach Deutschland in den Mutterkonzern zurück.

Die Kollegen werden feindselig beobachtet

Kein einzelner, noch so kompetenter Manager ist in der Lage, die anstehenden Businessthemen allein aus eigenen Kräften zu lösen. Es braucht eine zielorientierte Kollaboration und Ausrichtung, das heißt, man ist aufeinander angewiesen und realisiert nur gemeinsam die notwendige Unternehmens-Performance. Wem es allerdings in erster Linie – wenn auch verdeckt – um den persönlichen Erfolg, den Machterhalt oder die Anerkennung geht, der wird die anderen als Konkurrenten sehen und nicht als Mitstreiter im Dienst am Kunden. Das jeweilige Vorgehen wird zum Machtpoker und es geht darum, die nächste Schlacht erfolgreich zu schlagen.

Auf der anderen Seite macht es im Unternehmen einen entscheidenden Unterschied, wenn die Top-Ebene sich gemeinsam auf eine Unternehmensstrategie festlegt, mit einer Stimme die Führungskräfte und Mitarbeiter hierüber informiert und die notwendigen Schritte festgelegt werden. Auf Dauer erfolgreiche Führungskräfte gehen konstruktiv mit sich und den Kollegen, Kunden und Geschäftspartnern um. Sie sind in der Lage, Konflikte zu lösen, und verschwenden ihre Energie nicht in destruktiven Dynamiken. Sie sind in der Lage, über den eigenen Schatten zu springen, um die Sache nach vorne zu bringen. Sie überwinden die soziale Tendenz zur Eskalation und fühlen sich nicht schnell angegriffen und abgelehnt. Sie stellen nicht ihr Ego in den Mittelpunkt, sondern finden gemeinsam mit den anderen die besten Lösungen und setzen diese um.

Alles wird im Alleingang erledigt

Mit einem starken Team im Rücken, zu dem Mitarbeiter, Kollegen, Vorgesetzte, Angehörige, Freunde und Mentoren zählen, ist eine Top-Führungskraft deutlich besser aufgestellt. Alle tragen dazu bei, wenn es darum geht, eine zweite Meinung beziehungsweise andere Sichtweisen einzuholen. Wer einsame Entscheidungen fällt, läuft Gefahr, nicht alle relevanten Punkte zu berücksichtigen. Doch machtorientierte Führungskräfte sind einsame Panther in ihrem Revier, sie trauen keinem und es ist ihnen wichtig, die Kontrolle zu behalten.

Auf die Erlaubnis von ganz oben wird gewartet
Erfolgreiche Top-Führungskräfte haben einen klaren strategischen Blick auf ihr Geschäft und vertreten die so abgeleiteten Herausforderungen und Sichtweisen im Kollegen- und Mitarbeiterkreis. Sie sind strategisch aufgestellt und haben ihre eigene, unabhängige Perspektive bewahrt. Sie definieren sich nicht nur als Umsetzer von Vorgaben. Sie bleiben sich selber und ihren Werten treu.

In Bezug auf diese Verhaltensmuster, die Karrierefallen sein können, sind High Performance Leader gut beraten, das eigene Verhalten kritisch zu prüfen und – wenn nötig – anzupassen. Die entscheidenden Selbstmanagement-Fragen sind: Welche Haltungen nehmen dauerhaft erfolgreiche Leader wirklich ein? Welche Werte haben sie? Wie gehen sie mit anderen um und wie sehen sie ihre Rolle als Führungskraft?

3.2 Der Erfolgsschlüssel für den High Performer

Der High Performance Leader arbeitet ein Leben lang an der eigenen Entwicklung, er weiß, worauf es hier ankommt, und er findet Lösungen für sich und sein Umfeld. Selbstverständlich gibt es auf der Top-Ebene niemanden, der keine Schwächen hat. Menschen gehen durch Lebenskrisen, laufen Gefahr zu scheitern und zahlen ihren Preis für falsche Entscheidungen. Persönliche Stärken, Authentizität und Glaubwürdigkeit bilden sich gerade dann, wenn herausfordernde, schwierige Zeiten zu meistern sind. Persönlichkeiten mit großer Ausstrahlung und dauerhaftem Erfolg weisen ein gemeinsames Merkmal auf: Sie alle sind ganz sie selbst geworden, kennen ihre Stärken und Schwächen und sind sich der Verantwortung und Risiken in ihrer Aufgabe bewusst. Das ist nicht banal und ist nicht einfach: nämlich der zu werden, der man ist, beziehungsweise die zu werden, die man sein kann.

Je anspruchsvoller die Herausforderungen, desto wichtiger ist eine ausgeglichene innere Basis. Niemand kann sich entfalten, bevor er oder sie nicht gelernt hat, sich als Mensch mit all seinen Facetten zu sehen und zu akzeptieren. Ist dies aber gelungen, stellen sich Veränderungen mit der Zeit fast wie von selbst ein. Die Beziehungen zu anderen Menschen werden echt und lebendig, man fühlt sich sicherer, ruhiger und die spontane Kreativität, die Intuition werden gestärkt. Deshalb sollten Führungskräfte ermutigt werden, ganz sie selbst zu werden, mehr auf innere Impulse und Gefühle zu hören und sich weniger nach fremden Meinungen und Theorien zu richten.

Der Weg der persönlichen Entfaltung funktioniert über Vitalität (Lebensfreude) und über das Lernen. In der Studie von Spreitzer und Porath (2012) wird auf folgende Kriterien, die die Entwicklung fördern, hingewiesen:

- Raum für Entscheidungen geben
- Wissen teilen
- eine offene Informationspolitik betreiben
- Freundlichkeit im täglichen Umgang leben
- Feedback- und Lernkultur pflegen.

Eine Top-Führungskraft ist in der Lage:

- die Komplexität eines Unternehmens (an-)zuerkennen und diese nicht vorschnell auf sogenannte bearbeitbare Themen einzugrenzen
- von Anfang an für eine gemeinsam abgestimmte Ziel- und Handlungsorientierung zu sorgen
- einen Entwicklungsprozess für alle Beteiligten zu gestalten
- Expertenwissen und Sozialkompetenz zu verbinden
- eine Reflexionsfähigkeit bezogen auf Inhalte, Vorgehen, Rollen, Methoden und das Selbstverständnis zu zeigen.

Die Top-Führungskraft wird zum High Performance Leader, in dem sie sich selber und die jeweilige Situation reflektiert und die notwendigen Schlussfolgerungen zieht, diese mit ihren Kollegen teilt und gemeinsam Entscheidungen für die Zukunft und das weitere Vorgehen trifft. Peter Senge, Senior Lecturer of Behavioral and Policy Sciences am Massachusetts Institute of Technology (MIT), definiert das Thema Personal Mastery in seinem Buch „Die Fünfte Disziplin – Kunst und Praxis der lernenden Organisation" (2011) wie folgt:

> Menschen mit einem hohen Grad an Personal Mastery erweitern beständig ihre Fähigkeiten, die wahrhaft angestrebten Ergebnisse zu erzielen. Sie klären immer wieder aufs Neue, was wirklich wichtig ist, und lernen die gegenwärtige Realität deutlicher wahrzunehmen.

Nach P. Senge ist Personal Mastery – neben dem Systemdenken, den mentalen Modellen, dem Aufbau einer gemeinsamen Vision und dem Teamlernen – eine der entscheidendsten Führungs- und Lerndisziplinen für eine zukunftsfähige Organisation.

Wird die Disziplin der Selbstreflexion und Selbstführung nicht angewendet, besteht – besonders in Stresssituationen – eine starke Tendenz, einmal gelernte Denk- und Verhaltensmuster beizubehalten, anstatt die Situation, so wie sie ist, wahrzunehmen und das Verhalten entsprechend der Notwendigkeit auszurichten. Um die eigenen mentalen Modelle und Vorgehensweisen zu hinterfragen und anzupassen, braucht es so etwas wie die Bereitschaft zur „Häutung" – wie eine Top-Führungskraft es einmal nannte.

Der Psychiater, Forscher und Abenteurer Bertrand Piccard (2015), der als Erster mit einem Freund in einem Ballon die Erde umkreiste, drückt es so aus: (Harvard Business Manager Spezial)

> Indem wir uns an das klammern, was wir bereits wissen, bleiben wir in alten Denk- und Verhaltensmustern gefangen. Wir müssen einige unserer alten Überzeugungen über Bord werfen wie Ballast von einem Ballon, wenn wir neue Möglichkeiten entdecken wollen.

Die Rollenwahrnehmung neu ausrichten, sich auf andere Vorgehensweisen einlassen, die eigene Sicht der Dinge auf den Prüfstein stellen – darauf kommt es an. Passiert dies nicht, ist die Gefahr groß, dass die einseitige, bisher vielleicht sogar erfolgreiche Vorgehensweise zum falschen beziehungsweise alleinigen Maßstab wird.

Erhöhte Selbstwahrnehmung in allen Bereichen des Lebens führt zu einem klaren Bewusstsein des eigenen Potenzials und zur tragenden Motivation für große Leistungen. Man erkennt Verhaltensmuster, die den Erfolg bremsen, und kann diese neu ausrichten. Der High Performance Leader entwickelt so ein bedachtes Selbstbewusstsein und einen geschärften Blick für die Realität, trifft bewusst seine (Lebens-)Entscheidungen und richtet sich mental entsprechend seiner Ziele und Möglichkeiten aus. Mit anderen Worten: Er ist eine disziplinierte und willensstarke Persönlichkeit mit klaren Werten und einem inneren Anliegen und er leistet einen sinnvollen Beitrag. Er überwindet selbst begrenzende Einstellungen und ermöglicht somit dauerhaften Erfolg für sich und andere. Ein balanciertes Leben ist das Ergebnis von Reflexion und der Selbstverpflichtung für ein ressourcenorientiertes, kraftvolles und beitragendes Wirken. In der globalen und komplexen Welt braucht es Top-Führungskräfte, die sich auf ihren inneren Kompass verlassen können, besonders dann, wenn es schwierig wird.

Harry Igor Ansoff, Professor für strategisches Management an der Carnegie Mellon University in Pittsburgh, hat ebenfalls aufgezeigt, dass neue Managementvorgehensweisen erforderlich sind, um in einem turbulenten Unternehmensumfeld zielführend handlungsfähig zu sein und zu bleiben. Ob sich ein Top-Manager beziehungsweise ein Top-Team an der Spitze eines Unternehmens für die großen und notwendigen Transformationsprozesse als fähig erweist und auf Basis eines scharfen Realitätssinns handelt, hängt nicht zuletzt davon ab, inwieweit schnelles und überlegtes Reagieren auf Diskrepanzen möglich wird. Top-Führungskräfte müssen wachsam sein, Anzeichen des Irrtums und Versagens wahrnehmen, Chancen und Risiken erkennen, auf Kritik von Mitarbeitern und Kunden hören und Veränderungen wirksam umsetzen. Transformer sollten bezogen auf ihre eigene professionelle Entwicklung allerdings den Level 5 und damit den höchsten Level in der Leadership-Hierarchie erreicht haben. Level 5 umfasst bereits die Leadership-Qualitäten

1–4. Level 1 – die begabte Führungskraft – liefert Beiträge durch Talent, Know-how, Fähigkeiten und die richtige Arbeitseinstellung. Level 2 – das beitragende Team-Mitglied – arbeitet effektiv mit anderen in einem Gruppen-Setting. Level 3 – der kompetente Manager – organisiert Menschen und Mittel zur effektiven Erreichung von operativen Zielen. Level 4 ist der effektive Leader, der Commitment für eine klar kommunizierte Vision schafft und der eine Gruppe zu hohen Performance-Standards motiviert. Level 5 ist der Executive, der dauerhafte Leistung durch eine paradoxe Kombination von persönlicher Bescheidenheit und professionellem Wollen schafft. Leader auf Level 5 braucht es nach J. Collins (2014), um ein Unternehmen von „good to great" zu transformieren. Die Schwierigkeit ist, dass genau die Ambition, der Habitus und die Neigung, die ein Manager auf Level 3 oder 4 bringt, ihn daran hindern, Level 5 zu erreichen. Wie aber erreicht man Level 5? Mit Selbstreflexion, einem Mentor, liebenden Eltern oder durch einschneidende Erfahrungen im Leben kann sich der Level-5-Samen entfalten.

3.3 Der werden, der man sein kann

Nach dem Grundsatz von Peter Drucker – „letztlich gibt es nur eine Person zu führen" – kommt es darauf an, mit dem eigenen Management zu beginnen und am besten nicht aufzuhören.

> Selbstmanagement wird als die Disziplin der Selbstführung und die Kraft individueller Könnerschaft beschrieben. Menschen, die einen hohen Grad an Personal Mastery erlangen, teilen einige grundlegenden Merkmale. Sie zeichnen sich durch eine besondere Entschlossenheit aus, die hinter ihren Visionen und Zielen steht, sie betrachten die gegenwärtige Realität als Verbündeten und nicht als Feind, sie haben gelernt, Veränderungskräfte zu erkennen und zu nutzen anstatt sie zu bekämpfen. Sie sind enorm wissbegierig und immer bemüht, die Realität klarer zu erkennen. Sie fühlen sich anderen Menschen und dem Leben verbunden und wissen doch zugleich um ihre Einzigartigkeit. Sie sind sich ihrer eigenen Unwissenheit, Inkompetenz und Schwächen deutlich bewusst und sie verfügen über ein starkes Selbstvertrauen.

Die Herausforderung besteht darin, zunächst bei sich selber zu beginnen, das heißt, den inneren Weg zum Erfolg zu gehen und bezogen auf die eigene Person zu einer klaren Bewusstheit und Steuerungskompetenz zu gelangen beziehungsweise diese zu stärken. „Es gibt nichts auf der Welt, was dem Menschen so nachdrücklich helfen kann, zu überleben und gesund zu bleiben, wie das Wissen um eine Lebensaufgabe", so lautete das Credo des weltberühmten Psychiaters Viktor E. Frankl und Begründers der Dritten Wiener Richtung der Psychotherapie, der Logotherapie (2014).

Zum wirksamen Selbstmanagement sind zwei grundsätzliche Vorgehensweisen notwendig. Erstens klärt man immer wieder aufs Neue, was einem wirklich wichtig ist, und zweitens lernt man kontinuierlich die gegenwärtige Realität deutlicher wahrzunehmen.

Leitfragen zur Selbstreflexion:

- Wer wollen und können Sie sein? Stellen Sie sich als erfolgreichen High Performance Leader vor und beschreiben Sie diese Person.
- Wer und wie sind Sie heute? Sammeln Sie Feedback von Ihren Kollegen, Mitarbeitern, Vorgesetzten, Freunden etc. und beschreiben Sie Ihre Stärken und Optimierungsfelder.
- Wie kommen Sie von hier nach dort? Erarbeiten Sie einen Plan und definieren Sie Maßnahmen, die Sie auf dem Weg vom aktuellen Ich zu dem, der Sie sein wollen und können, unterstützen.
- Sorgen Sie dafür, dass Veränderungen bleiben, finden Sie neue Rituale, wiederholen Sie neue Verhaltensweisen, bis diese automatisiert sind.
- Versuchen Sie nicht, Ihre emotionalen Skills alleine zu verbessern – finden Sie andere, um den Prozess zu navigieren und Sie zu unterstützen.

Eine entscheidende Grundvoraussetzung ist in diesem Prozess notwendig: die sogenannte Wahrheitsliebe sich selber gegenüber. Menschen neigen dazu, zu verdrängen und die Welt entsprechend ihrer Werteschemata und Erfahrungen zu interpretieren. Selbstmanagement bedeutet hingegen, die Verpflichtung zur Wahrheit, das heißt, immer wieder aufs Neue bereit zu sein, die Selbsttäuschungen und Beschränkungen zu durchbrechen und die Theorien über das Wesen der Dinge immer wieder kritisch zu hinterfragen. Denn Strukturen, die uns nicht bewusst sind, halten uns gefangen. Sobald wir sie wahrnehmen und erkennen können, verlieren sie ihre Macht über uns. Wichtig ist, diese Strukturen, die handlungsleitend sind, aufzudecken. Je stärker man sich in diesem Sinne der Wahrheit verpflichtet, desto mehr kreative Kraft wird freigesetzt.

Verhaltensmuster, die früh in der Kindheit gelernt wurden, sind so in Fleisch und Blut übergegangen, dass man in der Regel nicht mehr bewusst erkennen kann, durch welche (Muster-)Brille man die Welt betrachtet. Besonders in kritischen Situationen kommt diese eingeschränkte Wahrnehmung ins Spiel und man tendiert dazu, einmal gelernte Verhaltensmuster – das Lebensskript – immer und immer wieder anzuwenden.

Besonders für die Top-Führungskraft kann diese Verknüpfung fatal sein. Denn wer die Welt nach seinen eigenen Interpretationsmustern wahrnimmt, wird Situationen nur bedingt realistisch einschätzen und mit seinen Entscheidungen nicht unbedingt richtig liegen. Je komplexer und schwieriger die Herausforderungen sind, desto eher kommt diese Wiederholungstendenz zum Tragen und desto wahrscheinlicher werden die falschen Entscheidungen getroffen.

Aus diesem Grund ist es jeder Führungskraft anzuraten, nicht etwa jahrelang auf der Reflexions-Couch zu liegen, aber sich doch der eigenen Prägungen und Selbstmanagement-Themen bewusst zu werden und diese lösungsorientiert zu bearbeiten. Hierzu werden im Rahmen von Selbstmanagement-Seminaren und Coachings wirksame Methoden, die die Selbstwahrnehmung unterstützen, angewendet. Darüber hinaus kann jede Führungskraft verschiedene Selbstreflexionsmethoden in den Tagesablauf einplanen und die Wahrnehmungsfähigkeit schärfen. Heute gibt es mehr und mehr Führungskräfte, die sich täglich Zeit für Reflexion nehmen, die Konzentrationsübungen vor wichtigen Meetings durchführen und die einmal pro Jahr an Retreats teilnehmen, die es ihnen erlauben, sich ganz auf sich, die anstehenden Anforderungen zu konzentrieren und die inneren Bilder zu klären. Der Prozess des Selbstmanagements führt dazu, dass besonders die herausfordernden Situationen genutzt werden können, sich weiterzuentwickeln und das eigene Potenzial zur Wirkung zu bringen. Selbstmanagement wird unter Anwendung wirksamer Methoden zu einer lebenslang praktizierten Lerndisziplin. Denn:

> Change is slow and gradual. It requires hard work, a bit of luck, a fair amount of self-sacrifice and a lot of patience. And it's a fantasy that as sudden transformation will bring a total change in one's fortunes, bypassing work, luck, self-sacrifice and time in one fantastic stroke. (Greene und Elffers 2000)

Beispiel aus der Praxis

Reinhold Messner liefert hier ein gutes und nachvollziehbares Beispiel. Er gilt als einer der erfolgreichsten Bergsteiger der Welt. Zu seinen größten Leistungen zählt die Erstbesteigung aller 14 Achttausender. Heute lebt Messner als Autor und Bergbauer in Südtirol und widmet sich seinem Museumsprojekt Messner Mountain Museum sowie seiner Stiftung Messner Mountain Foundation. Er selber hat 31 Versuche, das heißt, Expeditionen gebraucht, um die 14 Achttausender zu besteigen, und es waren Erfahrungen des Scheiterns, die ihn in die nächste kreative Phase seines Lebens gebracht haben. An seinem Beispiel kann man nachvollziehen, wie das Scheitern als Chance genutzt werden kann. Nach den Erfrierungen und der Amputation von sechs Zehen und dem Drama um den Tod seines Bruders Günther Messner am Nanga Parbat (8125 m) konnte er keine Felswände mehr erklettern und wandte sich dem Höhenbergsteigen zu. Nach dem Sturz auf seiner Burg Juval in Tirol, wo er sich das Fersenbein zertrümmerte, war er Invalide und ist in die Politik eingestiegen – was ebenfalls keine so erfolgreiche, dafür aber lehrreiche Phase für ihn war – und hat dann sein erfolgreiches Museumsprojekt gestartet. (Messner 2014)

Dass verschiedene Phasen im Leben durchlaufen werden, ist etwas Normales. Eher nicht natürlich ist es, wenn man sich entscheidet, auf einer Entwicklungsstufe stehen zu bleiben und ein Fortschreiten damit verhindert. Persönlichkeitsentwicklung endet nicht mit 20 Jahren, sondern fängt dann im Grunde erst an. Das Leben selbst stellt immer wieder neue Anforderungen und bietet Entwicklungsmöglichkeiten. Top-Führungskräfte wissen das und durchlaufen diese Lernphasen, bis das volle Potenzial zur Wirkung gebracht werden kann.

Der Selbstentwicklungsprozess verläuft in sechs Stufen:

1. Entspannung: der entspannte Zustand ist notwendig, will man einen Zugang zur inneren Welt finden.
2. Innenschau: Das Innere wahrnehmen lernen, sich verstehen lernen. Wenn uns gewahr wird, was in uns lebt, wird bewusste Entwicklung und Transformation möglich.
3. Annahme: Das bewusste Erkennen und Akzeptieren bewirkt echte Transformation.
4. Erkennen: Die eigene Identität und neue Qualitäten erkennen und entwickeln.
5. Anerkennen: Sich selber in seiner vollen Identität und seinem Potenzial erleben und anerkennen.
6. Leben: aus dem vollen Bewusstsein über die eigenen Potenziale, die Stärken und die Muster seinen Beitrag leben.

Wer diesen Prozess durchläuft und die innere Arbeit leistet, hat gute Chancen, aus einschränkenden Verhaltensmustern dauerhaft auszusteigen.

> Man befreit sich von Mustern, indem man sich von ihnen wie von alten Bekannten endgültig verabschiedet. Erst durch einen solchen Abschied wird vermieden, dass diese ihre subtile Kraft weiterhin ausüben und immer und immer wieder in nicht enden wollenden Wiederholungsschleifen führen. Mit wechselnder Besetzung erlebt man dann nicht länger das immer gleiche Stück des inneren Theaters, sondern hat die Möglichkeit, auszusteigen und das Gegenüber eher so zu sehen, wie es sich selbst versteht und wie es ist. (Arnold 2014)

Erst dann wird man in der Lage sein, wirklich in Kontakt zu treten, die tatsächlichen Themen des Gegenübers und die Anforderungen der jeweiligen Situation zu erkennen, wirksam einzugreifen, achtungsvoll Angebote zu machen und zu gestalten. Der reflektierte Blick hilft, eine systemische Haltung im Umgang mit den Herausforderungen zu entwickeln sowie die Interpretationsmuster und die Bewertung des Gegenübers zu erkennen. Dabei entwickelt man eine vielleicht etwas nüchternere, aber auch realistischere Art der Kommunikations- und Beziehungsgestaltung zum Gegenüber.

In dem Buch „Gratwanderung“ beschreibt der erfahrene Bergsteiger Uli Auffermann, dass genau die Fähigkeit der Situationseinschätzung am Berg überlebensnotwendig ist. Es wird eindrücklich aus der Welt der Gipfelstürmer im Hochgebirge beschrieben, dass in Extremsituationen das richtige Gespür für den Berg entscheidend ist. So gilt es, für den Bergsport und die Top-Ebene der Wirtschaft eine Gratwanderung zwischen Wagnis und Sicherheit, Risiko und Verantwortung zu finden und sich letztlich – nach Abwägung aller Fakten – auf das Bauchgefühl, die Intuition, zu verlassen. Intuition wird von Lynn Robinson wie folgt definiert: „Knowing something directly without going through a long analytical process“ (Robinson 2014).

Der österreichische Bergführer, Filmemacher und Fotograf Kurt Diemberger, der zusammen mit Hermann Buhl zwei Achttausender erstbestiegen hat, beschreibt ebenfalls in dem Buch Gratwanderung (Auffermann 2012):

> Ich werde mich auf meine Nase verlassen, wie man so sagt – auf etwas, was ich nicht genau definieren kann. Es ist die innere Stimme, sie hat mich noch nie im Stich gelassen. Oder doch? Vielleicht war ich es, der sich nicht hörte…“ „Dass etwas Unerklärliches vor dem fast sicheren Tod bewahren kann, weiß ich, seitdem ich mich am K2 durch Nacht und Tag mit dem letzten Lebenswillen zum Fuß des Berges hinabkämpfte.

Auch Leo Schlömmer, österreichischer Bergführer, drückt dies ebenso eindrücklich aus:

> Völlig konzentriert auf die bevorstehende Kletterei, ohne Ablenkung hatte ich die ungehinderte Wahrnehmung. Und diese gab ein deutliches Signal: Heute lieber nicht!

Jürgen Schafroth betont, wie wichtig der Gleichklang bei einer erfolgreichen Bergbesteigung ist:

> Werden alle gehört und jeder auch innerlich mitgenommen, trägt die Sache. Die Überzeugung, dass es geht, dass alles passen wird, gibt größtmögliche Sicherheit. Mit einer derart großen Erfahrung, mit einer solchen Physis und mentalen Stärke kann trotz der Anspannung Glück und Genuss empfunden werden. (Auffermann 2012)

Auch Peter Geyer, der fast alle großen Wände der Alpen – ob in Eis oder Fels – bestiegen hat, weltweit schwierige Expeditionen leitet und, bezogen auf seine alpine Kompetenz, herausragend ist, schreibt (Auffermann 2012):

> In der Entscheidungssituation vertraue ich auf meine Erfahrung, meine Gefühle und Intuition ebenso wie auf meine Fähigkeit, Fakten systematisch analysieren zu können. Ich bin der Meinung, dass es entscheidend ist, wie ich etwas erfahren habe und wie ich das Erfahrene reflektiere und damit umgehe. Die Erfahrung, auf die ich zählen und vertrauen kann, kommt nicht von selbst, die muss ich mir erarbeiten. In der Praxis, in der realen Situation kann man kaum unterscheiden, ob ich mit Gefühlen, die wiederum vom psychischen und physischen Zustand abhängen und manipulierbar sind, oder dem Geistesblitz, der Intuition, konfrontiert bin. Die Intuition ist eine spontane und ungeplante Eingebung, ein ahndendes Erfassen, die Erkenntnis ohne wissenschaftliche Einsicht. Sie kommt aus einem Speicher im Unterbewusstsein und übernimmt unter anderem eine Schutz- und Kontrollfunktion.

Er beschreibt weiter:

> Beim Erreichen des Gipfels und beim ersten Blick in die Ostflanke übermannte mich ein überaus negatives Gefühl und übergangslos stand die Erkenntnis im Raum – jetzt nicht. Meine und die ebenso positive Beurteilung der Teilnehmer ließen die Stimme aus meinem Bauch nicht verstummen. Ich sprach die Fakten und meine Eingebung offen an und entschied, den Hang nicht zu fahren, sondern auf einer Rippe ca. 100 m abzusteigen, um dann aus der Flanke auf ein nahes Joch zu queren – natürlich unter Protest meiner Teilnehmer. Als wir auf der Rippe etwa 20 m abgestiegen waren, löste sich über die gesamte Breite der Flanke (ca. 200 m) ein Schneebrett mit 35 Zentimetern Anrisshöhe und donnerte über 700 m in den Talgrund. Von uns wurde keiner mitgerissen, wir kamen unbeschadet davon. Bei einer Abfahrt mit Ski hätte sicherlich keiner von uns überlebt. Ein nachhaltiges Schlüsselerlebnis für alle Beteiligten.

Peter Geyer hörte auf seine innere Stimme, und das liegt nicht zuletzt daran, dass er so viel darüber weiß (Auffermann 2012):

> Für mich sind Intuition und Erfahrung eng miteinander verknüpft. Um die spontane Eingebung nutzen zu können, kann man sich schulen, ihr Raum zu geben und sie ernst zu nehmen. Ignoriere ich sie, verschmähe ich einen wesentlichen Baustein in meinem Orientierungs- und Urteilsvermögen. Wir wissen, dass Verstand und Logik ebenso wie Intuition und Gefühl nicht unfehlbar sind. Wenn uns die Vor- und Nachteile bekannt sind, sollten wir beide Seiten unseres Gehirns entsprechend nutzen und versuchen, das Rationale und das Emotionale zusammenzuführen. Wenn wir beide Informationsquellen ausschöpfen, steigen die Chancen auf ein optimales Ergebnis. Blende ich einen Teil aus, egal welchen, geht in beiden Fällen etwas Wesentliches verloren.

3.4 Der intelligente Umgang mit Emotionen

Im Unternehmen haben wir es mit einem sozialen System, in dem Menschen miteinander agieren und kommunizieren, zu tun. Die konsequente Ausrichtung des Verhaltens auf den Zweck, die realistische Zukunft, die Zielsetzungen und die konkreten Aufgaben sind entscheidend für den Erfolg. Letztlich ist es Aufgabe des Top-Managements, das Verhalten im System zu steuern und zweckdienlich zu gestalten.

Alex Pentland (2012), Professor am Massachusetts Institute of Technology (MIT), berechnet, wie sich Ideen im sozialen System verbreiten, und zeigt auf, dass nicht die Schlauesten die besten Ideen haben, sondern diejenigen, die die Vorstellungen anderer Menschen am besten umsetzen können. Nicht die Entschlossensten treiben Änderungen im sozialen System voran, sondern die, die am besten im Team mit Gleichgesinnten arbeiten. Nicht Wohlstand und Ansehen motiviere am besten, sondern der Respekt der Mitmenschen. Damit gute Ideen im Unternehmen fließen, sollte weniger dominierende Kommunikation stattfinden, sondern eher Einbezug und konstruktive Kommunikation der Standard sein. Pentlands Forschungsergebnisse zeigen, dass Anleger in Bezug auf ihr Investitionsverhalten eine um bis zu 30 % höhere Rendite erwirtschaften, wenn sie in vielseitigen funktionierenden Netzwerken agieren. Frauen können, nach Pentland, soziale Signale besser lesen als Männer, sie integrieren Teammitglieder besser und sorgen eher dafür, dass alle zum Erfolg beitragen. Sie sind im Mittel besser als die Männer, bezogen auf die Kategorien der Emotionalen Intelligenz.

In seinem Buch „Working with emotional Intelligence" (2011) zeigt Daniel Goleman eindeutig auf, dass emotionale Kompetenz – im Vergleich zu den kognitiven Fähigkeiten und dem technischen Know-how – doppelt so entscheidend für den Unternehmenserfolg ist. Und – je höher die Hierarchieebene, desto mehr kommt es auf die sozialen und emotionalen Skills an. Doch Emotionen sind im überwiegenden Teil der Managementliteratur kein Thema. Dabei spielen sie gerade im globalen Setting und bei der erfolgreichen Umsetzung von Transformation eine entscheidende Rolle. Goleman (2014) hingegen zeigt die Bedeutung der emotionalen Ressource auf und beschreibt, wie Führungskräfte ihre Emotionen erfolgreich einsetzen und managen können. Auch der Weltklassekletterer Alexander Huber schreibt in seinem Buch (2013):

> Nur wer sich mit seinen Ängsten auseinandersetzt, kann seinen Problemen richtig begegnen. Ich bin kein angstbefreiter Mensch. Genau das Gegenteil ist der Fall. Ich nehme die Angst an und akzeptiere, dass sie da ist. Die Angst zu verneinen kann gerade beim Bergsteigen tödlich sein. Wenn mich ein negatives Gefühl begleitet, das sich nicht verdrängen lässt, dann ist der Punkt erreicht, an dem ich umkehren muss.

Emotionale Intelligenz bedeutet nach Goleman (2014) Selbstgewahrsein – das sich selbst bewusst sein, Empathie – die Bereitschaft und die Fähigkeit, sich in die Einstellungen anderer Menschen einzufühlen und der Rapport – die Qualität der Wechselbeziehung mit anderen.

Emotionen – die persönliche Befindlichkeit – beeinflussen in hohem Maße die eigene Leistungsfähigkeit und die der anderen – so die Hypothese. Durch einen neurologisch nachweisbaren Prozess der Ansteckung von Gemütsverfassungen, der sogenannten „Mood Contagion", beeinflusst der Leader bewusst oder unbewusst die Gemütslage der anderen. Die Gehirnforschung bezeichnet diesen Effekt als Open-loop-Nature des Limbischen Systems, das Gehirnareal, das für die Erkennung, Verarbeitung, Regulierung und Weiterleitung von Emotionen verantwortlich ist. Ein Open-loop-System ist, bezogen auf seine Steuerung, von externen Quellen abhängig, während ein Closed-loop-System selbstregulierend ist. Mit anderen Worten: Unsere Gemütslage ist abhängig von der Verbindung und Rückmeldung anderer. Zum Beispiel haben Studien auf der Intensivstation ergeben, dass die Präsenz einer anderen Person nicht nur den Blutdruck des Patienten sinken lässt, sondern auch die Ausschüttung des Sekrets verringert, das für die Verstopfung von Arterien verantwortlich ist. In einer anderen Studie konnte nachgewiesen werden, dass die Sterberate bei sozial isoliert lebenden Männern mittleren Alters dreimal so hoch ist, wenn sie in einem Jahr drei oder mehr einschneidende emotionale Ereignisse wie Scheidung, Kündigung oder finanzielle Probleme zu verarbeiten hatten. Solche Ereignisse hatten hingegen keinen Einfluss auf die Sterberate von Männern dieser Gruppe, wenn sie sozial gut vernetzt waren. Entsprechend der emotionalen Ansteckung kreieren depressive, rücksichtslose und rabiate Top-Führungskräfte eher eine vergiftete Kultur mit negativ ausgerichteten Low Performern. Ein konstruktiver, inspirierender Leader hingegen kultiviert ein konstruktives, leistungsstarkes Miteinander, das ein Meistern auch der größten Herausforderungen ermöglicht. Emotionales Leadership ist allerdings nicht zu verwechseln mit So-tun-als-ob-Strategien oder Pokerfaces. Es bedeutet, den tatsächlichen emotionalen Einfluss auf andere zu verstehen und diesen zu managen. Die Gemütsverfassung des Leaders ist ein großer Hebel in der verantwortlichen und erfolgreichen Wahrnehmung der Aufgabe. Der Leader sollte sicherstellen, dass er in konstruktiver, optimistischer, realistischer und ernsthafter Verfassung ist und ein balanciertes und hohes Energieniveau (vor-)lebt. Die eigenen Emotionen zu managen ist nicht nur möglich, sondern auch ein notwendiger Bestandteil der Selbstmanagement-Aufgabe des High Performers.

Ist eine Top-Führungskraft darüber hinaus in der Lage, das soziale Miteinander konstruktiv zu gestalten, sind die vorhandenen technischen und kognitiven Skills leichter nutzbar zu machen. Auf Basis einer ausgeprägten emotionalen Kompetenz ist es möglich, den menschelnden Faktor im sozialen System so zu orchestrieren, dass das Wohlbefinden, die Sinnhaftigkeit und die Performance nachhaltig gestärkt werden.

Jack Welch, Chief Executive Officer (CEO) von General Electrics von 1981 bis 2001, machte mit seiner Politik des Reparierens, Verkaufens oder Schließens („fix it, sell it or close it") von verlustbringenden Unternehmensteilen und des Zukaufens zukunftsträchtiger Technologien den US-Konzern zu einem profitablen und wachsenden Unternehmen. Er war einer der erfolgreichsten, aber auch umstrittensten Manager der USA. Man gab ihm den Spitznamen „Neutronen-Jack" und er wurde unter die zehn schlimmsten Chefs gewählt. Nach sieben „Neutronen-Jack"-Jahren änderte er seine Haltung und erkannte, dass die Kultur im Unternehmen eine entscheidende Erfolgsgröße darstellt und startete ein Kulturprogramm, das zu einer Humanisierung des Managements bei GE führte – „bullies will not be tolerated (any more)" (Slater 2014).

Ob nun eine Top-Führungskraft als beispielgebender Leader in Erinnerung bleibt, hängt entscheidend von der Fähigkeit ab, Emotionen wahrzunehmen, zu verstehen, zu nutzen und zu beeinflussen. (Mayer und Salovey 2008)

Daniel Goleman, der mit seinem Buch „EQ – Emotionale Intelligenz" (2014) zur Verbreitung und Akzeptanz des Begriffs beigetragen hat, beschreibt die folgenden Fähigkeiten als Ausdruck emotionaler Kompetenz: (Golemann in Anlehnung an Mayer und Salovey 2008)

- Emotionen erkennen: die eigenen Gefühle erkennen und akzeptieren, während sie auftreten. Diese Fähigkeit ist entscheidend für das Verstehen des eigenen Verhaltens und der eigenen Antriebe. Viele Menschen fühlen sich ihren Emotionen gegenüber ausgeliefert, lehnen sie ab und bekämpfen oder vermeiden sie – statt sich der Tatsache bewusst zu sein, dass man Emotionen aktiv steuern kann.
- Emotionen beeinflussen: Gefühle so handhaben, dass sie der Situation angemessen sind (statt zu dramatisieren oder zu verharmlosen). Dazu gehört die Fähigkeit, sich selbst zu beruhigen und Gefühle der Angst, Gereiztheit, Enttäuschung oder Kränkung abzuschwächen und positive Gefühle zu verstärken. Dies hilft bei der Überwindung von Rückschlägen oder belastenden Situationen.
- Emotionen in die Tat umsetzen: Emotionen so beeinflussen, dass sie bei der Erreichung von Zielen helfen. Dies ist der Kern der Selbstmotivation und fördert die Kreativität sowie die Häufigkeit von Erfolgserlebnissen. Dazu gehört auch, dass jemand in der Lage ist, kurzfristige (emotionale) Vorteile und Verlockungen hinauszuschieben (Belohnungsaufschub) und impulsive Reaktionen

zu unterdrücken. Diese längerfristige Perspektive ist die Grundlage jeglichen Erfolgs.

- Umgang mit Beziehungen: Die Fähigkeit oder die Kunst der Gestaltung von Beziehungen besteht im Wesentlichen im Umgang mit den Gefühlen anderer Menschen. Es ist die Grundlage für eine reibungslose Zusammenarbeit in nahezu allen beruflichen Umfeldern. Es ist zugleich die Voraussetzung für Beliebtheit, Wertschätzung und Integration in eine Gemeinschaft, andererseits aber auch für Leadership Ability, also eine Fähigkeit, die positiv wirken, jedoch auch zur Manipulation dienen kann.

„Eine eher beunruhigende Entwicklung ist, dass sich die emotionalen Intelligenzwerte bei Kindern schon seit Jahrzehnten, bezogen auf 42 gemessene Indikatoren, verringern. So verhalten sich Kids heute im Durchschnitt impulsiver und aggressiver, sie fühlen sich einsamer als in den Generationen davor. Schulen fokussieren mit Nachdruck die kognitiven und fachlichen Inhalte und fördern das Selektieren schon früh. Kinder sind weniger in intakten sozialen Gemeinschaften eingebunden, Eltern sind beruflich einem größeren Druck ausgesetzt und Frauen wollen nicht mehr allein für Heim und Kinder zuständig sein" (Goleman 2014). Dies ist nicht gerade ein guter Nährboden für die Entwicklung von gesundem Selbstbewusstsein, Grundvertrauen und sozialer Kompetenz.

Nach Goleman aber sollten die fünf Dimensionen der Emotionalen Intelligenz gelernt beziehungsweise vertieft werden. Die Kategorien, in denen Nachholbedarf besteht, sind:

1. sich bewusst werden über die handlungsleitenden Haltungen und Werte
2. der Umgang mit den Emotionen
3. die Motivation zur Erreichung von Zielen
4. die Empathie – ohne Worte erkennen, wie andere sich fühlen
5. die sozialen Skills – der Umgang mit anderen.

Das Ziel hierbei ist, eine Person zu werden, mit der andere Personen gerne zusammenarbeiten, um gemeinsam die besten Ideen auf den Weg zu bringen und Nutzen zu schaffen.

Ohne die Fähigkeit der Empathie, das heißt die Fähigkeit, Gedanken, Emotionen, Motive und Persönlichkeitsmerkmale einer anderen Person zu erkennen und zu verstehen, geht es im sozialen Miteinander nicht.

Der Schriftsteller Arno Gruen (2003) beschreibt Empathie als Grundvoraussetzung für das Funktionieren von sozialen Systemen. Nicht nur Probleme in Zweierbeziehungen, sondern auch Probleme in allen sozialen Systemen, werden mit fehlender Empathie begründet. Empathie ist die Grundlage aller Menschenkenntnis und das Fundament zwischenmenschlicher Beziehungen. Ein Mensch, der weiß, was andere fühlen, kann viel früher die oftmals versteckten Signale im Verhalten anderer erkennen und herausfinden, was sie brauchen oder wollen. Allerdings weist dies auch darauf hin, wie andere negativ zu beeinflussen sind. Empathie ist zunächst einmal eine wertneutrale Fähigkeit – eine Leadership Ability –, die je nach Absicht und Zielsetzung positiv oder auch negativ genutzt werden kann. „Empirische Studien zeigen, dass Menschen, die die Fähigkeit besitzen, eigene und fremde Gefühle zu steuern, im beruflichen und privaten Leben erfolgreicher sind. Sie leiden weniger unter psychischen Störungen, haben bessere persönliche Beziehungen, sind zufriedener und weniger anfällig für ungünstige Gewohnheiten wie Rauchen, ungesunde Ernährung etc. Auch auf gesamtgesellschaftlicher Ebene ist Empathie die Basis erfolgreicher humaner Gesellschaften" (wikipedia/Emotionale Intelligenz).

Auf Basis menschlichen Mitwirkens entsteht nach Niklas Luhmann (2013) eine sogenannte emergente Ordnung im sozialen System. Als emergente Ordnung wird ein soziales System bezeichnet, dessen Eigendynamik auf emergent (im Sinne von unvorhersehbar, aber auch nicht reduzibel, das heißt auf eine Grundform zurückführend) entstandenen Veränderungen basiert. Eine emergente Ordnung ist die evolutionäre Erweiterung einer Grundordnung, die systemimmanent akzeptiert wird und dadurch eine größere gesellschaftliche Breitenwirkung bekommt. Als emergenter Prozess wird jeder Bewusstseinserweiterungsprozess bezeichnet, an dem Menschen beteiligt beziehungsweise mitbeteiligt sind.

3.5 Netzwerken mit den Arbeitspartnern

Laut der neuesten Umfrage des Beratungsunternehmens Gallup (2014) haben 17 % der deutschen Arbeitnehmer innerlich gekündigt, 67 % machen Dienst nach Vorschrift und nur 16 % aller Arbeitnehmer sind bereit, sich freiwillig für die Ziele ihrer Firma einzusetzen. Seit 13 Jahren untersucht Gallup jährlich die emotionale Bindung deutscher Arbeitnehmer und veröffentlicht den Gallup Engagement Index.

Die Ursachen für eine geringe Mitarbeiterbindung ließen sich in der Regel auf Defizite bei der Personalführung zurückführen. Glaubt man der Studie, dann ist der Wert „Innere Kündigung" nun erstmals im vergangenen Jahrzehnt wieder gesunken. Von 2002 bis 2012 war er kontinuierlich gestiegen: von 16 auf 24 %. Dennoch hat noch immer jeder sechste Mitarbeiter bereits seine innerliche Kündigung mit sich ausgemacht.

Die Mitarbeiter, die sich innerlich verabschiedet haben, fehlen demnach häufiger. Sie entwickeln so gut wie nie Ideen, wie sich die Arbeitsabläufe und Produkte des Unternehmens verbessern lassen, und einige verlassen das Unternehmen. Laut Gallup-Schätzung entsteht durch schlecht motivierte Mitarbeiter ein volkswirtschaftlicher Schaden von 98,5 bis 118,4 Mrd. € pro Jahr. In Deutschland gibt es rund 33,8 Mio. Erwerbstätige ab 18 Jahren. Nimmt man an, dass von diesen 17 % innerlich gekündigt haben, würde das bedeuten: Mehr als 5,4 Mio. Menschen arbeiten nur das Nötigste oder sabotieren gar die eigene Firma.

In der neuesten Kienbaum-Studie, in der zuletzt 7.400 Arbeitnehmer in 20 Ländern befragt wurden, rangiert Deutschland im weltweiten Vergleich der Zufriedenheit am Arbeitsplatz bloß im unteren Mittelfeld.

> Am zufriedensten sind deutsche Arbeitnehmer mit ihren Arbeitsaufgaben und -inhalten sowie den Rahmenbedingungen in ihrem Unternehmen insgesamt. Sie bewerten es positiv, dass sie in ihren Jobs hinreichend gefordert werden und die Führungskräfte ihnen das Gefühl vermitteln, zum Unternehmenserfolg beizutragen. Außerdem sind sie stolz auf ihr Unternehmen und empfehlen es gerne weiter. (Kienbaum 2014)

Die größten Schwächen deckt der Index in Deutschland bei der Führungsstärke und der Innovationsfähigkeit auf: Ein Großteil der befragten 2.500 Mitarbeiter bemängelt vor allem die Kommunikations- und Führungsfähigkeiten der Unternehmensleitung. Zudem zweifeln deutsche Angestellte an der Fähigkeit ihrer Arbeitgeber, aus Fehlern zu lernen und Mitarbeiter mit innovativen Ideen zu unterstützen.

> Die deutschen Arbeitnehmer werden selbstbewusster und wollen mehr in Entscheidungsprozessen eingebunden werden. Da spielt leider noch nicht jeder Chef mit. Das ist ein Fehler. (Kienbaum News 2014)

Eine konstruktive Beziehung zwischen Chef und Mitarbeiter ist eben keine Selbstverständlichkeit. So berichtete ein Mitarbeiter im Rahmen einer Teamentwicklung: „Man wird hier einfach nicht wahrgenommen. Ich habe es getestet, bin wochenlang erst spät zur Arbeit gekommen und früh gegangen – niemanden hat das interessiert." Echtes Interesse, ein sinnvoller Beitrag und Freiraum in der Aufgabenbearbeitung schaffen im Gegensatz dazu die Bereitschaft, aktiv am Unternehmensgeschehen teilzunehmen.

Ob ein Mitarbeiter sich für die Firma ins Zeug legt, hängt vom direkten Vorgesetzten ab, denn „wenn Angestellte sich ernst genommen fühlen, eigenverantwortlich und innerhalb gewisser Freiräume arbeiten können, sind sie kreativ", so der Gallup-Experte Nink (2014). Null-Bock-Mentalität zeigt sich hingegen in geringer Innovationsleistung, hohem Krankenstand und Demotivation.

Der Chef beeinflusst die Stimmung am Arbeitsplatz. Versagt er, steigt die Fluktuation. Managementexperte Jordan erzählt, dass er einmal einen leitenden Angestellten entlassen musste. Der hatte sich nur mit Vertrauten umgeben, duldete keinen Widerspruch und kontrollierte seine Mitarbeiter exzessiv. „Das Engagement seiner Mannschaft war im Keller, die Kündigungsrate war enorm. Und deshalb brachen auch die Ergebnisse ein", erzählt Jordan. „Wir mussten den Mann rausnehmen, sonst hätten wir die ganze Organisation verloren" (Bund und Rohwetter 2014).

Doch wie sieht zielorientierte Mitarbeitereinbindung aus? Der Druck steigt, je mehr die Arbeitsbeziehungen von Hoffnungen und Ansprüchen überladen sind. Viele Spitzenkräfte tragen selbst dazu bei: Etwa, wenn sie versuchen, das Herz ihrer Mitarbeiter zu gewinnen, indem sie die „Wir sind eine große Familie"-Geschichte vermitteln. Doch das Prinzip stärkt den unmündigen Arbeitnehmer, der in einer infantilen Rolle verharrt und wie jedes verwöhnte Kind unerfüllbare Erwartungen an Vorgesetzte und Unternehmen entwickelt. So, als solle der Job diejenigen Bedürfnisse stillen, die Menschen im Privatleben nicht befriedigen können. „Die Demotivierten setzen ihre Chefs bisweilen gehörig unter Druck", sagt Thorsten Kienast (Rohwetter 2014). Der Mediziner leitet die Max Grundig Klinik im baden-württembergischen Bühl. Das Privatsanatorium ist ein Refugium für jene Führungskräfte, die zusammenbrechen und Ängste und Depressionen entwickeln. Einige haben sich aufgerieben im Versuch, zwischen Job und eigener Familie zu jonglieren. Andere aber verzweifeln an ihren Mitarbeitern. In der Regel geht es um Hoffnungen und Ideale, die Mitarbeiter in ihre Vorgesetzten hineinprojizieren.

Manfred Kets de Vries, Psychoanalytiker und Professor an der Wirtschaftsschule INSEAD, bestätigt diese Gefahr (Bund und Rohwetter 2014): „Vorgesetzte können eine Art emotionale Müllhalde werden für die unerfüllten Wünsche ihrer Mitarbeiter", sagt er. „Was auf sie projiziert werde, habe oft mit frühkindlichen Prägungen zu tun. Alle unsere Beziehungen sind gefärbt durch frühere Bindungen." Und die erste und prägendste im Leben ist die Beziehung zu den Eltern.

Bund und Rohwetter beschreiben die drei Anhänglichkeitsmuster: (2014)

- Die „sichere Anhänglichkeit" wird ausgelöst durch anwesende und fürsorgliche Eltern, die ihre Kinder zu vertrauensvollen Menschen erzogen haben, die dann auch als Erwachsene gesunde Bindungen eingehen.
- Daneben gibt es die „ängstlich-ambivalente Anhänglichkeit", die aus nicht gewährter Nähe zu den Eltern resultiert. Diese Kinder würden später im Job alles tun, um ihren Vorgesetzten nahe zu sein. Das seien jene Typen, die dem Chef den Koffer hinterhertragen.
- Die dritte Gruppe lebt die „vermiedene Anhänglichkeit" aus – sie besteht aus denen, die jegliche Sehnsucht nach Nähe unterdrücken. Für ein Unternehmen

sind die Beziehungsunfähigen ein Risiko, weil sie sich nicht führen lassen. Aber wenn sie selbstbestimmt ihre Arbeit tun dürfen, können sie sich zum unbezahlbaren Aktivposten mausern.

Eine herausfordernde Führungssituation ist es, wenn Mitarbeiter fachlich besser sind als ihre Chefs – was natürlich häufiger der Fall ist. In solch einer Situation meinen viele Mitarbeiter, über die Maßen kritisieren zu können, sie übersehen allerdings, dass es mehr braucht als fachliche Kompetenz, um ein guter Vorgesetzter zu sein. „Macht nie den Fehler und unterschätzt die Leute“, war der gut gemeinte Rat eines erfahrenen Vorgesetzten an die ambitionierten Nachwuchskräfte. Dies gilt für beide Seiten. So konnte man zum Start eines Sanierungsprojektes folgende Mitarbeiter-Aussagen hören: „Ich fühle mich, als würde ich jeden Tag ins Gefängnis gehen. Drei Managergenerationen haben hier keine Veränderung gebracht, was soll jetzt Neues passieren?“ Und am Ende der zweijährigen Sanierungszeit waren die Aussagen wie folgt: „Im Grunde haben wir nichts anderes gemacht, als das, was wir die ganze Zeit immer schon gesagt haben, was notwendig wäre zu tun – nur diesmal hat man uns gefragt und wir haben es dann tatsächlich getan.“

Es menschelt also am Arbeitsplatz, und Führungskräfte sollten alles daran setzen, ein konstruktives Miteinander und einen Bezug zu den Unternehmenszielen zu schaffen. Das ist nicht einfach und braucht glaubwürdige, gezielte und gekonnte Kommunikation.

Beispiel aus der Praxis

In dem bereits erwähnten Sanierungsfall bedeutete dies – bevor überhaupt daran gedacht werden konnte, mit der Sanierung zu starten –, eine Gruppe von informell und formell starken Mitarbeitern und Führungskräften zusammenzubringen und die Lage zu besprechen. Die hierzu ausgewählten Mitarbeiter waren in Resignation und innerer Kündigung verharrt, hatten genug von falschen Versprechungen und einer unverändert schwierigen Geschäftssituation. Doch sie waren auch bereit, zusammenzukommen und zunächst einmal die Situation zu analysieren – allerdings nur unter der Voraussetzung, dass der neue Chef nicht an diesem Meeting teilnahm. Der wiederum war erfahren und klug genug, sich in dieser Situation darauf einzulassen. Die Mitarbeitergruppe kam zusammen, ließ ihrem Ärger freien Lauf, analysierte die Situation und war schlussendlich bereit, den neuen Chef und seine Sicht der Dinge anzuhören. Dieser nutzte die Gelegenheit, um sich selber und den geplanten Sanierungsprozess vorzustellen. Die Gruppe war nicht gerade begeistert, hörte aber zu, was dieser – gut vorbereitet – zu sagen hatte. In einem weiteren Meeting, an dem der Vorgesetzte am letzten Tag hinzukam, stand dann eine der beteiligten jungen Führungskräfte aus der Runde auf und sagte sinngemäß zum Bereichsleiter: „Ihnen traue ich es zu." In diesem Moment wurde ausgesprochen, was in der Gruppe in den vorhergegangenen Veranstaltungen entstanden war. Daraufhin war es möglich, den Sanierungsprozess mit echter Unterstützung der wichtigsten Schlüsselpersonen zu starten und nach zwei Jahren erfolgreich abzuschließen.

Mit mehr Freiheit und weniger Kontrolle lasse sich der Arbeitsfrust besiegen, sagen die britischen Arbeitsweltexperten Alison Maitland und Peter Thomson. Beschäftigte mit mehr Freiräumen sind bei der Arbeit produktiver, kreativer und effizienter als andere. Die fehlende Autonomie könne sogar krank machen. Es braucht Führung, die sowohl die aktuelle Geschäftssituation als auch die strategischen Herausforderungen klar vor Augen hat, diese nachvollziehbar kommuniziert und die Mitarbeiter in die anstehenden Gestaltungs- und Veränderungsprozesse gekonnt einbezieht.

Mitarbeiter wollen geführt werden und haben wohl auch ein Recht darauf. Sie wollen wissen und verstehen, warum bestimmte Veränderungen notwendig für das Unternehmen sind, und haben Interesse daran, ihre Ideen und Vorschläge zur Verbesserung einzubringen. Erst dann entsteht sinnhaftes, motiviertes und ausgerichtetes Handeln im System und überdurchschnittliche Ergebnisse werden möglich.

An der Universität in Michigan führte der Organisationspsychologe Adam Grant (2013) folgendes Experiment mit Studenten durch, die in einem Callcenter Geldspenden für Stipendien eintreiben sollten. Der Telefonjob war nicht nur eintönig und schlecht bezahlt, sondern auch schwierig, denn die Studenten mussten sich Beleidigungen anhören und/oder sich abwimmeln lassen. Die Erfolgsquote lag bei traurigen sieben Prozent. Versuche, die Studenten mit Geldgeschenken und Wettbewerbsspielen zu motivieren, hatten wenig Erfolg. Grant startete einen anderen Versuch. Er lud einen ehemaligen Studenten ein, der dank der auf diese Weise eingetriebenen Mittel an der Universität hatte studieren können und als Lehrer arbeitete. Dieser Mann berichtete den Studenten über seinen Lebenslauf und die Bedeutung, die das Stipendium für ihn und seinen Lebensverlauf hatte. Ohne sonst etwas geändert zu haben, verbrachten die Studenten 142 % mehr Zeit am Telefon und trieben 171 % mehr Geld ein. In einer Folgestudie verfünffachten sich die Umsätze sogar. Selbst Briefe von dankbaren Stipendiaten, die man den Anrufern vorlegte, erhöhten deren Arbeitseinsatz. Sie konnten ihre Tätigkeit nun leichter als eine sinnvolle wahrnehmen.

Von einem ähnlichen Fall berichtet der Managementexperte Nink (Gallup 2014): Die Arbeitsleistung in einer Fabrik, in der künstliche Hüftgelenke hergestellt und verpackt wurden, stieg sprunghaft an, als die Leitung eine Gruppe von Patienten einlud, die dank der dort gefertigten Prothesen wieder beschwerdefrei laufen konnten.

Verhalten ist demnach nicht nur steuerbar, sondern es gibt guten Grund, es zu tun. Denn ohne die bewusste Steuerung des Verhaltens in sozialen Systemen besteht die Tendenz, dass Beziehungen sich eher in eine destruktive, eskalierende Richtung entwickeln. Warum ist das so und was kann getan werden, um dieser Tendenz entgegenzuwirken?

In jeder Interaktionssituation sind wir versucht, die Welt nach unseren inneren Mustern zu interpretieren und sie nach unseren Bedürfnissen und Standpunkten zu gestalten. Je nachdem, wie wichtig die Angelegenheit ist beziehungsweise subjektiv genommen wird, legen wir uns entsprechend ins Zeug. Unreflektiert sehen und vertreten wir die eigene Perspektive, sind überzeugt, dass sie richtig ist und übersehen mögliche andere Perspektiven, die natürlich auch richtig sein können. Eskalationsdynamiken sind dann die Folge und diese führen jeden Tag in unzähligen Interaktionssituationen zu Missverständnissen, Konflikten und Auseinandersetzungen, die viel Zeit, Nerven und Geld kosten. In vielen Arbeitssituationen ist das Gemeinschaftsbewusstsein einem trennenden, rivalisierenden und missgünstigen Denken gewichen und die Menschen fühlen sich den an die Oberfläche kommenden Emotionen, wie Angst, Wut oder Ohnmacht, ausgeliefert. Immer mehr arbeiten bis zur Erschöpfung, es fehlt an Besinnung, Pausen, Integration und einem sinnerfüllten Tun.

Der erfolgreiche Top-Manager lässt sich nicht in diese Emotionsfalle locken, sondern ist in der Lage, die Dynamik zu steuern. Er nimmt wahr, was im Orchester los ist und formt aus Solisten eine Einheit. Er nimmt wahr, welche Gruppe wach und lebendig ist und welche gerade mit sich selbst beschäftigt ist. Er nimmt wahr, welche Musiker im Orchester sich nicht verstehen, und kann mit kleinsten Signalen und Aufmerksamkeiten oder auch nachhaltigen Interaktionen für ein reibungsloses Miteinander sorgen. Das heißt, dass er nicht zulässt, dass Mitarbeiter egoistisch ihre Tageslaunen ausagieren und dass Abneigungen, Überlegenheitsgefühle, Undankbarkeit, Gleichgültigkeit oder Desinteresse sich breitmachen. Stattdessen wird er freundlich auf ein konstruktives Miteinander hinweisen, er wird verstehen, positive Stimmung zu verbreiten und Wertschätzung für die Unterschiedlichkeit und unterschiedlichen Sichtweisen vorzuleben. Er wird glaubwürdig die eigenen Werte im Miteinander vorleben und auf die Einhaltung einer gemeinsam vereinbarten Zielkultur bedacht sein. Erfolgreiche Top-Führungskräfte werden emotional, wertschätzend, klar auftreten und so Vorbild für eine gelebte konstruktive und zielorientierte Unternehmenskultur sein.

Auf Dauer erfolgreiche Führungskräfte haben gelernt, Situationen mit einer gesunden Distanz zu betrachten, unterschiedliche Standpunkte und Sichtweisen zuzulassen und in einem konstruktiven Dialog mit anderen die jeweiligen Perspektiven und Situationsbedingungen zu prüfen, um die wahrscheinlich beste Lösung, das wahrscheinlich beste Vorgehen zu eruieren.

Kluge Leader wissen um ihre Verantwortung in ihrer Rolle und die Fabriziertheit der Wahrnehmungen und Schlussfolgerungen. Sie sind in der Lage, jederzeit entsprechend ihrer Rolle den Raum in Richtung eines konstruktiven und grundsätzlich wertschätzenden Miteinanders zu schaffen. Gekonnte und respektvolle Kommunikation wird möglich und ist Grundlage eines jeden Gestaltungsprozesses. Rechthaberei, Schuldzuweisungen und Eskalation werden vermieden beziehungsweise elegant umschifft. Auf Dauer erfolgreiche Führungskräfte sind in diesem Sinne gute Kommunikations-Kultur-Gestalter. Sie sind freundlich, interessiert und zugewandt und lassen sich im positiven Sinne irritieren und inspirieren. Sie sorgen bewusst dafür, dass sie und die anderen Neues kennenlernen, stehen Unbekanntem offen gegenüber und begegnen Andersartigkeit mit Respekt. Auf konstruktive und wertschätzende Art und Weise wird von Experten bewusst die Einbeziehung des Teams bei Entscheidungsprozessen gepflegt. Einsame Entscheidungen werden vermieden, Konflikte werden nicht durch die Suche nach den Schuldigen gesteuert, sondern nach dem Potenzial, das gerade hier zu finden ist.

Leader erkennen die individuellen Stärken ihrer Mitarbeiter, fördern diese und die sich daraus ergebende Vielfältigkeit. Denn Antworten auf Zukunftsfragen, das heißt notwendige Innnovationen, entwickeln sich nicht aus angepasstem, normgerechtem Verhalten, sondern aus den Ideen, die durch die Förderung und Anerkennung von Vielfalt und Unterschiedlichkeit entstehen. In diesem Sinne ist Vielfalt für eine Gesellschaft und die Unternehmen überlebensnotwendig, und dies ist das Gegenteil von Vereinfachung und Vereinheitlichung. Der Humangenetiker Professor Hengstschläger schreibt in seinem Buch „Die Durchschnittsfalle" (2012):

> Wir kennen die Herausforderungen nicht, die uns die Zukunft stellen wird. Bewältigen können wir sie aber nur, wenn wir jene einzigartigen Talente fördern, die in uns allen schlummern. Man darf also nicht nur aus der Reihe tanzen, sondern sollte dies sogar tun. Es muss die Norm werden, von der Norm abzuweichen und die eigene Individualität, die eigenen Stärken zu stärken. Um Höchstleistungen als Individuum und als Team zu erreichen, sollte die Wertschätzung von Vielfalt und eine offene und konstruktive Kommunikationskultur gepflegt werden. So sind die Voraussetzungen geschaffen, Individualität als Innovationsmotor zu nutzen und zukunftsfähig zu bleiben. Denn es ist wissenschaftlich erwiesen, dass ein System dann besonders resistent ist, wenn es vielfältig ist.

3.6 Aussteigen aus den destruktiven Schleifen

Aus der Perspektive des Selbstmanagements ist der Gegenentwurf zur emotional intelligenten und stabilen Persönlichkeit derjenige, der Impulse mit unvorhersehbarer und launenhafter Stimmung ohne Berücksichtigung der Konsequenzen ausagiert. Die Neigung zu emotionalen Ausbrüchen, zu Streitsucht und zur Unfähigkeit, das eigene Verhalten zu kontrollieren, führt häufiger zu offen oder verdeckt ausgetragenen Konfliktdynamiken mit anderen. Führungskräfte, die unkontrolliert beim kleinsten Fehltritt mit Vorhaltungen und Verallgemeinerungen reagieren, bis hin zu emotionalen Ausbrüchen und verstörendem Verhalten, sind leider keine Seltenheit im Berufsalltag. Der Psychoanalytiker Kets de Vries beschreibt (2008) typische Persönlichkeitsstörungen der Chefs. „Selbst bei emotional relativ gesunden Führungskräften begegnet man fast immer einigen typischen Persönlichkeitsstörungen", so Kets de Vries (2008) und weist darauf hin, dass viele Unternehmen einen hervorragenden Nährboden für dysfunktionales Verhalten wie Narzissmus, manisch-depressives, passiv-aggressives Verhalten und Gefühlsblindheit bieten. Werden solche psychischen Geisterfahrer nicht gestoppt, können sie Kollegen, Mitarbeitern und damit dem Unternehmen schaden. Woran sind solche Persönlichkeitsstörungen zu erkennen und wie können sich die Betroffenen wieder zurück in die Spur bringen beziehungsweise mit der notwendigen Unterstützung bringen lassen? Es lohnt sich die Beschreibung der vier typischen Persönlichkeitstörungen einmal genauer anzuschauen. (Kets de Vries 2014, wikipedia)

Der Narzisst

„Narzissmus ist die psychische Störung, die man im Management am häufigsten antrifft. Das über das gesunde Maß hinausgehende narzisstische Verhalten zeigt sich in den grandiosen Fantasievorstellungen bezogen auf die eigene Person und in einem egoistischen und rücksichtslosen Verhalten, das übermäßige Aufmerksamkeit fordert, jeden Erfolg sich selber zuschreibt und um jeden Preis nach Macht und Prestige strebt." (Kets de Vries 2014) Der Narzisst ist jemand, der andere für seine persönlichen Interessen einspannt, es geht ihm in erster Linie um sich selber und nicht um das Unternehmen, was er allerdings auch geschickt verpacken kann. Der Narzisst hat gelernt, das politische Spiel auf der Top-Ebene in Richtung seiner Interessen zu lenken. Er ist eloquent, gut gekleidet, freundlich und gewinnend, er weiß, wie er andere um den Finger wickelt und sich zum richtigen und entscheidenden Zeitpunkt in Szene setzen muss. Mitarbeiter fühlen sich als Requisit auf der Bühne seiner Erfolgsstory und kriegen es mit ihm zu tun, wenn sie zu erklärten Feinden in der ausschließlich schwarz-weiß gefärbten Beziehungswelt geworden sind. Der Größenwahn dieser Menschen ist häufig ein Bewältigungsmechanismus aus der Kindheit, mit dem sie ein Gefühl der Unzulänglichkeit kompensieren, weil es ihnen nie gelungen ist, ein Elternteil zufriedenzustellen. Der Satz „Es ist häufig umgekehrt wie präsentiert" (Hellinger 2013) trifft hier in besonderer Weise zu. Narzissten wirken ziemlich selbstbewusst, verbergen aber eine tiefe Verletztheit. Wenn die Möglichkeit und die Bereitschaft dazu besteht, kann im Rahmen eines Coaching-Prozesses daran gearbeitet und ein echtes Selbstvertrauen aufgebaut werden. Das versetzt den Betroffenen dann nach und nach in die Lage, die Aufmerksamkeit mit anderen zu teilen, die Realität mehr im Vordergrund zu sehen und tatsächlich entsprechend den Unternehmensinteressen zu agieren.

Der Manisch-Depressive
Schon bei leichten Ausprägungen dieser Persönlichkeitsstörung zeigen sich Phasen der gedrückten Stimmung und des verminderten Antriebs bis hin zu Suizidgedanken. „Die manische Phase ist durch einen gesteigerten Antrieb und Rastlosigkeit gekennzeichnet und geht mit inadäquater euphorischer oder gereizter Stimmung einher. Dabei ist die Fähigkeit zur Prüfung der Realität mitunter stark eingeschränkt." (wikipedia) Betroffene können leicht ihre Freunde und Kollegen abschrecken und ihre Karriere zerstören. Menschen, die mit ihnen zu tun haben, kommen sich oft wie Feuerwehrleute vor, die die entfachten emotionalen Brände löschen müssen. Manisch-Depressive sind emotional sehr instabil und haben ein gestörtes Verhältnis zur Realität. Sie realisieren kaum, wie sie sich ihren Mitmenschen gegenüber verhalten und wie sie von ihnen wahrgenommen werden. Diese Instabilität wirkt sich im besonderen Maße auf Entscheidungen und in Beziehungen aus. Häufig kommt es beispielsweise zum jähen Wechsel im Lebenslauf. Der gestiegene Antrieb kann zu großem Engagement in gewagten Projekten führen, Ziele werden dann vehement verfolgt. Wie bei jeder Verhaltensauffälligkeit hilft es, wenn den Betroffenen diese Tendenz bewusst wird und die Ursachen beleuchtet werden, so kann die psychologische Dynamik aufgelöst und zur Stabilisierung des Zustands beigetragen werden.

Der Passiv-Aggressive
Der ehrliche Ausdruck von Wünschen und Bedürfnissen wird unterdrückt und es widerstrebt ihm, selbstbewusst und bestimmt aufzutreten. „Oft hat er seine Gefühle so erfolgreich verdrängt, dass ihm sein unkooperatives Verhalten nicht bewusst ist. Seiner Meinung nach liegt die Ursache des Übels immer bei jemand anderem, nur nicht bei ihm selbst." (Kets de Vries 2014) Persönliche Enttäuschungen werden häufig auf andere projiziert. Er fühlt sich von anderen Menschen oft missverstanden und ist Autoritäten gegenüber übermäßig kritisch. Oftmals sieht er sich als friedfertige Persönlichkeit und hält seine passiv-aggressive Art für gesellschaftskonform. Passiv-Aggressive müssen ihre feindselige Einstellung gegenüber Autoritätspersonen bewältigen. Sie haben oftmals ein geringes Selbstvertrauen und müssen lernen, dieses zu stärken. Sie sollten ein offenes, gradliniges Verhalten üben – besonders in Konfliktsituationen. In jedem Fall ist es hilfreich, wenn sich die Betroffenen der Ursache ihres Verhaltensmusters bewusst werden. Hierzu ist es nicht notwendig, jahrelang auf einer Couch zu liegen, sondern die Grundmus-

ter können durch eine Reflexion der Kerndynamik in der Ursprungsfamilie relativ schnell deutlich werden. Auf diese Weise ist es möglich, mit einer gesunden Distanz die eigenen Verhaltensmechanismen zu betrachten und die nachvollziehbaren Hintergründe bewusst werden zu lassen. Der Passiv-Aggressive hat sich tatsächlich häufig nicht gegen eine Autoritätsperson in der Kindheit behaupten können. Die Betroffenen erkennen, welche Wut sie diesen Menschen gegenüber empfanden. Mit der Wahrnehmung und dem (An-)Erkennen dieser Gefühle können sie lernen, Ärger konstruktiver auszudrücken und im direkteren Umgang mit den Mitmenschen zu sein.

Der Gefühlsblinde

Der Alexithymiker, das heißt der, der keine Worte für Gefühle hat, denkt sehr nüchtern und sachlich, zeigt wenig Fantasie und ist normalerweise nicht in der Lage, Gefühle zu beschreiben oder auch nur zu erkennen. „Das macht es für sie schwierig, die vielen, oft komplexen emotionalen Signale ihrer Mitmenschen zu interpretieren. Sie empfinden diese Signale als gefährliche, potenziell unkontrollierbare Elemente", so Kets de Vries (2014). „Das bedeutet natürlich nicht, dass nicht auch Gefühlsblinde erfolgreich sein können, vor allem in großen bürokratischen Organisationen, in denen es belohnt wird, auf Nummer sicher zu gehen, nicht aufzufallen und sich so vorhersehbar wie möglich zu verhalten. Doch weil sie schwer durchschaubar und nicht sehr kommunikativ sind, haben sie nicht das Zeug dazu, das Beste aus ihren Mitarbeitern herauszuholen. Ihre Distanziertheit hat einen negativen Einfluss auf die Unternehmenskultur und hemmt die Kreativität und Innovationsfreude der Mitarbeiter" (Kets de Vries 2014).

> Führungskräfte, die die irrationale Seite ihrer Persönlichkeit nicht erkennen, sind wie Schiffe, die um einen Eisberg herumsteuern und dabei vergessen, dass die größte Gefahr unter der Oberfläche liegt. Effektive Führungskräfte verstehen es, Reflexion mit Aktion zu verbinden und lassen sich von ihrer Selbsterkenntnis zur Zurückhaltung mahnen, wenn die Sirenen der Macht zu verlockend klingen. (Kets de Vries 2014)

Selbst Psychopathen und Soziopathen, die 15 % der Bevölkerung ausmachen, sind natürlich auch in den Führungsetagen zu finden. Mehr noch – meist fallen sie auf den ersten Blick gar nicht auf, sie sind charmant, sie verstehen es, oberflächliche Beziehungen herzustellen, haben ein übersteigertes Selbstwertgefühl, sind sehr manipulativ, unterliegen einem ständigen Erlebnishunger – doch es fehlt ihnen völlig an Empathie, das heißt, es zeichnet sie eine Gefühlskälte aus. Charaktereigenschaften, die auf den ersten Blick einen Erfolgsmenschen und Überflieger ausmachen können. Die Bezeichnung Soziopath bezieht sich auf Personen, die nicht oder nur eingeschränkt fähig sind, Mitgefühl zu empfinden, sich nur schwer in andere hineinversetzen können und die Folgen ihres Handelns nicht abwägen können.

Je nach Dispositionen haben Führungskräfte die Macht, entweder ein Umfeld zu schaffen, in dem sie und ihre Mitarbeiter sich weiterentwickeln und ihr Bestes geben – oder sie können die Atmosphäre am Arbeitsplatz so vergiften, dass alle Beteiligten unzufrieden und unproduktiv sind. Ob eine Führungskraft ihre Einflussmöglichkeit im positiven oder negativen Sinne nutzt, hängt nicht zuletzt von ihrer psychischen Verfassung ab. Psychologisch gesunde, stabile Chefs schaffen normalerweise ein Arbeitsumfeld, dessen Spielregeln den Mitarbeitern sinnvoll erscheinen, sodass sie sich darauf konzentrieren können, ihre Arbeit gut zu machen. Wenn der Chef jedoch nicht klar ausgerichtet und reflektiert agiert, spiegelt sich das auch in den Geschäftsplänen, Ideen, Interaktionen, ja sogar in den Strukturen und Systemen des Unternehmens wider. Selbsterkenntnis ist sozusagen schon die „halbe Miete", um die eigene Persönlichkeit nicht in eine eher gestörte und dysfunktionale innere Struktur abdriften zu lassen. Die folgenden Fragen helfen, aus einschränkenden Verhaltensmustern auszusteigen:

- Beschreiben Sie das Verhaltensmuster anhand konkreter Beispiele. In welcher Situation zeigt sich das Muster?
- Was war der Grund für die Entwicklung des Musters? Was war die Schutzfunktion?
- Was können Sie von dem Muster lernen?
- Gibt es dieses Muster auch bei den Eltern? Wie haben sie dieses Muster gelebt?
- Haben auch die Großeltern dieses Muster gelebt? Wie genau sah das aus?
- Wie würde das gesunde Muster aussehen?
- Wie würden sich die Großeltern und Eltern mit dem gesunden Muster verhalten? Wie hätte es Ihr Leben verändert?
- Wie würde es Ihr Leben verändern, wenn Sie das neue Muster leben würden?

Ohne Musterfixierung ist man in der Lage, Situationen klarer einzuschätzen und auf dieser Basis genauer zu erkennen, was wirklich notwendig und wichtig ist – anstatt sich in einem wiederholenden musterbezogenen Verhalten zu verkämpfen. Langfristiger Unternehmenserfolg ist selbstverständlich nur auf der Basis reflektierter und realistischer Einschätzungen möglich.

3.7 Den Maßstab für das eigene Handeln setzen

Werte definieren unseren inneren Kompass und beschreiben unsere Vorstellung vom Wünschenswerten. Sie fungieren als Maßstäbe für richtiges und anständiges Handeln und gelten als höherrangig im Vergleich zu Bedürfnissen und Interessen. Obwohl internalisierte Werte tief sitzende und dauerhafte Dispositionen und

Haltungen sind, können sie sich über die Zeit oder auch durch Reflexion ändern. Die grundlegenden Werte eines Menschen werden in seinen jungen Jahren, in der „formativen Periode" geprägt und bleiben entsprechend der Sozialisationshypothese (unreflektiert) über den gesamten Lebenslauf stabil. Frühzeitig gebildete und dauerhafte Werte dienen als Richtschnur und Orientierung für die gesamte Lebensführung eines Menschen.

Im Wirtschaftleben wird nicht zuletzt seit der Bankenkrise die Diskussion über Werte und ethische Standards ernsthafter geführt. Unter der Überschrift Wertemanagement, werteorientierte Personalführung, wertebalancierte Unternehmensführung und nicht zuletzt im Zusammenhang der Compliance-Themen wird die Frage des gewünschten und rechtlich korrekten Verhaltens gestellt.

Denn Normen und Verhaltensstrategien, die in der Vergangenheit akzeptiert und unbedenklich waren, können ein paar Jahre später aufgrund geänderter rechtlicher Bedingungen zu ernsthaften Konsequenzen führen. Ein Beispiel hierfür ist die Einhaltung von Compliance-Regeln im Unternehmen. So stand die Definition und Einhaltung der Compliance-Regeln zum Korruptionsskandal 2006 bei Siemens auf dem Prüfstand und hat zu weitreichenden Konsequenzen für Top-Manager und im Unternehmen insgesamt geführt. „Der Begriff Compliance steht für die Einhaltung gesetzlicher Bestimmungen und regulatorischer Standards sowie die Erfüllung weiterer, wesentlicher und in der Regel vom Unternehmen selbst gesetzter ethischer Standards und Anforderungen" (wikipedia/compliance/Krügler).

Adilson Antonio Primo war erfolgreicher Manager und der Brasilien-Chef von Siemens. Der 58 Jahre alte Spitzenmanager wurde entlassen, da er für ein Konto verantwortlich war, auf dem 6 Mio. € lagen, mit denen das Geschäft angekurbelt werden sollte. Systematisch wurden Schmiergelder gezahlt, um Großaufträge zu sichern. Der Siemens-Korruptionsskandal hat entscheidend dazu beigetragen, das Bewusstsein für Regeln und deren Einhaltung zu schärfen. Lange wurde das Thema stiefmütterlich behandelt – heute gilt eine Null-Toleranz-Politik. Der milliardenschwere Skandal zeigt, wie ernst die großen deutschen Unternehmen ihr Bekenntnis heute nehmen, hart gegen Korruption vorzugehen, und wie sich Regeln beziehungsweise deren Handhabung ändern können.

„Das Thema Korruption wird entschlossener angegangen als früher", sagt Christian Humborg, Geschäftsführer von Transparency International Deutschland. Die großen DAX-Konzerne stockten reihenweise ihre Compliance-Abteilungen auf und verschärften interne Richtlinien. „Nach dem Siemens-Skandal hat auch der letzte Manager verstanden, dass Bestechung auch im Ausland verboten ist", so Humborg. Formell ist die Schmiergeldzahlung im Ausland seit 1999 strafbar (Tauber 2011).

Jede Führungskraft tut gut daran, sich das eigene Wertegerüst bewusst zu machen, die rechtlichen und normativen Vorgaben zu kennen und das Verhalten entsprechend auszurichten. Es geht um die Grundhaltungen, die das Miteinander prägen und zu einer positiven Gesamtdynamik führen beziehungsweise ihren Preis früher oder später einfordern. Die gelebten Antworten auf Fragen wie: Was bin ich bereit, für Macht und Erfolg herzugeben? Wo liegen meine Grenzen, was fordere ich hierfür mir selber und den anderen ab? Wie setze ich meine Prioritäten im Leben und was sind die rechtlichen Grundlagen? – sind oftmals entscheidend für den langfristigen Erfolg und die innere Zufriedenheit.

Der Manager, der sagt: „Ich habe alles erreicht, die Position, das Auto, das Haus, die Familie – aber irgendwie fühle ich mich leer, antriebslos und weiß nicht, wozu ich das alles noch mache" – hat sich selber unter Umständen auf dem Weg verloren und ist gegebenenfalls zu oft zu viele Kompromisse eingegangen. Auch die Fragen, mit wie viel Kollateralschäden ein Manager am Ende seiner aktiven Berufszeit leben kann und will, wann ihn diese Perspektive seines Lebens einholt und ob er darauf vorbereitet ist, sind zu stellen. Welche Grundhaltungen verhindern einen zu hohen Preis beziehungsweise das Zunichtemachen des Erfolgs?

Christian Wulff würde seinen Preis sicher nicht mehr zahlen wollen und es anders machen – doch hinterher ist man immer schlauer. Wie sieht es aus mit Empathie, Respekt und Verantwortung im Arbeitskontext – nicht nur für die eigenen Ergebnisse und den Erfolg, sondern auch für die anderen, denen man den Erfolg zumindest mitzuverdanken hat?

„Wenn auch viele Manager den Begriff Achtsamkeit als übertriebenes Mantra des Miteinanders ablehnen mögen: Empathie ist mehr als die Idee, dass alle lieb zueinander sind", so Miriam Meckel (2013), Professorin und Direktorin am Institut für Medien- und Kommunikationsmanagement an der Universität St. Gallen. „Wer in der Lage ist, seine Mitarbeiter nicht nur auf der Sachebene anzusprechen und zu bewerten, sondern sie in ihren Absichten, Ansichten und Wünschen versteht, hat bessere Chancen, an den richtigen Stellen zu fordern und zu fördern, die richtigen Menschen untereinander mit den richtigen Aufgaben zu verbinden und zu verhindern, dass sich Frust aufbaut und die Motivation abnimmt" (Meckel 2013).

Welche Haltungen und Grundwerte sind notwendig, um eine respektvolle und stärkenkonzentrierte Kultur des zielorientierten Miteinanders entstehen zu lassen? Folgende fundamentale Grundsätze im Umgang mit Menschen können helfen, sich selber zu verorten und die eigenen Ansprüche zu formulieren (Ehrmann 1927):

- kritisiere nicht, richte nicht, beschwere dich nicht, sprich nicht schlecht über andere
- schenke ehrliche und ernsthafte Anerkennung

- bleibe ruhig und gelassen
- lächle und zeige gute Laune
- der Name eines Menschen ist das wichtigste Wort in seinem Leben
- sei ein guter Zuhörer, ermuntere andere, von sich zu erzählen; führe Gespräche auf Basis der Interessen des Gesprächspartners
- erweise der Meinung anderer ernsthaften Respekt und Sympathie
- gib eigene Fehler zu
- sei freundlich
- der größere Redeanteil sollte beim Gesprächspartner liegen
- lass den anderen selbst auf die entscheidende Idee kommen
- gestalte dein Anliegen als positive Herausforderung
- berühre die edle Gesinnung des anderen, gestalte deine Idee lebendig
- lobe und preise großzügig und ernsthaft
- habe Zeit für andere und Geduld mit ihnen; sei ansprechbar
- Fehlverhalten wird nicht unmittelbar angesprochen, nur indirekt
- erkenne und sprich über deine eigenen Fehler, bevor du kritisierst
- erteile keine Anweisungen – unterbreite einen Vorschlag
- lass andere immer ihr Gesicht wahren
- statte andere mit dem guten Ruf aus, dem gerecht zu werden ihr Ansinnen sein sollte
- lobe jeden Erfolg, auch den geringsten; sei herzlich in deiner Anerkennung
- ermutige; lass den Fehler klein und leicht reparabel erscheinen.

Wie sich das Wertegerüst der Top-Manager heute im Vergleich zur Vorgängergeneration geändert hat, beschreiben Claudia Tödtmann und Manfred Engeser in der WirtschaftsWoche (2014) in ihrem Psychogramm deutscher Chefetagen. Sie beziehen sich hierbei auf die Studie von Kienbaum und Haniel, in der 76 Frauen und Männer befragt wurden, die unter 50 Jahre alt waren und vor ihrem 45. Geburtstag Mitglied eines Vorstandes oder der Geschäftsführung einer börsennotierten Aktiengesellschaft oder eines großen Familienunternehmens wurden.

Mit der Studie sollten die folgende Fragen beantwortet werden: „Wie ticken die neuen Chefs? Wie verlaufen heute typische Karrierewege der Spitzenkräfte? Welche Netzwerke nutzen sie für ihren Aufstieg? Wie gehen sie mit Rückschlägen um? Wie kommunizieren sie mit ihren Mitarbeitern? Was beschäftigt sie in ihrer Freizeit? Welche Rolle spielt die Familie, welche Pläne haben sie nach dem Berufsleben?"

Eines macht die Studie (Tödtmann, Engeser 2014) deutlich:

> Die jungen Vorstände unterscheiden sich von den alten Alphatieren. Lang vorbei sind die Zeiten, in denen kantige, mitunter selbstherrliche Patriarchen mit dicken Zigarren, manchmal noch dickeren Bäuchen, stets spitzen Ellbogen, verschanzt hinter dicken Türen eichengetäfelter Konferenzräume, über das Wohl und Wehe eines Unternehmens entschieden. Alphatiere wie Hilmar Kopper, Jürgen Großmann, Kajo Neukirchen oder Jürgen Schrempp, die über viele Jahre die Geschicke von Dickschiffen wie Deutsche Bank, RWE, Metallgesellschaft und DaimlerChrysler lenkten, eher auf Konfrontation statt auf Ausgleich setzten und lieber laut polternd auf Entscheidungen beharrten, als sich durch kleinlautes Zurückrudern einem Weichei-Vorwurf auszusetzen.

Soweit die Bilder eines überholten Führungsstils. Die Führungskräfte heute sind smart. Ana-Cristina Grohnert (46), Personalvorstand bei EY: „Ich habe gelernt, mich von traditionellen Rollenbildern zu befreien." Eine neue Generation von Führungskräften hat das Ruder übernommen. „Sie bestimmt geräuschlos, aber selbstbewusst den Kurs milliardenschwerer Konzerne, entscheidet über den Einsatz von Millionen von Mitarbeitern. Selbstbewusst, durchsetzungsstark, machtbewusst sind die Neuen an der Spitze" – so Tödtmann und Engeser (2014).

> Die jungen Spitzenmanager sind größtenteils in Familien aufgewachsen, in denen mindestens ein Elternteil akademisch gebildet ist. Rund zwei Drittel der Befragten sind der Ansicht, dass sich das Führungsverhalten verändert hat. Zu ihren Kernwerten zählen Klarheit, Integrität und der respektvolle Umgang mit Menschen. Sie definieren sich und andere über ihre Fähigkeit zu kommunizieren und im Team zu führen. 68 % beschreiben geordnete Familienverhältnisse als sehr wichtig für die berufliche Karriere. Familie steht für nahezu alle jungen Top-Manager ganz oben auf der Prioritätenliste. 61 % der Befragten treiben mindestens einmal wöchentlich Sport, bevorzugt Joggen oder Radfahren und mehr als 90 % sind Nichtraucher. Sie sind fleißig, bestens ausgebildet und international verdrahtet, kommunikationsstark und neuen Technologien gegenüber aufgeschlossen. Sie sind teamorientiert statt ich-fixiert, unprätentiös und pragmatisch, stellen die Belange der Familie im Zweifel über die Karriere. (Tödtmann und Engeser 2014)

So entschied sich ein High Performer im Rahmen der Beratung, auf die ihm zugesicherte Top-Karriere in einem internationalen Konzern zu verzichten und stattdessen eine Geschäftsführerposition in einem mittelständischen Unternehmen zu suchen, die es ihm erlauben würde, mit der Familie gemeinsam den Alltag zu leben. Es ist ihm gelungen und folgendes Zitat skizziert diesen (Werte-)Klärungsprozess:

> Beruflich war das Jahr sehr erfolgreich – und das, obwohl das Umfeld dafür nicht unbedingt prädestiniert ist. Gleichzeitig steht der gesamte Bewerbungsprozess bei meiner neuen Firma symbolisch für vieles, was ich hinzugelernt habe. Mit Optimismus und Vertrauen in die Zukunft zu blicken, ist gerechtfertigt.

Die neue Führungselite ist weniger auf Öffentlichkeit aus, sucht die Stabilität und ist wertekonservativ. Die Privatsphäre zu schützen und ihre „Quality Time“ mit Familie, Freunden und Weggefährten zu verbringen, ist das, was ihnen wichtig ist. „Kaminkarrieren, Vasallentreue und unreflektierte Loyalität zu Unternehmen über Jahrzehnte sind überkommene Werte“, sagt Kienbaum-Berater Stefan Fischhuber (2013). „Für die Karriere ist Wechselbereitschaft heute die bessere Wahl. Nur 21 % der jüngeren Vorstände haben sich nach traditionellem Muster in einem Unternehmen über Jahre emporgearbeitet, der weit überwiegende Teil hat mindestens einmal den Arbeitgeber gewechselt. Unter einer gefälligen Oberfläche stecken knallharte, konsequente Entscheider, stets dem Wohl des Unternehmens verpflichtet, dem sie sich gerade verschrieben haben. Auf diesen Personen lastet große Verantwortung. Neben dem persönlichen Erfolgsdruck gibt es überall massive Veränderungen, alle Branchen sind globaler und schneller geworden. Auf ihren Schultern lasten riesige Erwartungen“, sagt Haniel-Personaldirektor Sticksel. „Es reicht nicht, wenn der Vorstand ein paar Folien aufmalt und das als die neue Weisheit verkündet“, sagt Koch – 43 Jahre und CEO bei der Metro, als er Ende 2012 die Bilanzzahlen für 2011 bekannt gibt. Koch wünscht sich kontroverse Diskussionen im Unternehmen, in die möglichst viele Mitarbeiter einbezogen werden müssen. Und geht direkt nach Amtsantritt mit gutem Beispiel voran. Koch führt in den ersten drei Monaten seiner Amtszeit Gespräche mit mehr als 300 Top-Managern des Konzerns, sucht den Kontakt zu Marktleitern und Verkäufern. „Veränderungen kann ich nur durch den engen Kontakt zur Basis steuern, nicht über Zahlen und Verwaltungsanweisungen“, sagt er. „Die Wahrheit lerne ich im Laden auf der Fläche und beim Kunden – bei den Menschen also.“ Was er nach dem Top-Job bei der Metro machen wolle? „Anderswo im Leben noch mal einen Beitrag leisten – also etwa jungen Leuten als Business-Angel beistehen. Oder, ganz einfach, die Fußballmannschaft meines Sohnes betreuen“ (Tödtmann und Engeser 2014).

Wirklich große Leader-Persönlichkeiten haben einen klaren und für viele überraschend bescheidenen Blick auf die Welt und den Beitrag, den sie leisten.

Steffi Graf, die Ausnahmetennisspielerin, lässt durch das folgende Zitat einen kleinen Einblick in ihr gelebtes Wertegerüst zu. Sie steht für eine überaus erfolgreiche Karriere als Tennisspielerin und für einen gelungenen Wechsel in die private Welt. Sie sagt:

> Ich habe alles für den Sport gegeben und die Erfolge haben mich stark gemacht. Das Reisen hat mir die Augen geöffnet. Mir persönlich geht es vor allem darum, mein Leben zu nutzen, es wertzuschätzen, etwas zu leisten, auch den Augenblick zu genießen. Aber was ist schon Erfolg? Für den einen ist das viel Geld, für den anderen viel Anerkennung. Ich fühle mich erfolgreich, wenn ich ein erfülltes Leben voller Liebe führe. (Bellinger 2004)

Denn jeden Tag kann sich das ändern. Kurt Masur, einer der großen Dirigenten unserer Zeit und eine Schlüsselfigur der DDR-Wendezeit, antwortet in einem Interview auf die Frage: „Wie soll man Sie in Erinnerung behalten?“

> Als jemanden, der versucht hat, das Leben ein bisschen angenehmer zu machen. (Zitate.eu)

Diese besondere Bescheidenheit von großen Vorbildern und Leadern zeigt, wie gesund sie am Boden geblieben sind und sich selber in der Welt und dem großen Ganzen verorten. Auch das Zitat des Schriftstellers Jurek Becker (1997) zeichnet sich durch eine solche Bescheidenheit aus:

> Ich bin da, um ein bisschen Remmidemmi zu machen. Ich bin da, um für ein bisschen Stimmung zu sorgen. Ich bin da, um für ein bisschen Wachheit zu sorgen. Ich bin da, damit ein paar Leute, vielleicht mich eingeschlossen, weniger an der Schlafkrankheit leiden, als sie ohnehin schon leiden. Und das kann ich nur eine Zeit lang und dann kann ich es eben nicht mehr.

Sie und die vielen nicht genannten, nicht in der Öffentlichkeit präsenten Leader, scheinen den Satz von Albert Einstein zu bestätigen:

> Der Sinn des Lebens besteht nicht darin, ein erfolgreicher Mensch zu sein, sondern ein wertvoller. (www.zitate.de)

Abschließend sollen an dieser Stelle die Empfehlungen des Dalai Lamas (2012) für ein gelingendes Leben und Miteinander zum Reflektieren anregen:

- Beachte, dass große Liebe und großer Erfolg immer mit großem Risiko verbunden sind.
- Wenn du verlierst, verliere nicht die Lektion.
- Habe stets Respekt vor dir selbst, Respekt vor anderen und übernimm Verantwortung für deine Taten.
- Bedenke: Nicht zu bekommen, was man will, ist manchmal ein großer Glücksfall.
- Lerne die Regeln, damit du sie richtig brechen kannst.
- Lasse niemals einen kleinen Disput eine große Freundschaft zerstören.
- Wenn du feststellst, dass du einen Fehler gemacht hast, ergreife sofort Maßnahmen, um ihn wieder gut zu machen.
- Verbringe jeden Tag einige Zeit allein.

- Öffne der Veränderung deine Arme, aber verliere dabei deine Werte nicht aus den Augen.
- Bedenke, dass Schweigen manchmal die beste Antwort ist.
- Lebe ein gutes, ehrbares Leben; wenn du älter bist und zurückdenkst, wirst du es noch einmal genießen können.
- Eine liebevolle Atmosphäre in deinem Heim ist das Fundament für dein Leben.
- Sprich in Auseinandersetzungen mit deinen Lieben nur über die aktuelle Situation; lasse die Vergangenheit ruhen.
- Gehe sorgsam mit der Erde um.
- Begib dich einmal im Jahr an einen Ort, an dem du noch nie gewesen bist.
- Bedenke, dass die beste Beziehung die ist, in der jeder Partner den anderen mehr liebt, als es braucht.
- Messe deinen Erfolg daran, was du für ihn aufgeben musstest.

3.8 Echte Gelassenheit und Souveränität entwickeln

„Gelassenheit ist die Fähigkeit, inmitten der Höhen und Tiefen des Lebens und der Ereignisse, maßvoll zu sein und Ruhe zu bewahren. Ein Symbol hierfür ist das Auge des Zyklons: Inmitten eines Wirbelsturms ist es ruhig" (wikipedia/Gelassenheit). So ist ein geduldiger und gelassener Mensch in all der Hektik und der täglichen Herausforderungen innerlich ruhig. Er sieht mit einer gewissen Distanz die Ereignisse und Gegebenheiten, ist in der Lage, die Geschehnisse weitgehend neutral zu analysieren. Er weiß, was die Situation erfordert und handelt entsprechend. Er ist in der Lage, sich und die anderen zu steuern und die notwendigen Handlungen zu vollziehen, ohne sich in unangemessenen, überzogenen Emotionen zu verlieren. Er weiß, wie er die Menschen ansprechen muss, um Klarheit zu vermitteln und Gewissheit für das richtige Tun zu erzeugen.

„Während Gelassenheit den emotionalen Aspekt betont, bezeichnet Besonnenheit die überlegte, selbstbeherrschte Gelassenheit, die besonders auch in schwierigen oder heiklen Situationen den Verstand die Oberhand behalten lässt, also den rationalen Aspekt innerer Ruhe" (wikipedia/Besonnenheit). Die innerlich und äußerlich gelassene und besonnene Top-Führungskraft ist in der Lage, jeden einzelnen Mitspieler zu analysieren, die Stärken einzusetzen und die Schwächen im Zaum zu halten und mannschaftsdienlich zu spielen. Sie schafft es, aus einer Gruppe von Menschen ein echtes Team zu formen, das sich für die gemeinsamen Ziele einsetzt und Ergebnisse liefert. Hierbei geht es oft darum, fixierte Vorstellungen, starre Urteile und blinde Fixierungen loszulassen, und um das Zulassen-Können von immer auch beängstigendem, verunsicherndem Neuen, von chaotischen, unlogischen Herausforderungen. Das bedeutet, die Widersprüche des Lebens zu sehen und trotzdem einen Weg zu finden. „Nur wer fest und offen, abgegrenzt und neugierig, überlebend und risikobereit, verzichtend und genießend gleichzeitig ist, lässt Widersprüche, lässt Lebendigkeit, das Leben zu und ist Meister der Besonnenheit und Gelassenheit“ (Königswieser 1990).

Das Gegenteil von Gelassenheit ist es, wenn Menschen verbissen hinter ihren Zielen herlaufen, sich verkrampfen, auf ein bestimmtes Ziel fixiert sind, nicht locker lassen können, ein ständiges Kontrollbedürfnis haben. Wenn Menschen ein hektisches, gestresstes Leben führen und glauben, jederzeit Recht zu haben, Dramen inszenieren und immer im Mittelpunkt der Aufmerksamkeit stehen müssen.

Besonnenheit und Gelassenheit als Grundhaltung werden in einer schnelllebigen Zeit mit vielen Veränderungen und einem rasanten Tempo nicht nur interessant, sondern auch notwendig; trotz allem bei sich zu bleiben, das Leben zu genießen und fokussiert seinen Beitrag zu leisten. Um die Entwicklung von Gelassenheit kommt die Top-Führungskraft, die langfristigen Erfolg anstrebt, nicht herum. Ohne sich zu akzeptieren, wie man ist, ein positives Selbstbild entwickelt zu haben und tiefe Freundschaft mit sich geschlossen zu haben, ist Gelassenheit nicht möglich. Top-Führungskräfte, die, getrieben durch Selbstzweifel und Anerkennungssucht, immer rennen und vorne dran sein müssen, werden viel Einsatz und auch Ergebnisse liefern. Doch die Rechnung wird am Schluss gemacht. Wer sich selber nicht klar sehen und akzeptieren kann, wer nicht seine Entwicklungsthemen bearbeitet, ist nicht in der Lage, dies anderen gegenüber glaubhaft zu vermitteln. Schon B. de Spinoza (1632–1677) sagte: „Das, was Paul über den Peter sagt, sagt mehr über den Paul aus als über den Peter.“ Die Umwelt stellt sich oft genug als Spiegel unseres Innenlebens dar. Psychologisch gesehen werden alle inneren ungeklärten Themen unbewusst so lange auf andere übertragen und mit anderen reinszeniert, bis wirkliche Lösungen gefunden werden. Was immer einem am anderen – dem Paul, dem Vorgesetzten, den Mitarbeitern – im Besonderen anspricht oder aufregt, ist immer auch etwas, was man selbst in sich trägt oder zu haben fürchtet. Hesse sagte: „Wenn wir einen Menschen hassen, so hassen wir in seinem Bild etwas, was in uns selbst sitzt. Was nicht in uns selbst ist, das regt uns nicht auf“ (Zitatebuch 2003). Gerade durch das Erkennen und Annehmen der eigenen Stärken und Schwächen sind wir in der Lage, die der anderen ebenfalls anzuerkennen und damit umzugehen. Gelebte Selbstbejahung und gelebtes Selbstmanagement führen zu einem wahrnehmbaren Selbstvertrauen und lösen ebensolche Gefühle bei anderen aus. Erfolgreiche Top-Führungskräfte glauben an sich und ihre Mitarbeiter.

Bei der Entwicklung von Gelassenheit geht es um das Loslassen-Können von fixierten Vorstellungen, davon, was glücklich macht, wie Menschen reagieren sollten, was am Ende das Ergebnis sein wird. Aber es geht auch gleichzeitig um ein Zulassen-Können von beängstigendem Neuen, von chaotischen, unlogischen Herausforderungen. Roswita Königswieser (1990) beschreibt Gelassenheit als den „Umgang des Menschen mit den eigenen und den Begrenzungen der anderen" und zählt die wichtigsten Anti-Gelassenheitsmythen auf:

- Mythos: Richtig ist, was widerspruchsfrei ist. Es gibt nur ein Entweder-Oder, sonst ist man unlogisch und chaotisch.
- Mythos: Erfolgreiche Helden können nicht gelassen sein, sie sind dynamisch und lassen nicht locker, bis sie ihr Ziel erreicht haben.
- Mythos: Gelassenheit ist Selbstaufgabe. Sie bedeutet Resignation und Tod. In der westlichen Welt muss man immer kämpfen.
- Mythos: Wer grundsätzlich zufrieden ist, mit dem stimmt was nicht. Unzufriedenheit ist der Motor des Lebens.
- Mythos: Wenn man zufrieden ist, muss man aktiv sein, sich das holen, was einem fehlt, um wieder alles unter Kontrolle zu bekommen. Hat man das Fehlende, ist die Welt in Ordnung. Die Zufriedenheit liegt nicht in uns selbst, sondern außen.
- Mythos: Jeder Mensch hat ein Recht auf Glück. Wenn nötig, muss man es erzwingen – und das möglichst rasch. Die Vorsilbe „un" beim Wort Unglück suggeriert, dass das Glück das Selbstverständliche sei, dass das Vorhandensein von Unglück einer Erklärung bedürfe.

Schaut man genau hin, müssen zwei Arten von Gelassenheit unterschieden werden (wikipedia/Gelassenheit):

1. Die äußere Gelassenheit: gelassene Reaktion, bezogen auf Ereignisse der äußeren Welt. Es ist die Ruhe des Geistes inmitten von Veränderungen.
2. Die innere Gelassenheit: Gelassenheit gegenüber den Ereignissen der inneren Welt; Akzeptanz gegenüber der eigenen Emotionalität, den eigenen Höhen und Tiefen; die Fähigkeit, seine Gefühle anzunehmen und sie bis zu einem gewissen Grad steuern zu können.

Beides hängt voneinander ab. Je mehr innere Gelassenheit entwickelt wird, umso größer ist die Fähigkeit, auf die äußeren Umstände gelassen zu reagieren. Der Selbstbemeisterer oder Selbstentwickler weiß, dass Gefühle auch mit den Erfahrungen des Lebens in Zusammenhang stehen, dass gewisse Signale immer wiederkehrende Emotionen und Reaktionen auslösen können.

In der Psychologie wird davon ausgegangen, dass alle Ereignisse des Lebens im Unterbewusstsein gespeichert sind. In der Regel waren diese Ereignisse nicht immer nur positiv. Wenn nun Ereignisse stattfanden oder stattfinden, die einen vermeintlichen oder tatsächlichen Angriff auf das Selbst darstellen, sind wir gezwungen, damit umzugehen. Eine nicht ungewöhnliche Art, mit unliebsamen Erfahrungen umzugehen, ist, sie zu verdrängen. Wenn nun ähnlich strukturierte Erfahrungen gemacht oder sogar nur ein Schlüsselreiz mit der alten unliebsamen Situation übereinstimmt, reagiert das Unterbewusstsein in Form einer emotionalen Überreaktion und damit situativ unangemessen. Es entsteht im Erleben sozusagen eine Überlappung des alten und des aktuellen Ereignisses und man ist nicht mehr in der Lage, ruhig, gelassen und konsequent das zu tun, was die aktuelle Situation erfordert. Angetrieben vom verdrängten Unbewussten wird emotional überzogen reagiert und man kann die Situation nicht wirksam steuern. Immer wiederkehrende Konflikte mit Vorgesetzten, Kollegen oder Partnern weisen auf eine solche unbewusste Überlappung beziehungsweise sogenannte Reinszenierung hin, fordern auf, zwischen der Ursprungssituation und den aktuellen Anforderungen der Situation zu unterscheiden und die alte, innere Dynamik zu lösen, bevor dann die angemessene Reaktion in der aktuellen Situation Wirkung zeigen kann.

Um das zu tun, braucht es Reflektionsarbeit, die hilft, diese Unterscheidungen zu machen und situationsadäquat zu agieren. Findet diese Lösungsarbeit nicht statt, kommt einem das Leben wie eine nicht enden wollende Wiederholung von Mustern und Ereignissen vor und resigniert stellt man dann fest, dass die Welt schlecht, unproduktiv und ungerecht ist. Um eine resignierte Haltung zu vermeiden und mit einem positiven Bild von der Welt, den Menschen, Organisationen etc. zu leben, werden die alten Muster losgelassen, neue Wege eingeschlagen und echte Lösungen für die immer wieder auftretenden Dynamiken gefunden. Dann steht man dem Leben grundsätzlich positiv gegenüber, lebt eine konstruktive Grundhaltung, die andere ebenfalls motiviert, die positiven und entwickelnden Aspekte in jeder Situation zu entdecken und diese zum Wirken zu bringen. Steht man dem Leben grundsätzlich positiv gegenüber, wird davon ausgegangen, dass das Leben einen Sinn hat, dass die schwierigen Phasen und Situationen besondere Lernmöglichkeiten bieten, und erlaubt mit alten, überholten Verhaltensmustern aufzuräumen und neue, kreative Lösungen zu finden. Die Ereignisse werden dann in einem Sinnhorizont gesehen und Entwicklungschancen werden genutzt.

Die Weltsicht eines gelassenen Menschen ist somit anders strukturiert. Sein Dasein hat Bedeutung, er erkennt diese gerade in den schwierigen Situationen und glaubt daran, dass das Leben sich seine Form sucht, die Sinn stiftet – selbst in den scheinbar ausweglosesten Situationen. Er definiert sich weder als Opfer noch als Täter, sondern als Beobachter und Gestalter, der den Sinn findet beziehungsweise setzt. Er gibt nicht anderen die Schuld, sondern übernimmt Verantwortung, überlegt, was zu tun ist, um die Situation nach vorn zu bringen und konstruktiv zu gestalten. Er steigt aus den

> Rollen, die die Grundlage für menschliche Dramen liefern (Täter, Opfer, Retter), aus und ist in der Lage, sich selbst, die anderen und die Anforderungen der Situation zu betrachten und entsprechend zu handeln. Schicksalsschläge sieht er als zum Leben gehörend und erkennt Sinn darin, er begreift sie als Chance für Weiterentwicklung und Veränderung.

Menschen, die eine grundsätzlich positive Weltsicht haben, interpretieren gerade schwierige Situationen anders und finden andere Bezeichnungen. Fast jedes „Wie" ist für diese Menschen durch das Erkennen des Sinns dahinter lebbar und gestaltbar. Damit ist nicht gemeint, Probleme einfach mit einer positiven Grundhaltung wegzudenken oder zu negieren. Gelassene Menschen sind in der Lage, die verschiedenen Seiten einer Situation anzuerkennen und das Beste daraus zu machen. Gelassenheit bedeutet, mit einer gewissen Distanz die Dinge zu betrachten, sie nicht abzuwehren und stattdessen zu beobachten, zuzustimmen und die Konsequenzen zu ziehen – in Form des Lernens, Veränderns und Gestaltens.

Viktor Frankl und die von ihm entwickelte Logotherapie und Existenzanalyse ist in diesem Sinne Wegweiser für die Auseinandersetzung mit dem Thema der sinnerfüllenden Sicht auf das Leben. Fankls bekanntestes Buch „Man's Search for Meaning" (2013), die amerikanische Ausgabe seines Buches „Trotzdem Ja zum Leben sagen" (2009), wurde in Amerika 900.000-mal verkauft und die Library of Congress nannte es „one of the ten most influential books in America". Der Sinn des Lebens ist Thema in vielen seiner Bücher und insbesondere in Bezug auf seine Lebensgeschichte bedeutungsvoll. Er war Jude und wurde in den 30er-Jahren des letzten Jahrhunderts ins Konzentrationslager gebracht, wo er seine gesamte Familie verlor. Seine Eindrücke und Erfahrungen in den Konzentrationslagern hat er in seinem Buch „Trotzdem Ja zum Leben sagen" (2009) verarbeitet und in seine weltweit erfolgreiche Therapieform einfließen lassen. Von ihm stammt das folgende Zitat: „Das Leiden, die Not gehört zum Leben dazu, wie das Schicksal und der Tod. Sie alle lassen sich vom Leben nicht abtrennen, ohne dessen Sinn nachgerade zu zerstören. Not und Tod, das Schicksal und das Leiden vom Leben abzulösen, hieße dem Leben die Gestalt, die Form nehmen. Erst unter den Hammerschlägen des Schicksals, in der Weißglut des Leidens an ihm, gewinnt das Leben Form und Gestalt" (wikipedia/Frankl). Er hatte 29 Ehrendoktorate, war Professor für Neurologie und Psychiatrie an der Universität Wien und hat 32 Bücher geschrieben, die im Kern von der Sinnfindung und der (Über-)Lebenskunst handeln.

Für die Entwicklung von Gelassenheit ist entscheidend, sich zu fragen, was wirklich wichtig ist und welchen Sinn auch die herausfordernsten Situationen haben. Die reflektierten Werte und das Erkennen des Sinns in jeder noch so lebenswidrigen Situation schaffen resiliente Menschen, die innere Stärke entwickeln und an den Herausforderungen der jeweiligen Situation wachsen.

Resilienz ist die Fähigkeit, Krisen durch den Rückgriff auf persönliche und sozial vermittelte Ressourcen zu meistern und als Anlass für die Entwicklung zu nutzen.

Resiliente Personen haben gelernt, dass sie es sind, die über ihr eigenes Schicksal bestimmen (sogenannte Kontrollüberzeugung). Sie gehen davon aus, dass jeder seines „Glückes Schmied" ist und nehmen die Dinge selbst in die Hand. Sie ergreifen die Chancen in jeder Situation und sie haben ein realistisches Selbstbild.

Allgemein gesprochen bezeichnet Resilienz die Fähigkeit eines Systems, mit Veränderungen umzugehen. Es ist die Fähigkeit, Niederlagen wegzustecken und neues Glück zu finden. Was gibt die Kraft zum Weitermachen, wenn es einfacher wäre, liegenzubleiben? Die Antwort ist psychische Widerstandskraft, der Stehaufmechanismus, der trotz widrigster Umstände die Lösung sucht und findet. Stehaufmännchen haben den Vorteil, dass sie selbst Tiefschlägen etwas Positives abgewinnen.

„In jeder Situation das sehen, was da ist und mehr daraus zu machen, zeichnet den resilienten Menschen aus. Entscheidend ist die Fähigkeit zur Emotionsregulation", so Professor K. Lieb, und er erklärt, wie seelische Widerstandskraft entsteht (Reinhard 2014).

Eine belastende Lebenssituation unterliegt immer einer Bewertung. Eine schwierige Situation wird häufig erst dann zur Krise, wenn man sie als solche empfindet. Nach einer Kündigung erinnern sich resiliente Menschen eher daran, dass sie ohnehin schon lange mit ihrem Job unzufrieden waren. Sie nutzen den Bruch und überlegen, welche Chancen er bietet. Die eigene Situation wird neu bewertet. Emotionen wie Wut, Ärger, Traurigkeit, Enttäuschung oder Minderwertigkeit werden relativ schnell in den Griff bekommen. Der Resilienz liegt ein komplexer psychologischer Prozess zugrunde. Man nimmt sich nicht einfach vor, von heute auf morgen etwas anders zu machen.

So verlangen Krisen dem Menschen nicht nur viel ab, sie fördern auch die emotionale Entwicklung.

Beispiel aus der Praxis

„Manchmal ist es eine einzige falsche Entscheidung, die das Leben kollabieren lässt. Boris Grundl, ein damals 25-jähriger Leistungssportler, ist 1990 in einem Mexiko-Urlaub von einer Felswand in das Wasser einer Lagune gesprungen und hat sich beim Aufprall seine Wirbelsäule gebrochen. ‚Je mehr mir meine Lage bewusst wurde, desto stärker lehnte ich sie ab. Ohne Meditation wäre ich psychisch zusammengeklappt', so Grundl (2014). Erst durch eine Operation gelang es Grundl, wieder seinen Arm zu bewegen. Dann gab es nur ein Ziel: zurückzukehren an seinen Lebensmittelpunkt Köln. ‚In jeder Situation zu sehen, was da ist, und daraus mehr zu machen. Keine Wolkenschlösser zu bauen, keinen

> Gutfühl-Visionen zu verfallen, sondern ganz konkret zum Chancenscanner zu werden', berichtet er (Grundl 2014). Und er hat es geschafft. Er wurde der erste hochgelähmte Rollstuhlfahrer, der das Studium an der deutschen Sporthochschule Köln abschloss. Den Leistungssport nahm er wieder auf. 1996 wurde er deutscher Vizemeister im Rollstuhlrugby, ein Jahr später deutscher Meister im Rollstuhltennis. Im Jahr 2000 nahm er an den Paralympics in Sydney teil. Beruflich hat er sich vom Verkäufer von Rollstühlen zum Vertriebsdirektor eines Großkonzerns hochgearbeitet. Heute ist er als Mentor und Coach tätig. Selbst der Traum einer Familie ist für ihn Realität geworden. Er ist Vater von zwei Kindern" (Haslauer et al. 2014).

„In den USA ist die Kultur des Scheiterns schon viel stärker. Dort weiß man schon längst, dass mit jedem Rückschlag ein blinder Fleck bei der Selbsteinschätzung eliminiert wurde", so Wellensiek (2014), die Expertin für Resilienz. Und Krisenfestigkeit kann gelernt werden – was sicher immer hilft, ist:

- Veränderungen als Tatsache akzeptieren
- auf den Körper hören
- sich an vergangene Erfolge erinnern
- machbare Ziele setzen und für Erfolgserlebnisse sorgen
- Dinge in die richtige Perspektive rücken
- Intuition und Entscheidungskompetenz schärfen
- den Wert des Scheiterns schätzen lernen
- Entscheidungen treffen statt abzuwarten
- die Stressantwort des Körpers regulieren
- Optimismus trainieren
- sich aktiv gegen Überforderung und Burnout wappnen
- sich neben dem Spielbein konsequent ein Standbein bewahren.

Krisen sollten nicht als unlösbar gesehen werden. Besonders gut sind hier die Menschen, die schon in ihrer Kindheit gelernt haben, Rückschläge zu verarbeiten. Das Zitat von Reinhold Niebuhr, einem amerikanischen Philosophen und Politikwissenschaftler, hilft, genau das zu tun:

> Gib mir die Gelassenheit, Dinge hinzunehmen, die ich nicht ändern kann, den Mut, Dinge zu ändern, die ich ändern kann, und die Weisheit, das eine vom anderen zu unterscheiden. (wikipedia)

Hierzu noch ein Beispiel eines High Performers, der einen Coaching-Prozess durchlaufen hat.

Beispiel aus der Praxis

„Das Projekt war ursprünglich auf die Firma ausgerichtet. Der Geschäftsführer sicherte mir seine Unterstützung und sein Engagement zu. Er übernahm die Kosten für eine Geschäftsreise und für die Erarbeitung des Businessplans. Im Dezember hat er sich dann plötzlich, und für mich und meinen Partner ganz unverhofft, umentschieden. Das Ganze nahm sehr unschöne Entwicklungen an. Ich sah mich unbegründeten Vorwürfen, Ehrverletzungen und massiven Nötigungsversuchen ausgesetzt. Für die Dauer von ca. einem Monat musste ich mich von Rechtsanwälten beraten und schützen lassen. Vor zwei Wochen dann siegten die Vernunft und der Verstand. Wir haben uns mittlerweile gütlich geeinigt. Im Nachhinein betrachtet und unter Berücksichtigung der aktuellen Unternehmenssituation muss man in all dem, auch wenn es paradox klingt, das Positive für mich und meine unternehmerischen Pläne sehen. Der Glaube an mich selbst, meine Vision und die Unterstützung meiner Familie in dieser Ausnahmesituation verliehen mir Kraft und ließen mich trotz dieser emotional sehr heftigen Zeit strukturiert und klar denken und handeln. Ich fühlte in diesen Tagen auch eine Art Befreiung aus einem Abhängigkeitsverhältnis und die große Freude auf eine Zukunft, die ich von nun an selbst bestimmen und gestalten werde. Wahrscheinlich ist es auch das Gefühl der Freiheit und Unabhängigkeit, welche man als Unternehmer trotz aller Risiken und Unwägbarkeiten hat. Zusammenfassend hat sich also nichts seit meinem letzten Lagebericht geändert. Im Gegenteil, meine Zukunftspläne nehmen mehr und mehr Form an und der Tatendrang hält an. Es ist die Intensität des Tuns, welche mich jeden Tag einen Schritt voranbringt.“

Die folgenden Haltungen, angelehnt an die 10 Gebote der Gelassenheit von Johannes XXIII (1881–1963), gelten als hilfreiche Orientierung in krisenhaften Zeiten (wikipedia/Gelassenheit).

- Ich werde mich bemühen, einfach den Tag zu erleben – ohne alle Probleme meines Lebens auf einmal lösen zu wollen.
- Ich werde nicht danach streben, die anderen zu korrigieren oder zu verbessern – nur mich selbst.
- Ich werde zehn Minuten meiner Zeit einer guten Lektüre widmen. Ich werde mich fokussieren und etwas weiterbringen.
- Ich werde ein genaues Programm aufstellen. Und ich werde mich vor der Hetze und vor Unentschlossenheit hüten.
- Ich werde dem Leben vertrauen, selbst wenn die Umstände das Gegenteil zeigen sollten.

3.9 Der innere Kompass für dauerhaften Erfolg

> Das Bewusstsein für die Wirklichkeit fehlt so oft und das ist bezeichnend für unser Leben. Es sind so viele Sachen, die verdrängt sind, in uns allen, weil wir nicht genügend Stärke hatten. (Yehudi Menuhin/Zitate.eu)

Innere Arbeit ist Voraussetzung für dauerhaften Erfolg im Außen. Doch innere Arbeit zu leisten, ist nicht selbstverständlich. Denn es ist äußerlich und innerlich leichter, etwas zu verdrängen, als seiner inne zu werden. Manch einer erkennt in Bezug auf sich selber Unschönes und Ungeliebtes, ist vielleicht nicht willens, sich dem zu stellen, was einmal als schmerzhaft oder irritierend erlebt und erfolgreich verdrängt worden war. Natürlich entdeckt man bei der Innenschau auch die vielen positiven Erfahrungen, die eine Entwicklung einer gesunden, an der Gemeinschaft teilnehmenden Person möglich gemacht hat. Diese werden gern angeschaut und führen zu einer klaren Bewusstheit über die vorhandenen Stärken. Die Schwierigkeit bei der Innenschau im Rahmen des Selbstmanagement-Prozesses sind die roten Ampeln des Lebens und das, was sich daraus entwickelt hat. So ist es eine Herausforderung, gerade die eigenen sogenannten Schattenanteile zu erkennen und zu integrieren, das heißt, sich selber mit all den Stärken und Schwächen anzuerkennen und zu respektieren.

Der Psychotherapeut B. Hellinger formuliert hierzu: „Das Innewerden ist oft hart und mühsam, besonders für Menschen, die von Kindheit an Schweres zu tragen haben" (Hellinger 2013). Doch letztlich kommt man da nicht heraus. Denn schon Sigmund Freud – Gründer der Psychoanalyse – weist darauf hin, dass die ungelösten Konflikte aus der Kindheit im Erwachsenenalter unbewusst wiederholt werden (Freud 2014). Ungelöste Entwicklungsthemen, beispielsweise mit den Eltern, werden häufig in der Partnerbeziehung oder gerne auch in der Übertragung mit dem Vorgesetzten wiederholt, bis der dahinterliegende Konflikt tatsächlich gelöst wird. In der Freudschen Theorie über die infantile Sexualität wird der Vatermord und das Begehren der eigenen Mutter als Grundmuster unbewusster Wünsche interpretiert. Die kindliche Entwicklungsphase, in der die Rivalität zwischen Sohn und Vater ein zentrales Thema bildet, wird von Freud die ödipale Phase genannt. Eine Loslösung von den Eltern, insbesondere des gegengeschlechtlichen Elternteils, ist entscheidende Voraussetzung für eine gesunde Entwicklung im Leben. Gelingt dies nicht, besteht unbewusst die Tendenz, den ungelösten Grundkonflikt so lange zu reinszenieren, bis gemäße und gute Lösungen, bezogen auf die Ursprungssituation, gefunden werden. Eine gesunde Loslösung von den Eltern bedarf sowohl der Anerkennung der Eltern als diejenigen Menschen, die das Leben geschenkt haben (das Nehmen der Eltern) und der ungestörten Hinwendung in das eigene Leben. Das Kind verzichtet hierbei auf den Wunsch, den gegengeschlechtlichen Elternteil zu besitzen und akzeptiert letztlich die Unerreichbarkeit der Mutter beziehungsweise des Vaters. Aus dem „Feind" wird ein Vorbild, und indem es die wohlwollende Anerkennung des Vaters erfährt, gewinnt es die Macht und Potenz, die es scheinbar abgegeben hat.

Um aus psychologischer Perspektive die Entstehung von Verhaltensmustern nachzuvollziehen, ist es wichtig, sich die Situation eines Kleinkindes zu vergegenwärtigen. Denn nach Freud werden die Grundmuster zwischen der Geburt und dem sechsten bis siebten Lebensjahr gebildet. Ein Kleinkind ist, bezogen auf das eigene Überleben, vollkommen abhängig von den Eltern beziehungsweise den jeweiligen Bezugspersonen. Bei noch so bemühten Eltern erfährt das Kind jedoch früher oder später subjektiv wahrgenommene Mangelsituationen – beispielsweise wenn der Vater nicht anwesend ist, obwohl das Kind den Bezug braucht und es noch nicht so etwas wie Objektpermanenz gelernt hat. „Dieser von dem Schweizer Entwicklungspsychologen Jean Piaget definierte Begriff beschreibt die kognitive Fähigkeit eines Kindes, zu erkennen, dass ein Objekt oder auch eine Person auch dann weiterhin existiert, wenn es sich außerhalb des Wahrnehmungsfeldes befindet. Diese Fähigkeit entwickelt das Kind erst im Alter von ungefähr einem Jahr" (wikipedia/Objektkonstanz). Im Erleben des Kleinkindes geht es bei einem Mangelerleben – wie der zeitweisen Abwesenheit eines oder beider Elternteile – subjektiv um das eigene Überleben, da es von den Bezugspersonen abhängig ist. Die in dieser Zeit gemachten Erfahrungen und die Art und Weise der Bewältigung sind tief im Unterbewusstsein eingebrannt und prägen somit das Denken und Verhalten ein Leben lang. Jeder noch so kleine Reiz, der im Unterbewusstsein an die erlebte vermeintliche Mangelsituation erinnert, dient als Stimulus für das Verhaltensmuster, das in der Ursprungssituation geholfen hat, zu überleben. Insbesondere kritische und herausfordernde Situationen werden entsprechend der einmal gelernten Wahrnehmungs- und Verhaltensmuster interpretiert und gestaltet. So steckt in jedem Menschen eine frühe Programmierung, die bis zum sechsten/siebten Lebensjahr entstanden ist. Es ist die Reaktion auf eine wirkliche oder vermeintliche Gefährdung der Selbsterhaltung, die tief im Unterbewusstsein gespeichert wird und ständig und lebenslänglich wirksam bleibt – und deshalb unsere volle Lebendigkeit einschränkt.

Diese Programmierung besteht aus einem kurzen Satz, der täglich 24 Stunden lang für den Rest des Lebens weitersendet und so das Denken, Fühlen und Handeln ständig negativ beeinflusst. Beispiele für diese Muster können sein: „Ich muss gut sein, um geliebt zu werden, oder ich muss alles alleine machen." Diese Prägungen sind – bezogen auf das Selbstbild – eher negativ, weil sie, aus der Perspektive des Kindes, in einer vermeintlich oder tatsächlich lebensbedrohlichen Situation entstanden sind. Die Eltern sind aus der Perspektive des Kleinkindes makellos und die unbewusste Ursachenzuschreibung, bezogen auf die subjektiv erlebte Mangelsituation, wird in Bezug auf die eigene Person interpretiert. Mit mir stimmt etwas nicht, sonst würde das, was ich jetzt zum Überleben brauche, vorhanden sein. Das Unterbewusstsein bleibt ein Leben lang – solange man diese Muster nicht erkennt und bearbeitet – von der Richtigkeit überzeugt und meint, man müsse an dem Muster festhalten, um es richtig zu machen. So ist dieser Satz – und das ist das Heimtückische dieser Programmierung – unbewusst immer mit der Selbsterhaltung verknüpft.

Ein Mensch, der früh gelernt hat, sich beispielsweise nur durch enormen Einsatz Gehör zu verschaffen, die notwendige Zuwendung zu erfahren, wird später im Leben mehr als andere bereit sein, diesen Einsatz zu bringen – auch wenn es auf Kosten von Lebensqualität, auf Kosten von Beziehungen oder sogar auf Kosten der Gesundheit geht.

Die meisten Menschen tendieren dazu, diese einmal gelernten Verhaltensmuster, die eben in den frühen Jahren gebildet werden, zu wiederholen. Es besteht die Tendenz, das in der Gegenwart Erlebte so zu interpretieren, dass die subjektiven Wahrheiten bestätigt werden.

Die Lebenserfahrungen werden sozusagen in das Lebensmuster hineininterpretiert, anstatt dem Leben offen, frei und ohne Angst zu begegnen. So ergeben sich Wiederholungen im Leben, die die Muster und die dahinterliegenden Erfahrungen festigen, aber keine wirkliche Entwicklung ermöglichen. So geht Viktor Frankl, der Begründer der Dritten Wiener Schule der Psychotherapie, davon aus, dass Überleben auf Basis der gelernten Verhaltensmuster möglich ist. Das volle Potenzial kann aber erst dann gelebt werden, wenn es gelingt, diese Prägungen bewusst zu machen und den innewohnenden Sinn in der jeweiligen Lebenssituation zu entdecken (Frankl 2013).

Unreflektiert, und damit unbewusst, besteht darüber hinaus die Tendenz, sich mit denjenigen Menschen zusammenzutun, die ein komplementäres Verhaltensmuster leben. Lebensthemen werden auf diese Weise in wechselseitiger Verstärkung oder auch Verstrickung so lange unbewusst reinszeniert, bis diese erkannt und gelöst werden (s. Abb. 3.1). Ein extremes klinisches Beispiel hierfür ist die Frau, die sich immer wieder einen Alkoholiker als Partner sucht und hierbei selber die Helferrolle als Muster reinszeniert. Ein weiteres Beispiel ist der Unternehmer, der den tragischen Tod und Verlust des Vaters in Kriegszeiten nicht verarbeitet hat und eine – von den Grundsätzen her – ähnliche Dynamik (Reinszenierung) mit einer seiner wichtigsten Führungskräfte in seinem Unternehmen erlebt. Diese führt zwar nicht zum Tod, aber letztlich zum Verlust seiner Existenzgrundlage – der Insolvenz des Unternehmens.

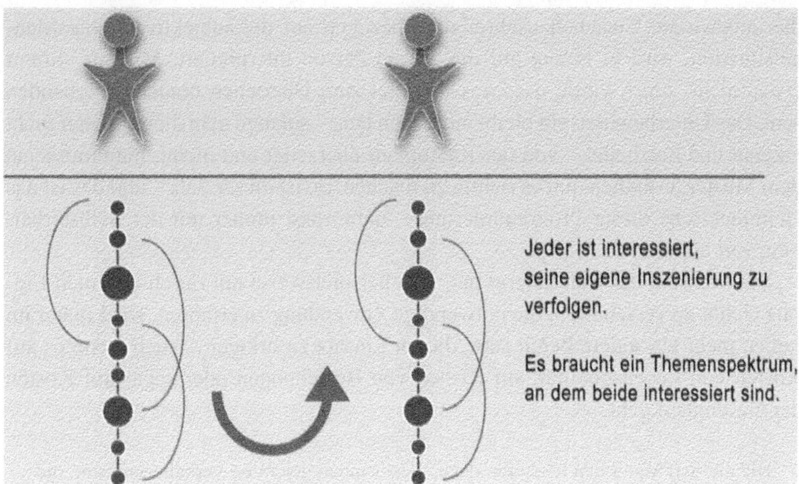

Jeder ist interessiert,
seine eigene Inszenierung zu
verfolgen.
Es braucht ein Themenspektrum,
an dem beide interessiert sind.

Abb. 3.1 Reinszenierung von Lebensszenarien und Verhaltensmustern (Kappe)

Erst eine grundlegende Reflexion und das Bewusstwerden können die Programmierung ändern beziehungsweise lösen. Durch die Auseinandersetzung mit den Lebensszenarien und mit den verschiedenen Formen des Lebensschmerzes wird den Betroffenen bewusst, welche Dynamik hier zugrunde liegt und wie diese sich im Leben auswirkt. Personal Mastery wird dann praktiziert und ist wirksam, wenn anstatt der Wiederholung alter Muster situationsadäquate Lösungen gefunden werden und man aus der Wiederholungsschleife aussteigt. Dies ist die größte Herausforderung auf dem Weg des inneren Erfolgs. Was hierbei hilft, ist die von der Jungianerin Jean Shinoda Bolen (2014) beschriebene Haltung:

> Den Durchgang durchqueren und siegen. Bei den meisten Reisen müssen schwierige Phasen gemeistert werden, bevor man im Positiven wieder auftaucht. In jeder Krise ist man versucht, zum Opfer zu werden. Wenn man sich treu bleibt, weiß man, dass man sich in einer unangenehmen Lage befindet und besiegt werden kann, doch hält man an der Möglichkeit fest, dass sich etwas ändern kann. Wenn man sich in das Opfer verwandelt, wird man andere für das eigene Los tadeln oder das Schicksal verfluchen. Rettung bedeutet, nicht aufzugeben oder aus Angst zu handeln, das Dilemma nicht aus dem Bewusstsein zu verdrängen, sondern auf eine neue Erkenntnis oder auf eine Änderung der Umstände zu warten, zu meditieren oder um Klarheit zu bitten – all dies regt eine Lösung seitens des Unbewussten an, dank der die Sackgasse transzendiert werden kann. Dadurch, dass sie mit der Erwartung in der Situation ausharren, dass sich eine Antwort einstellt, wird das innere Klima für das geschaffen, was Jung die transzendente Funktion nennt. Darunter versteht er etwas, das aus dem Unbewussten emporsteigt, um das Problem zu lösen und dem Ich den Weg zu zeigen.

Psychologische Studien zeigen in beeindruckender Weise, dass bestimmte Grundstrukturen in der Herkunftsfamilie und im familiären Gegenwartssystem vorliegen sollten beziehungsweise im Nachhinein im eigenen Bewusstsein ausgerichtet werden, um eine gesunde persönliche Entwicklung ins volle Potenzial zu ermöglichen. Wurden tatsächlich oder vermeintlich Mangelsituationen erlebt, wovon man in der Regel ausgehen kann, ist es wichtig, sich diese im Erwachsenenalter bewusst zu machen. Auf diese Weise wird der unbewussten Wiederholungstendenz entgegengewirkt. Menschen entwickeln sich gesund und erlauben sich das volle Potenzial zu leben, wenn eine positive Elternbeziehung, das heißt keine sogenannte unterbrochene Hinbewegung zu den Eltern vorliegt. Ist dies nicht der Fall, braucht es entsprechende innere Arbeit, um genau hier anzusetzen und die inneren Voraussetzungen für dauerhaften Erfolg zu schaffen. Ein gelingendes Leben basiert innerlich auf einer konstruktiven Haltung den Eltern und damit dem Leben gegenüber. Es geht dabei um die Anerkennung dessen, was man alles bekommen hat und mit welchen Themen die Eltern belastet sind/waren und wie sie mit diesen Themen gewählt haben umzugehen. Psychologisch gesehen besteht eine unbewusste Tendenz, sich für das Nicht-Annehmen der Eltern als Eltern – und damit das Nicht-Annehmen des Lebens – selber unbewusst zu bestrafen. Die Eltern sind trotz ihrer Unzulänglichkeiten diejenigen Menschen, von denen man das Wichtigste bekommen hat – das Leben und meistens noch viel mehr. Solange das nicht in einem tiefen inneren Vollzug anerkannt wird und stattdessen ihre Schwächen oder Fehler in den Vordergrund gerückt werden, besteht eine unbewusste Tendenz, das eigene Leben nicht im vollen Potenzial zu leben und sich immer wieder selber im Weg zu stehen beziehungsweise Chancen nicht vollumfänglich zu nutzen. Dann treffen wir nicht die für uns förderlichen Entscheidungen beziehungsweise wir behindern oder zerstören sogar die gedeihliche Entwicklung im Leben und machen es uns dadurch unnötig schwer.

Der Text über den Zweck der Eltern von Ron Smothermon (1999) macht diesen Bezug noch einmal in anderen Worten deutlich:

> Eltern sind diejenigen Leute, die eine bedeutende Rolle hatten, indem sie mit Ihnen zusammen waren und sich in Ihren frühen Jahren Ihrer fundamentalen Bedürfnisse angenommen haben, bis Sie angefangen haben, ohne deren Hilfe, eigenständig zu überleben. Der Zweck von Eltern ist folgender: mit Ihnen zu sein und Sie beim Überleben zu unterstützen, bis Sie eigenständig überleben können. Alles andere, was Sie darüber gesagt haben, ob Gutes oder Schlechtes, hat dazu gedient, Sie in die richtige Position zu bringen, damit Sie der Tatsache nicht ins Auge sehen müssen, dass Sie für Ihr eigenes Leben und das, was daraus wird, verantwortlich sind. Die Daseinsbasis in der Beziehung zu Eltern ist, dass Eltern und Kinder sich gegenseitig zutiefst lieben. Und auf beiden Seiten gibt es Blockaden, diese Liebe zu erleben und auszudrücken. Na und? Es ist nicht wirklich bedeutungsvoll, wenn sich die Form der Beziehung nie ändert.

Durch Selbstbeobachtung und Reflexion wird erkannt, um welche Themen es, bezogen auf den inneren Erfolg, tatsächlich geht, welche Grundordnungen nicht gelebt werden und welchem Hintergrund sie entstammen. Indem diese beobachtend anerkannt werden, entsteht die Möglichkeit der inneren Integration. Damit wächst die Fähigkeit, jede Situation des Lebens anzunehmen und einen gedeihlichen Umgang zu finden. Anstelle von unbewussten Reinszenierungen finden Gelassenheit, die richtigen Entscheidungen und Freiheit ihren inneren und äußeren Raum. Es reicht allerdings nicht, diese Prinzipien rein kognitiv anzunehmen und sich daran auszurichten. Vielmehr sind ein inneres Erkennen und ein innerer Vollzug notwendig. Gelingt dieser Vollzug, wird dies häufig als große Erleichterung wahrgenommen. Die Beziehung der Beteiligten verändert sich nachhaltig zum Positiven und alte Verhaltensmuster werden nicht mehr wiederholt.

Doch spät im Leben zu erkennen, dass man unter Umständen viele Jahre mit einer nicht erfüllenden Haltung, Ausrichtung und den entsprechenden Konsequenzen im Leben verbracht hat, ist nicht einfach. Es braucht Mut, im fortgeschrittenen Alter anzuerkennen, dass man in Beziehungen vielleicht nicht immer die richtigen Prioritäten gesetzt hat, dass der Umgang mit den Eltern nicht immer förderlich war und sich das ein oder andere ungelöste Thema in anderen Beziehungen widerspiegelt. Es braucht Mut, anzuerkennen, dass man in diesem Sinne selber Urheber seines Erlebens ist und dass sich bestimmte (Entwicklungs-)Themen im Leben immer wieder wiederholen, bis die Lektion verstanden ist und man sich entsprechend neu ausgerichtet hat.

So berichtet Senge (2011), wie ein junger Professor der renommierten Harvard University, ein brillanter systemorientierter Denker und ausgestattet mit einem hohen Intelligenzquotienten, seine Professorenstelle verliert, weil er sich immer wieder geringschätzig über die wissenschaftlichen Fähigkeiten von Kolleginnen äußerte.

Eine überaus erfolgreiche Top-Führungskraft, ist dafür bekannt, dass sie sehr schnell komplexe Probleme analysiert, die richtigen Lösungsstrategien findet und auch gelernt hat, die Menschen mitzunehmen, zielgenau Lösungen umsetzt und die Ergebnisse liefert – ein „Pacesetter" sozusagen. Die andere Seite ist, dass die Führungskraft selbst in normalen Geschäftszeiten von allen immer Höchstleistung erwartet. Einige im Geschäftsleitungsteam können da nicht mithalten, haben Probleme mit ihren Mitarbeitern, werden krank oder kündigen. Selbst dann noch erscheint der Führungskraft das Vorgehen in jedem Fall gerechtfertigt. Die, die nicht mithalten können, fallen eben „raus – so ist das nun mal". Doch unterstützt vom direkten Vorgesetzten startet der Manager einen Selbstreflexionsprozess und erkennt die tiefer liegende Dynamik hinter dem Immer-noch-mehr, bis ans Limit und darüber hinaus, und ist eher in der Lage, situativ abzuwägen und entsprechend zu entscheiden.

Gelingt es, diese Dynamiken zu lösen, werden Kräfte freigesetzt und eine größere Klarheit im Denken und Handeln ist die Folge.

Beispiel aus der Praxis

Folgendes Zitat einer Führungskraft, nach Beendigung eines Coaching-Prozesses, macht diesen Effekt deutlich:

„Seit nun knapp drei Monaten läuft mein Leben in derart positiven Bahnen, sodass ich täglich über neue Fortschritte berichten könnte. Natürlich gibt es auch kurze Momente der Unsicherheit, Erschöpfung, Ratlosigkeit, aber es ist eine Mischung aus Kreativität, Zufriedenheit, Selbstsicherheit, Glück, Tatendrang, Geborgenheit, Neugier, Überzeugung, Leidenschaft und Freude an der Sache, was diesen Lebensfluss nicht ins Stocken bringt. Ich grübele und hadere nicht mehr. Ich gehe das, was ich mache, überlegt und vorsichtig, aber gleichermaßen zielstrebig und konsequent an. Ich habe meine Hausaufgaben gemacht. Eine große Last fiel nach dem ersten Gespräch mit meinem Chef vor ca. drei Monaten von mir. Danach begann ich, die Dinge in die Hand zu nehmen und zu gestalten. Dieser Prozess löste eine Lawine aus. Plötzlich sehe ich die Themen, Möglichkeiten und Chancen. Ich weiß, was zu tun ist, mit wem zu reden ist und tue es einfach. Ich bewerte nicht, sondern lasse zu, vor allem die Gefühle, und ich versuche zu verstehen und einzuordnen. Ein weiterer Meilenstein war das Gespräch mit meiner Mutter vor zwei Wochen. Es war einfach schön und ich spürte die Wärme und die tiefe Verbindung unserer Herzen. Ihr Verständnis in Bezug auf meine Aktivitäten in Richtung meines Vaters stärkte das Fundament, auf dem ich stehe und das ich ausbaue. Schließlich war es das zweite persönliche Treffen mit meinem Vater vor einer Woche, welches diesem Fundament zusätzliche Stärke und Festigkeit gab. Ich verstehe jetzt, dass es einen Unterschied macht, denn ich spüre es. Die Verbindung zum Vater, unsere Herkunft, die Macht der Familie bilden in der Summe eine Grundordnung, die uns fest im Leben verwurzelt. Meine Wurzeln wachsen gerade und bohren sich fester und tiefer in die Erde. Ich stamme aus einer traditionsreichen Handwerkerfamilie. Es existiert sogar ein 300 Jahre alter Stammbaum. Es erfüllt mich mit Stolz, nun endlich meinen festen Platz dort einzunehmen. „Im Grunde sind es doch die Verbindungen mit Menschen, welche dem Leben seinen Wert geben“ (W. von Humboldt). Jetzt will ich nur noch so viel über meine beruflichen Optionen sagen: Ich habe meine Netzwerke aktiviert und eine Lösung, welche die Interessen aller Beteiligten berücksichtigt, gefunden. Eine gute Lösung. Eine stimmige Lösung!“

Eine weitere psychologische Grunddynamik, die verhindern kann, das volle Potenzial zu leben, wird als Verstrickungsdynamik bezeichnet. Systemische Verstrickungen sind unbewusste Bindungen an die Ursprungsfamilie, die die persönliche Entfaltung in das eigene volle Potenzial behindern.

Verhalten wird durch frühe Erfahrungen geprägt und man ist dabei innerlich mehr in die Geschehnisse und Dynamiken der Herkunftsfamilien eingebunden, als man oftmals wahrhaben will. Mangelerlebnisse, die in der Familie, gegebenenfalls auch ein bis zwei Generationen zuvor, erlebt wurden, zeigen ihre Wirkung im Familiensystem. Es besteht eine unbewusste Tendenz in der Nachfolgegeneration, sich mit denjenigen Familienmitgliedern zu identifizieren, die Mangel beziehungsweise schwere Schicksalsschläge erlebt haben. Setzt man sich nicht mit diesen Ereignissen auseinander, besteht die Tendenz einer unbewussten Reinszenierung im eigenen Leben.

Durch das Bewusstmachen dieser inneren Verbindungen wird die unbewusste Identifizierung aufgehoben und die entsprechende Dynamik (Reinszenierung) auf der zwischenmenschlichen Ebene findet nicht mehr statt. Menschen entwickeln sich gesünder, das heißt in ihr volles Potenzial, wenn, bezogen auf Traumata und Schicksalsschläge einzelner Familienmitglieder in der Gegenwart oder auch in den vorherigen Generationen, keine Verstrickungen, das heißt unbewusste Identifizierungen vorliegen beziehungsweise diese durch innere Arbeit gelöst wurden. Hierzu ist es notwendig sich bewusst zu machen, wer zum Familiensystem gehört, unabhängig davon, ob die Personen noch leben oder bereits verstorben sind (Hellinger 2013).

Grundsätzlich zugehörig zum Familiensystem sind:

1. das Kind und seine Geschwister
2. die Eltern und deren Geschwister
3. die Großeltern
4. manchmal noch der ein oder andere der Urgroßeltern
5. alle, die für andere im System Platz gemacht haben, beispielsweise ein erster Mann oder eine erste Frau der Eltern oder der Großeltern (oder eheähnliche Beziehungen) oder ein/e frühere/r Verlobte/r, oder eine Frau oder ein Mann, mit dem jemand aus der Sippe ein Kind hat, und alle, durch deren Unglück, Weggang oder Tod andere in der Sippschaft einen Vorteil gezogen haben.

Hellinger fand in jahrzehntelanger Arbeit Ordnungsprinzipien, die innerhalb eines Familiensystems über Generationen hinweg wie Gesetzmäßigkeiten wirken. Die Prinzipien sind:

- Das Recht auf Zugehörigkeit: Jedes Familienmitglied hat ein Recht dazuzugehören. Die Hauptschuld eines Systems ist, dass jemand ausgeklammert wird, obwohl er das Recht auf Zugehörigkeit hat.
- Das Gesetz der vollen Zahl: Jeder Einzelne in einem System fühlt sich ganz und vollständig, wenn alle Personen, die zu seinem System gehören, einen Platz haben und anerkannt werden.
- Das Gesetz des Vorrangs der Früheren: In gewachsenen Beziehungen herrscht eine Rangordnung, die sich in erster Linie am Vorher und am Nachher orientiert, das heißt, wer früher kommt, ist vorgeordnet, wer später kommt, ist nachgeordnet. Danach kommen die Eltern vor den Kindern und der Erstgeborene vor dem Zweitgeborenen.
- Die Ordnung setzt sich auf kurz oder lang durch. Es ist ein demütiger Vollzug, sich der Ordnung zu fügen.

Werden diese Ordnungsprinzipien in der Familie gelebt, fühlen sich die Familienmitglieder einerseits verbunden und andererseits frei, ihr Leben zu leben – eine positive Grunddynamik findet statt. Ist dies nicht der Fall, gibt es Verstrickungen im System, die Grundordnung ist gestört. Ein Beispiel für eine solche Störung wäre ein Ausschluss eines Familienmitglieds. Jedes Familienmitglied hat ein Recht auf Zugehörigkeit. Wird ihm dieses Recht verweigert, besteht eine große Wahrscheinlichkeit, dass sich ein Nachkomme unbewusst mit dem Ausgeschlossenen identifiziert, unbewusst Aspekte von dessen Leben nachlebt und damit innerlich nicht ganz frei ist für das eigene Leben. Die Identifizierung wird aufgelöst, indem hierüber ein Bewusstwerdungsprozess stattfindet und damit im Bewusstsein des Betroffenen die Ordnung wiederhergestellt wird.

Oft wird in der Selbstreflexionsarbeit erkennbar, dass Verhalten über Generationen hinweg geprägt ist. In unserer individualistisch ausgerichteten Gesellschaft werden diese Zusammenhänge häufig nicht wahrgenommen. Jeder ist für sich und sein Leben verantwortlich. Das, was vor einer oder mehreren Generationen war, spielt scheinbar keine Rolle mehr. Doch auf einer tieferen, seelischen Ebene ist diese Haltung nicht zutreffend. Man fühlt mit dem Schicksal der Eltern und Großeltern, und deren Erfahrungen prägen unser Verhalten unbewusst. So weiß man in der Traumaforschung heute, dass traumatische Erfahrungen der Eltern und Großeltern, wie Flucht oder Missbrauch, mit all ihren Folgen – den jeweiligen Haltungen und Ängsten – oft von Generation zu Generation weitergegeben werden.

Beispiele aus der Praxis

Dr. med. G. Gottwik, Fachärztin für psychosomatische Medizin und Psychotherapie, beschreibt hierzu das folgende Beispiel (Deutsches Ärzteblatt 2006):

Ein Vater, der als Achtjähriger die Bombardierung seines Elternhauses beobachten musste, zerstört in dramatischer Weise das Paradies seiner Kindheit – und löst in seinem Sohn wiederum eine selbstzerstörerische Symptomatik aus. Weitere Beispiele für die sogenannte transgenerationale Traumatisierung liefert der Psychoanalytiker Bertram von der Stein (Deutsches Ärzteblatt 2006):
Fall eins:

„Ein 45-jähriger Offizier litt unter stechenden Kopfschmerzen und der Vorstellung, akut zu versterben. Auslösende Situationen waren Bagatellverletzungen eines Kameraden und seines 16-jährigen Sohnes am Kopf. In der Analyse wurde deutlich, dass der Vater des Klienten (geboren 1929) 1945 Zeuge der Tötung seines Vaters (NSDAP-Mitglied und Bahnhofsvorsteher) durch Kopfschuss, den russische Soldaten ausführten, war. Dieses Ereignis wurde in der Kindheit des Klienten nur schemenhaft angedeutet. Die Eltern hätten nach vorne geschaut. Der Vater litt seit seiner Pensionierung unter Ängsten. Er hatte es im Westen zum Leiter einer Sparkasse und zum Hauseigentümer gebracht. Beide Verletzungsereignisse ihm nahestehender Personen erschütterten zunächst unerklärlicherweise den Klienten. Nach Durcharbeiten der narzisstisch-kontraphobischen Abwehr und der Identifikation mit dem Vater gingen die Symptome zurück. Die Aufdeckung des transgenerationellen Traumas halfen ihm, den Wiederholungs- und Abwehrcharakter seiner Berufswahl zu erkennen."

Fall zwei:

„Ein 50-jähriger Oberingenieur, Sohn eines aus Ostpreußen vertriebenen NS-Kriegsverbrechers, wurde suizidal, als er mit Schuld- und Schamgefühlen Mitarbeiter entlassen musste. Er unterstützte die polnischen Einwohner des Heimatortes seiner Eltern und betonte das Versöhnende und Völkerverbindende. In der Analyse wurde deutlich, wie sehr er transgenerationell die Wut seiner Eltern, im Sinne der Reaktionsbildung, abgewehrt hatte und gegen die eigene Person richtete."

Ein Praxisbeispiel aus dem Businesskontext soll hier ergänzt werden:

Beispiel aus der Praxis

Ein Unternehmer, dessen Vater in Stalingrad gefallen ist, erfährt den Verlust seiner „Existenz" in der Form, dass sein über zehn Jahre aufgebautes Unternehmen wegen eklatanter Managementfehler insolvent gemeldet werden muss. Das Schicksal des Vaters blieb unreflektiert und wird auf einer psychodynamischen

Ebene unbewusst reinszeniert. In familientherapeutischen Zusammenhängen spricht man hier von Verstrickungen im Familiensystem, das heißt unreflektierte Schicksale werden aus einer innerlich empfundenen Treue und einer unbewussten Verbundenheit heraus wiederholt – bis man sich dessen bewusst wird und diese Dynamik löst.

„Heute weiß man, dass kollektive Traumatisierungen wie Flucht, Tod oder Vertreibung der Bevölkerung generationsübergreifend, kumulativ und nachhaltig wirken. Transgenerationelle Traumatisierungen sind das Ergebnis unbewusst bleibender psychischer Prozesse, die die dissoziierte Wahrnehmung und Erinnerung fördern. Internalisierte elterliche Objektbilder und dazugehörige Affekte werden an Kinder weitergegeben. Es entsteht eine von Trauma und Schuld durchdrungene, tabuisierte, nebulöse Atmosphäre. Erst nach der Labilisierung eines unspezifischen, aber charakteristischen Abwehrmusters scheuen viele Nachfahren die lösungsorientierte Aufarbeitung nicht. Ereignisse, die Ähnlichkeit mit den Traumatisierungen der Eltern haben, wirken hierbei oft auslösend. Traumata vertriebener Eltern treten oft als innere oder äußere Konflikte der Kinder wieder auf. Die Berufswahl kann Abwehr und Reaktionsbildung traumatischer Erlebnisse der Eltern sein. Größenideen, zum Beispiel als mächtiger Helfer unverwundbar zu sein, zeigen sich durch die Wahl von Berufen, die mit diesen Themen zusammenhängen" (von der Stein 2006). Dr. Gottwik schreibt hierzu (2014): „Auch wenn Eltern ganz bewusst darauf verzichten, ihre Kinder so zu behandeln, wie sie selbst es erlebt haben, reagieren Kinder oft so, als hätten sie dieselbe traumatische Kindheit erduldet. Durch das Durcharbeiten von Schmerz, Wut und insbesondere Schuldgefühlen und durch das bewusste Durchleben dieser archaischen reaktiven Gefühle – der eigenen und der der Elterngeneration – wird der Zwang zur Weitergabe gelöst. Die Dynamik der transgenerationellen Weitergabe des „Schicksals" wird verstehbar und kann der Lösung zugänglich gemacht werden. Die entstehende Fähigkeit zu Mitgefühl mit den Eltern und Großeltern ermöglicht den Betroffenen den Schritt in ein autonomes friedliches Leben."

Durch das Gewahrwerden und die Anerkennung dessen, was ist und war im eigenen Leben und das der Eltern und Großeltern, ist man mehr und mehr in der Lage, aus den Verstrickungen, den jeweiligen Opfer-, Täter- und Retter-Rollen und den dazu gehörenden unbewussten Reinszenierungsdynamiken auszusteigen, das Vergangene anzuerkennen, loszulassen und das eigene Leben frei zu gestalten. Das heißt, der Unternehmer, der feststellt, dass eine seiner Führungskräfte Geld unterschlägt und er dies auch nachweisen kann, bleibt nicht mehr unverständlicherweise inaktiv, sondern macht genau das, was in einer solchen Situation notwendig ist.

Besonders in Familienunternehmen spielen diese Art von Dynamiken eine entscheidende Rolle. Dass hieran gearbeitet werden kann, zeigt ein Beispiel einer Unternehmerfamilie, die es in einem Reflexionsprozess, an dem alle Familienmitglieder teilnahmen und ergänzende Einzelcoachings durchgeführt wurden, geschafft hat, das Unternehmen erfolgreich an die zweite Generation zu übergeben. Die Gesellschafter der zweiten Generation haben in diesem Prozess, dank der Auflösung von dysfunktionalen Wiederholungsmustern, eine gute und tragende Kommunikationsebene gefunden.

Man hat die Wahl, diese alten Bilder wieder und wieder zu reinszenieren und sich fremd und ereignisgesteuert zu erleben, oder in der Macherrolle kontrollierend und steuernd alles zu tun, um nicht zu verlieren, ausgestattet mit der Angst vor Schwäche und einem Mangel an Wahrnehmung den eigenen Bedürfnissen gegenüber. Der Gestalter hingegen hat diese Grundängste hinter sich gelassen, agiert nicht mehr aus rein egoistischen Bestrebungen beziehungsweise Machtinteressen, sondern zeichnet sich durch eine steigende Wahrnehmungsfähigkeit, bezogen auf das Gesamtsystem, aus, vertraut auf die Dynamik selbstorganisierender Systeme und ist in der Lage, seine schöpferische, kreative Kraft zu nutzen. Er ist weitgehend vom überzogenen Narzissmus befreit, bringt Mut für Experimente und neue Lösungen ein, handelt konsequent und klar. Fehlschläge sind wichtige Erfahrungen, aus denen er lernt und sich weiterentwickelt, er hat ein natürliches Bedürfnis nach Beziehungen, ist ein guter Netzwerker, schätzt Win-win-Situationen und lebt ein mitfühlendes Gewahrsein für andere.

Für High Performance Leader und die von ihnen gesteuerten Unternehmen ist es somit hilfreich – wenn nicht sogar notwendig –, sich der eigenen Verhaltensmuster, geprägt aus der Historie und den Verstrickungen aus den Herkunftssystemen, bewusst zu sein und sie gelöst zu haben. Reflektierte Leader lernen zwischen den Mustern und den tatsächlichen Bedingungen und Anforderungen der Situation zu differenzieren. So macht es einen Unterschied, die Wahrnehmungsmuster zu (er-)kennen und damit sich die Verhaltensalternative zu eröffnen. Andernfalls wird mit großer Wahrscheinlichkeit immer und immer wieder die mangel- oder traumabehaftete Ursprungssituation unbewusst reinszeniert. Jede Führungskraft steht vor der Herausforderung, sich diese Tendenzen bewusst zu machen und zu lernen, genau hinzuschauen, kritisch wahrzunehmen, die Wiederholungsmuster zu erkennen, die tatsächlichen Bedingungen der Situation zu konfrontieren, und dann auf dieser Basis Entscheidungen zu treffen und voranzugehen. Dies wird möglich und unterstützt durch einen Prozess der Selbstreflexion, des Selbstmanagements und durch das bewusste (Wieder-)Erleben einschneidender Erfahrungen. Dies klingt anstrengend und zuweilen verwirrend, wird aber in der Umsetzung als innerlich befreiend und klärend empfunden.

Es ist so angenehm, zugleich die Natur und sich selbst zu erforschen, weder ihr noch dem eigenen Geist Gewalt anzutun, sondern beide in sanfter Wechselwirkung miteinander ins Gleichgewicht zu bringen. (Johann Wolfgang von Goethe)

Auf dem Weg des Personal Mastery werden die sogenannten inneren Entwicklungsfallen, auf die im Folgenden eingegangen wird, durch wirksames Selbstmanagement vermieden.

Die erste Entwicklungsfalle ist das Wegsehen: Man kann mit der Strategie des Verdrängens für eine Zeit lang gut funktionieren und erfolgreich unterwegs sein. Doch auf Dauer gesehen ist dies keine tragfähige Strategie für ein erfülltes und erfolgreiches Leben. Früher oder später schleichen sich die Themen unseres Lebens auf indirekte oder auch sehr direkte Art und Weise wieder ein, und man wird sozusagen vom Leben oder dem eigenen Unterbewusstsein, das sich ähnlich strukturierte Situationen sucht, gezwungen, hinzuschauen. Positiv formuliert bietet das Leben die Möglichkeit, für ungelöste Entwicklungsthemen gemäße Antworten zu finden.

Beispiel aus der Praxis

Eine erfolgreiche obere Führungskraft bekam die Aufgabe für sechs Wochen in der arabischen Wüste ein Projekt zu leiten. Hier war sie als einzige Frau unter Männern und es passierte genau an diesem Ort, dass ihr ein lang verdrängtes Ereignis aus der Kindheit wieder bewusst wurde. Die damals gemachte Erfahrung trat erst schemenhaft und zum Schluss unwiderruflich klar wieder in ihr Bewusstsein. Lange Jahre hatte sie dieses Trauma erfolgreich verdrängt und mit sehr viel Engagement und besonderem Können ihre berufliche Entwicklung vorangetrieben. Diese frühe Erfahrung und der Umgang damit verlangte ihr eine enorme innere Stärke ab. Als Erwachsene hat sie es geschafft, als eine der wenigen weiblichen Führungskräfte in einer Männerdomäne Fuß zu fassen und erfolgreich zu sein. Einmal an der Oberfläche konnte das alte Missbrauchstrauma nicht weiter verdrängt werden und ein längerer Prozess der Reflexion und der inneren Arbeit folgte. Mit Entschlossenheit und Mut stellte sie sich diesem Thema und leistete die innere Arbeit, die es ihr erlaubte, auch diese Erfahrung in ihr Leben zu integrieren und die dabei erwachsene Stärke anzuerkennen.

So ging es auch einem Vorstandsvorsitzenden, der gerade durch die lebenslange und nicht immer einfache Auseinandersetzung mit seinem autoritären Vater eine enorme Durchsetzungskraft entwickelt hatte, die entscheidend dazu beitrug, seine berufliche Rolle höchst professionell und gekonnt auszufüllen.

Ein anderes Beispiel ist eine junge Top-Führungskraft, die in besonderem Maße sowohl Sozialkompetenz als auch Fachkompetenz entwickelt hat. Diese Fähigkeiten wurden in der frühen Kindheit schon deutlich, in der es darum ging, als Sohn einer behinderten Mutter und eines abwesenden Vaters seinen Weg zu finden. Doch einfach war dieser Prozess nicht. Er war viele Jahre auf Distanz gegangen und hatte sogar seine Herkunft leugnen wollen – bis er sich infolge eines Autounfalls mit seiner Situation auseinandersetzte. Gerade durch die Anerkennung seiner Herkunft und der spezifischen Herausforderungen in der Kindheit und Jugend, war es ihm möglich, seine spezifischen Fähigkeiten anzuerkennen und stärker zu nutzen.

Das volle Potenzial zu leben, macht einen Selbtreflexionsprozess notwendig, denn dadurch werden die herausfordernden Themen im Leben bewusst hinterfragt und verarbeitet. Der Schlüssel hierzu ist das Hinschauen, die Reflexion, die es erlaubt, die Muster zunächst zu erkennen, sie loszulassen und dann die darin verborgenen Stärken integriert zu leben.

Beispiel aus der Praxis

Ein weiteres Beispiel für eine gelingende, stärker ins Potenzial führende Integrationsarbeit im Rahmen des Selbstmanagements ist eine Führungskraft, die sich lange unbewusst mit dem Schicksal ihres Bruders, der an den Folgen von Drogenmissbrauch früh verstarb, identifiziert. Sie erinnert sich an Feierlichkeiten, die sie abrupt verlassen musste, um mit der unerklärlichen Traurigkeit, die besonders in solchen fröhlichen Momenten für sie spürbar wurde, umzugehen. Im Verlauf des Prozesses erinnert sie sich an verdrängte Einzelheiten aus dem Erleben mit dem Bruder. Und erkennt, dass sie sich unbewusst ein gutes und erfolgreiches Leben auf Basis des Verlustes nicht wirklich erlauben konnte. Ein tief verwurzeltes Schuldgefühl, „sie hätte es erkennen und dem Bruder helfen müssen“, bahnt sich immer wieder in ihr Bewusstsein. Die Auseinandersetzung mit dem Verlust lässt sie diese Dynamik erkennen und verarbeiten. Sie kann sich nun mehr und mehr erlauben – mit der Anerkennung des Verlustes –, ein erfolgreiches und zufriedenes Leben zu leben.

Die zweite Entwicklungsfalle im Selbstmanagement-Prozess ist der Glaube an die höhere Belohnungsstelle: die unbewusste Überzeugung, dass man, immer wenn man etwas tut und daran glaubt, von einer höheren Stelle dafür belohnt wird. Wenn dies nicht rechtzeitig passiert, beginnen Gegengefühle aktiv zu werden.

Eine weitere Falle ist das Gut-Sein-Wollen: Es hindert die Person daran, ins volle Potenzial zu kommen. Artige Menschen ziehen entweder artige Menschen an oder solche, die ihre Gutmütigkeit über alle Grenzen hinaus ausnutzen. Die Gut-Menschen, die mit einem einseitigen Blick die Realität betrachten und die andere Seite des Lebens nicht wahrhaben wollen, fallen den Schönrednern zum

Opfer – bis sie es erkennen und die Welt so nehmen wie sie ist – gut und böse. Der Leader erkennt beide Seiten, betrachtet sie mit gesunder Distanz, bleibt auf seine Ziele fokussiert und handelt gemäß der Werte, die er als Maßstab für sein Handeln gesetzt hat.

Der Wunschglaube ist eine weitere Falle auf dem Weg der Selbstentwicklung: Es ist der Glaube, dass man sich nicht anstrengen, nichts verändern, nichts loslassen und nichts Besonderes einbringen muss und dennoch würde irgendwann alles Glück der Welt an die Tür klopfen.

Die Entwicklung ins volle Potenzial macht das Überwinden dieser Entwicklungsfallen notwendig. Bezogen auf die Selbstentwicklungsthemen, die jeder hat, kommt es darauf an, die dahinterliegende Dynamik zu erkennen. Es braucht die Bereitschaft, sich sozusagen auf die Musterschliche zu kommen. Nämlich das, was einmal als richtig im Rahmen der Muster wahrgenommen wurde, loszulassen und eine andere Sicht- und Vorgehensweise zu wählen. Bestenfalls hat das Leben oder der Prozess der Selbstreflexion einen gelehrt, wie das Potenzial tatsächlich gelebt werden kann, und die gefundene Lösung wird angenommen und angewendet. Man erkennt die anderen, wirksameren Lösungs- und Verhaltensstrategien an und ist bereit, das musterbezogene Rechthaben loszulassen – um lebbare Lösungen zu integrieren. Man steigt aus dem gelernten Verhaltensmuster aus, beugt sich den Anforderungen der jeweiligen Situation, und die musterbezogene Sicht der Dinge findet nicht mehr handlungsleitend statt. Wer in diesem Sinne Selbstreflexion betreibt, das heißt, in den Spiegel schaut, wird Lösungen für festgefahrene Verhaltensmuster und die sich daraus ergebenden Situationen im beruflichen und privaten Bereich erkennen und sich dafür entscheiden. Klare Bilder über die machbare Zukunft und das eigene Potenzial entstehen, man hat sein Ziel vor Augen und setzt es um. Man ist bereit, sich nichts vorzumachen. Mit Entschlossenheit und Zuversicht werden alte, ausgediente Sicht- und Verhaltensweisen losgelassen, und mit klarem Blick auf die jeweilige Realität im Berufs- beziehungsweise Privatleben wird das volle Potenzial mehr und mehr zur Wirkung gebracht.

Das folgende Gedicht von Rainer Maria Rilke beschreibt die Grundhaltung, die für das Gelingen dieser Arbeit hilfreich ist:

> Man muss den Dingen die eigene stille, ungestörte Entwicklung lassen, die tief von innen kommt und durch nichts gedrängt oder beschleunigt werden kann; alles ist Austragen und dann Gebären. Reifen wie der Baum, der seine Säfte nicht drängt und getrost in den Stürmen des Frühlings steht, ohne Angst, dass dahinter kein Sommer kommen könnte. Er kommt doch! Aber er kommt nur zu den Geduldigen, die da sind, als ob die Ewigkeit vor ihnen läge, so sorglos, still und weit. Man muss Geduld haben mit dem Ungelösten im Herzen und versuchen die Fragen selber lieb zu haben, wie verschlossene Stuben und wie Bücher, die in einer sehr fremden Sprache geschrieben sind. Es handelt sich darum, alles zu leben. Wenn man die Fragen lebt, lebt man vielleicht allmählich, ohne es zu merken, eines fremden Tages in die Antwort hinein. (Rilke 2011)

Man lernt so, mehr und mehr aus alten Mustern auszusteigen und das vorhandene innere Potenzial zu nutzen. Anfangs wird es hierbei häufig einen Kampf um die Vormachtstellung zwischen dem Ego-Macht-Wunsch – dem Musterverhalten – und dem Kern der Persönlichkeit und seinem ganzen Potenzial geben. Der Weg in Richtung Lösung bedeutet, zum Beobachter der eigenen Verhaltensmechanismen zu werden, das heißt, die Lebenserfahrungen von einer reflektierten Ebene des Bewusstseins aus zu betrachten und dabei die gesamte Situation im Blick zu haben. Oft resultiert hieraus eine etwas andere Sicht auf die Geschehnisse, die eigene Rolle und die Beeinflussbarkeit der Situation. Auf dieser Basis werden Lösungen machbar.

Der Selbstmanager entscheidet sich, am Leben zu wachsen und seine Potenziale voll zur Wirkung zu bringen. Er begreift Schwierigkeiten als eine Lektion, als Aufforderung, für sich selber zu lernen und andere situationsadäquatere Verhaltensstrategien zu entdecken. Er ist bereit und hat Vorgehensweisen gelernt, wie er sich selber „auf die Schliche" kommt und Verhaltensmuster abstellen sowie Einstellungen ändern kann.

Hierbei gilt, dass der einzige Weg, eine Sache loszuwerden, der ist, sie so sein zu lassen, wie sie ist. Das klingt widersprüchlich für den „Macher"-orientierten High Performer, der sich selber darüber definiert, dass er die Dinge ändern, gestalten, lösen und zumindest erhalten will. Doch im Bereich des Selbstmanagements ist der Weg, eine Sache loszuwerden, der, sie zunächst einmal so sein zu lassen, wie sie ist. Das heißt, sie anzuerkennen, sie genau zu erforschen und dadurch mit allen Aspekten ins Bewusstsein zu bringen. Erst durch das volle Gewahrwerden, das Nicht-ändern-Wollen, das Nicht-Bekämpfen, das Nicht-Übersehen und das Nicht-Verdrängen; durch das Hinschauen, das Geltenlassen, das Akzeptieren und Zustimmen sämtlicher Facetten der jeweiligen Situation geschieht ein Loslassen und ein Lösen der jeweils gebundenen psychischen Energie. Erst in einem solchen Prozess wird einem bewusst, worum es tatsächlich geht und was die Lösung erfordert. Dieser Prozess ist sowohl ein kognitiver als auch ein Prozess des intuitiven Erkennens.

Hierzu braucht es die Bereitschaft, die Verantwortung für das „Erleben" der Situationen anzuerkennen und das eigene „Erleben" zu bezeugen, das heißt, das Erfahren der Dinge direkt zuzulassen. Es bedeutet, das volle Gewahrsein der Bilder in uns und um uns. Das Abwehren und Verdrängen lässt die inneren und äußeren Themen bestehen oder verstärkt sie sogar. Um die eigenen Potenziale voll zur Wirkung zu bringen, müssen die Barrieren gelöst werden, mit denen man sich selbst daran hindert, das volle Potenzial zu leben. Im Rahmen des Selbstmanagements und der Persönlichkeitsentwicklung gilt – anders als beim Lösen von fachlichen Aufgabenstellungen: Alles, was man mit Hindernissen macht, um sie zu verändern oder loszuwerden, lässt diese bleiben. Die inneren Barrieren lösen sich nur auf beziehungsweise verlieren ihre Bedeutung, wenn man sie sich bewusst macht

Tab. 3.1 Fragen zur Selbstreflexion

Selbstreflexion | 1-überhaupt nicht | 2-manchmal | 3-meistens					
- Ich reflektiere täglich die Ereignisse des Tages	-	1	2	3	+
- Ich untersuche mein Verhalten in Schlüsselsituationen	-	1	2	3	+
- Ich überprüfe meine Werte und wie ich sie lebe	-	1	2	3	+
- Ich frage nach Feedback von anderen	-	1	2	3	+
- Ich untersuche meine positiven und negativen Gefühle anderen gegenüber	-	1	2	3	+
- Ich messe meine Fortschritte bezogen auf klar definierte Ziele	-	1	2	3	+
- Ich lerne aus meinen Erfahrungen	-	1	2	3	+
- Ich betrachte die Reaktion anderer als Spiegel für mein Verhalten	-	1	2	3	+

und sie ganz so sein lässt, wie sie sind. Durch diesen inneren Vollzug der Gewahrwerdung und Wahrnehmung wird man paradoxerweise zum Lenker und Gestalter der Situation und innere Anhaftungen werden gelöst. Da die Umwelt immer auch ein Spiegel unseres Innenlebens ist, werden wir tagtäglich durch die Reaktionen der Umwelt mit uns selber konfrontiert. Was immer einen an anderen – dem Partner, Kollegen, Mitarbeiter – stört, ist immer auch etwas, was man selbst zu haben fürchtet, was man an sich selber ablehnt. Sich selbst zu akzeptieren, heißt aber nicht, nichts zu tun, im Gegenteil: Es heißt, an sich zu arbeiten, sich auch mit seiner Schattenseite sehen zu lernen. So ist die Selbstakzeptanz Dreh- und Angelpunkt für eine langfristige gesunde und erfolgreiche Entwicklung. So stärken wir die innere Kraft, um den Anforderungen auf der Top-Führungsebene jederzeit gewachsen zu sein, um Widrigkeiten und Herausforderungen nicht zu umgehen, sondern sie zu meistern und an ihnen zu wachsen.

In diesem Sinne sollen die folgenden Fragen und Vorgehensweisen die Innenschau unterstützen (s. Tab. 3.1). Durch die Innenschau wird es möglich, die Zusammenhänge, bezogen auf das eigene Verhalten, zu erkennen. Man ist dabei allem, wie es ist, zugewandt. Die in solchen Prozessen erlangten Erkenntnisse können die unbewussten Reinszenierungstendenzen, das heißt die Wiederholungen dieser Muster, lösen.

4 Change-Coaching für High Performer

Zusammenfassung

Wirksames Selbstmanagement ist die bewusste und disziplinierte Steuerung der eigenen Person. Selbststeuerung bezieht sich auf die vier Lebensbereiche (Arbeit/Beruf, Gesundheit, soziale Bindungen/Kontakte, Lebenssinn/Kultur) und auf die eigene mentale Ausrichtung. Insbesondere die Auseinandersetzung mit herausfordernden Situationen wird dazu genutzt, um sich selber weiterzuentwickeln und das eigene Potenzial zur Wirkung zu bringen. Die Kunst, sich gerade dann, wenn es schwierig ist, auf das Entscheidende zu konzentrieren, den Tipping-Point für Veränderung zu finden und trotz aller Widrigkeiten Gestalter der Situation zu sein und zu bleiben, ist die Zielsetzung im Change-Coaching-Prozess. Es geht darum, einen inneren Raum zu schaffen, der Entwicklungsschritte auf Basis der gemachten Lebenserfahrungen und des Leadership-Potenzials ermöglicht. Reflexionsschritte und punktgenaue Interventionen führen zu Aha-Momenten beziehungsweise Tipping-Points, die sich sowohl durch eine bemerkenswerte Klarheit, Freude und Erleichterung auszeichnen als auch einen kreativen, lösungsorientierten Umgang mit der Situation ermöglichen. Selbstmanagement wird zu einer lebenslang praktizierten Lerndisziplin, die hilft, besonders in den kritischen Situationen einen klaren Kopf zu bewahren, nicht überzureagieren und das vorhandene Potenzial zur Wirkung zu bringen. Wirksames Selbstmanagement liegt vor, wenn man aus den altbekannten Wiederholungsschleifen aussteigt, neue Perspektiven entwickelt und situationsadäquate Lösungen findet. Nicht selten werden dabei persönliche, berufliche und unternehmerische Weichen neu gestellt. Die Wahrnehmung der Situation sowie das konkrete Verhalten ändern sich und das volle Potenzial wird mehr und mehr zur Wirkung gebracht. Einsichten in die Wechselwirkung persönlicher Stärken und Optimierungsfelder im beruflichen Kontext ermöglichen einen anderen, realistischen Blick auf die jeweilige Situation und führen zu einem veränderten

D. Kappe, *High Performance Leader – Dauerhaft erfolgreich auf der Top-Ebene*,
DOI 10.1007/978-3-658-09019-7_4

Rollenverhalten. Einsichten in die Verhaltensmuster und ihre Folgen, Einsichten in das Potenzial und die entscheidenden Stellhebel für die Umsetzung ermöglichen echte Potenzialentfaltung. Das Verhalten in Bezug auf die eigene Person, in Bezug auf die Menschen, mit denen man es zu tun hat, und in Bezug auf die Rolle, die man in der Organisation wahrnimmt, wird verändert. Verhalten – das eigene und das der anderen – wird auf diese Weise als steuerbar erlebt und als entscheidende Erfolgsgröße genutzt.

Damit Leader dauerhaft zu guten Ergebnissen gelangen, brauchen sie, gemäß Daniel Goleman (2013), drei Formen der Konzentration:

- die Konzentration nach innen
- die Konzentration auf andere
- die Konzentration nach außen.

Erst, wenn alle drei Formen der Wahrnehmung und der Konzentration bewusst angewendet werden, ist ein balanciertes und ressourcenorientiertes Handeln für sich und andere auf Dauer umsetzbar.

Die Konzentration nach innen stimmt uns auf unsere Intuition, auf Wertvorstellungen und bessere Entscheidungen ein. Die Konzentration auf andere sorgt für reibungslose Verbindungen zu den Menschen in unserem Leben. Und mit der Konzentration nach außen finden wir uns in unserem weiteren Umfeld zurecht.

> Eine Führungskraft, die nicht auf ihre innere Welt hört, hat keinen Kompass, sie ist blind für die Welt der anderen, erhält keine Anhaltspunkte. Und wer den größeren Systemen, in denen wir tätig sind, gleichgültig gegenübersteht, wird von Entwicklungen wie aus heiterem Himmel überrascht (Goleman 2013).

Gelenkte Aufmerksamkeit stellt Verbindungen zwischen uns und der Welt her, prägt und definiert unsere Erfahrungen. „Aufmerksamkeit", so schreiben die Kognitionsforscher Michael Posner und Mary Rothbart, „liefert die Mechanismen, die unserer Wahrnehmung der Welt sowie der willkürlichen Steuerung unserer Gedanken und Gefühle zugrunde liegen." Insofern stimmt es, wenn man sagt: Deine Konzentration ist deine Realität. Oder es gilt, anders ausgedrückt, der Satz: „Für das Glück und den Erfolg ist nicht entscheidend, was passiert, sondern wie das Geschehene interpretiert wird" – und für den gewählten eigenen Fokus – ist jeder selber verantwortlich.

Erfolgreiche Menschen sehen die Ursache für Erfolg oder Misserfolg im eigenen Handeln und machen nicht die äußeren Umstände verantwortlich. Sie sind in der Lage, die Realität klar einzuschätzen und sehen, was die unterschiedlichen

Akteure in der jeweiligen Situation mit welchem Beitrag bewirken. Ein Kernsatz dieses Ansatzes wird von Elisabeth Lukas (1980), eine der bekanntesten Nachfolgerinnen Viktor Frankls, wie folgt formuliert: „Worauf es ankommt, das sind nie die Bedingungen, die man vorfindet, sondern das ist stets das Lebenswerk, das man daraus gemacht hat."

Beispiel aus der Praxis

Der Journalist Michael Kroker zeichnet in seinem Artikel in der Wirtschafts-Woche (01/2015) „Was den SAP-Chef antreibt" das Psychogramm eines Top-Managers.

„Bill McDermott, der Kopf des SAP-Konzerns, verantwortet gut 17 Mrd. € Jahresumsatz und entscheidet über 70.000 Mitarbeiter weltweit. Bei SAP startete er 2012 durch. Mit der Milliardenübernahme des US-Anbieters Ariba verstärken die Ko-Chefs Snabe und McDermott ihr neues Cloud-Geschäft. 2013 gab SAP bekannt, sich in eine europäische Aktiengesellschaft SE umwandeln zu wollen. Und 2014 wird McDermott alleiniger SAP-Chef. Sein bisheriger Kompagnon Snabe rückt in den Aufsichtsrat. McDermott will SAP noch schlanker und flexibler machen sowie das Unternehmen ganz auf die Cloud trimmen. Einen ersten Vorgeschmack auf seinen unbändigen Drang zum Aufstieg gibt er bereits als Teenager, indem er einen Delikatessenladen gründet und mit den Einnahmen sein Studium finanziert. Die Eltern allein hätten das niemals vermocht. Vater Bill (Elektriker) und Mutter Kathy (Hausfrau) können sich mit ihren vier Kindern nur ein kärgliches Eigenheim an einem Kanal leisten. Geboren 1961 in Flushing im New Yorker Stadtteil Queens und aufgewachsen in ärmlichen Arbeiterquartieren auf Long Island im US-Bundesstaat New York, hat McDermott von klein auf gelernt, Schicksalsschläge und Entsagungen wegzustecken. Mit gerade einmal sieben Jahren, erlebt er, wie sein jüngerer, krank geborener Bruder Jamie nach diversen Operationen stirbt. Dann brennt das Haus ab, das sich die Eltern nach vielen Jahren endlich leisten konnten. Den schmerzlichsten Hieb, der ihn für immer prägen sollte, erhielt der Junge aber als Sechsjähriger von der Nonne Jean Agnes, seiner ersten Lehrerin in der Grundschule, Ende der Sechzigerjahre. Die resolute Frau, die den Heranwachsenden des Öfteren mit dem Lineal für seine schlechte Handschrift schlägt, fällt über ihn – im Beisein seines Vaters – das Urteil: Bill sei ja ein guter Junge, aber die Eltern sollten nicht zu viel von ihm erwarten. „Er wird es vermutlich mal zum Mechaniker oder Lkw-Fahrer bringen." Der Schlag geht so tief, dass er daraus bis heute Ansporn zieht. „Wenn mir Leute sagen, ich könne etwas nicht tun, geht für mich der Kampf erst richtig los", sagt er in kleiner Runde. Er entwickelt sich zum Starverkäufer bei Xerox. 1997, mit nur 36 Jahren, tritt er in den Vorstand des Umsatzmilliardärs ein, so jung wie noch niemand zuvor. Weil der Weg an die Spitze versperrt ist, zieht McDermott die Konsequenz und verlässt 2000 das Unternehmen nach 17 Jahren. Über Stationen beim IT-Marktforscher Gartner und dem Softwareanbieter Siebel landet McDermott im Herbst 2002 schließlich bei SAP. Nach zwölf Jahren bei den Walldorfern – erst US-Chef, später weltweiter Vertriebschef und ab 2010 Ko-Chef mit Hagemann Snabe – ist er persönlich am Ziel.“ (Kroker 2015)

Wie weit jemand ein Getriebener aufgrund seiner Erfahrungen bleibt oder durch Reflexion seine Stärke annimmt und gleichzeitig ein balanciertes Leben führt, hängt entscheidend von seiner Bereitschaft zur Selbstreflexion ab.

Die Kunst, gerade aus den positiven und negativen Erfahrungen das Entscheidende und Gute zu nehmen und daraus für sich, für andere etwas zu schaffen, ist das Ergebnis eines gelungenen Personal-Mastery-Prozesses, das Ergebnis sinngesteuerten Selbstmanagements. Im Personal-Mastery-Prozess entsteht ein Raum, der Reflexion, Lernen und Entwicklung in Bezug auf die entscheidenden Lebenspunkte und die eigenen Potenziale ermöglicht. Es werden persönliche, berufliche und unternehmerische Weichen neu gestellt. Die Wahrnehmung und das konkrete Verhalten ändern sich, das volle Potenzial kann sich mehr und mehr entfalten. Ausgehend von konkreten business-relevanten Anforderungen wird reflektiert und beobachtend wahrgenommen, was wiederum grundlegende Einsichten ermöglicht: Einsichten in die eigenen Verhaltensmuster und ihre Folgen, Einsichten in das eigene Potenzial und die entscheidenden Stellhebel für die Umsetzung, Einsichten in die Wechselwirkung persönlicher Stärken und Schwächen im beruflichen Kontext. Diese Erkenntnisse ermöglichen einen anderen, realistischen Blick auf die jeweilige Situation und verändern dadurch das Verhalten nachhaltig. Das Verhalten in Bezug auf die eigene Person, in Bezug auf die Menschen, mit denen man es zu tun hat, und in Bezug auf die Organisation wird gestaltbar. Verhalten wird auf diese Weise steuerbar und als entscheidende Erfolgsgröße genutzt. Was für viele nicht vorstellbar ist, wird erfahren und umgesetzt, es führt zu richtigen Entscheidungen, zu guten Ergebnissen und zu einem zufriedeneren Leben. Die Rollen-, die Interaktions-, die Vernetzungs- und die Leadership-Kompetenz werden erweitert. Ein solcher Prozess ist nicht in einem Wochenendkurs machbar. Es braucht dazu Erfahrung und Praxis und am besten ist es, wenn man damit nicht mehr aufhört. Im Personal-Mastery-Prozess findet dichtes, reflektiertes Lernen an den entscheidenden Stellhebeln statt, sodass eine positive Wirkung für einen persönlich, aber auch für die Organisation möglich wird. Das volle Potenzial von Entscheidungsträgern wird aktiviert und in unternehmerische Erfolge umgewandelt. Das Erkennen des

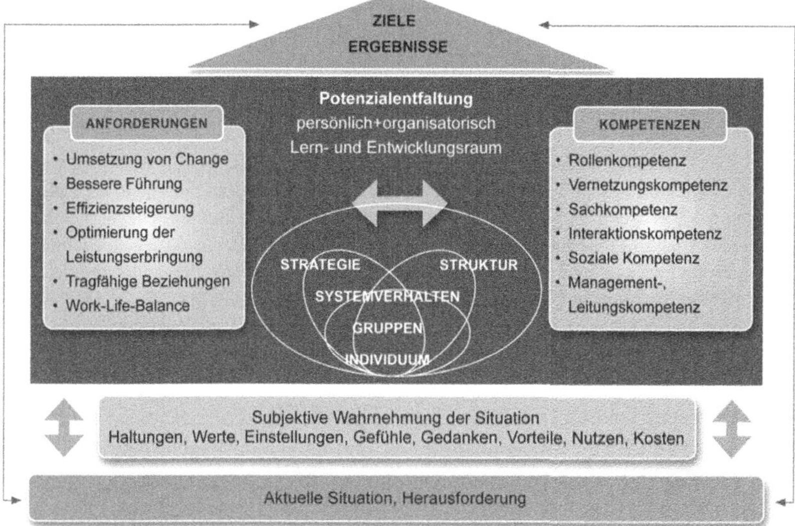

Abb. 4.1 Coaching-Prozess für High Performer (Kappe 2014)

eigenen Stärkenpotenzials fördert die persönliche Präsenz, stärkt den erfolgreichen Umgang mit sich und anderen und dient als Katalysator für Veränderungen (s. Abb. 4.1).

4.1 Der High-Performer-Coaching-Prozess

„Der High-Performer-Coaching-Prozess ist eine Beratung zur Entwicklung und Umsetzung persönlicher oder beruflicher Ziele und der dazu notwendigen Kompetenzen, insbesondere der Leadership- und der Selbstmanagement-Kompetenz. Es geht hierbei um wirksames Selbst- und Fremdmanagement, das heißt die bewusste und disziplinierte Steuerung der eigenen Person und der anderen. Insbesondere die Auseinandersetzung mit herausfordernden Führungssituationen wird dazu genutzt, um sich selber, das Führungssystem weiterzuentwickeln und Potenziale nachhaltig zur Wirkung zu bringen. Das Coaching findet entweder in einer One-to-one-Situation oder als Team-Coaching mit einem Führungsteam statt.

Eine Auswertung von 49 Studien zum Leadership-Coaching durch Katherine Ely, Lisa Boyce und Ko-Autoren sowie eine explorative Studie zur Effektivität verschiedener Leadership-Coaching-Programme durch Gro Ladegård und Susann

Gjerde haben ergeben, dass das zentrale Anliegen effektiver Coaching-Maßnahmen eine messbare Veränderung des Verhaltens der Führungskraft darstellt." (wikipedia/Coaching) Im Rahmen des Change-Coaching-Prozesses ist der Coach Feedbackgeber und Berater für den High Performer, der in der Regel mit zahlreichen Herausforderungen konfrontiert ist und ein hohes Maß an Verantwortung trägt.

Der Coaching-Prozess soll dazu beitragen, dass Situationen reflektiert, neue Perspektiven eröffnet werden und neue Kompetenzen sich entfalten können. Die Wirksamkeit des Change-Coachings wird dadurch erhöht, dass sowohl die aktuellen Themen beleuchtet als auch die möglichen Hintergrundthemen, die in der Persönlichkeit oder im Herkunftssystem liegen, bewusst gemacht und bearbeitet werden.

Der High Performance Leader lernt seine Grundmuster kennen und ist in der Lage – auch nach Beendigung des Coaching-Prozesses –, die Selbstreflexion fortzusetzen. Denn Selbstentwicklung ist ein lebenslanger Prozess, es ist die Frage nach der persönlichen Potenzialentfaltung und nach Excellence. Um eine wirksame Resonanz bei anderen zu erzielen und auf Dauer leistungsfähig zu bleiben, werden im Change-Coaching-Prozess Selbstbewusstheit, Selbstentwicklung und eine sinnvolle Selbstausrichtung unterstützt. Jeder besitzt ein reiches Innenleben, in dem Schlüsselfiguren und Ereignisse entscheidend für die weitere Entwicklung der Persönlichkeit sind. Wirksames Selbstmanagement führt in diesem Sinne zu mehr Selbstbewusstheit, stärkt die Selbstmanagement-Kompetenz, lässt einen das Umfeld genauer wahrnehmen und stärkt die Fähigkeit, vertrauensvolle Beziehungen zu anderen aufzubauen und zu gestalten.

A. Selbstbewusstsein: Die grundlegendste Selbstmanagement-Kompetenz ist das Gewahrwerden der eigenen inneren Ausrichtung und die Fähigkeit, die emotionale Gestimmtheit zu erkennen und zu steuern. Selbstreflexion erlaubt es High Performern, sich selbst realistisch einzuschätzen und ein innerlich getragenes Selbstbewusstsein weiterzuentwickeln. High Performance Leader, die in bewusster Resonanz mit sich und anderen sind, richten ihre Gestimmtheit aus und sind sich bewusst darüber, wie sie andere beeinflussen.
B. Selbstmanagement: Es bedeutet die Fähigkeit, die Emotionen zu kontrollieren und verlässlich, integer und entsprechend den Situationsanforderungen zu agieren. Der Selbstmanager lässt sich nicht durch die aktuelle emotionale Befindlichkeit steuern, er hat gelernt, sich emotional und mental auszurichten beziehungsweise er macht Emotionen nachvollziehbar und verhindert Irritationen.

C. Systembewusstsein: High Performance Leader sind in Resonanz mit ihrer Umwelt und verstehen ihren Einfluss auf andere. Sie sind in der Lage, ihr Verhalten auszurichten, wenn dieses eine negative Wirkung bei anderen erzeugt. Doch viele Top-Führungskräfte sind sich nicht bewusst, wie sie mit ihrer Umgebung umgehen. Systembewusste Leader nehmen nicht nur die Emotionen von anderen wahr, sondern auch die Gestimmtheit und Atmosphäre in der Organisation. Sie sind Experten darin, die Organisationspolitik und -dynamik zu erkennen und zielführend zu beeinflussen.
D. Beziehungsmanagement: Darunter versteht man die Fähigkeit, klar und überzeugend zu kommunizieren, Konfliktdynamiken zu deeskalieren und starke, vertrauensvolle Bindungen mit anderen aufzubauen und zu pflegen. Diese Kompetenz besitzen nur wenige. Häufiger findet man sogenannte vergiftete Beziehungsstrukturen mit gering ausgeprägtem Vertrauen und wenig verlässlicher Kollaboration.

Um in dem beschriebenen Sinne die Selbstmanagement-Kompetenz entscheidend zu verbessern und Potenziale zur Wirkung zu bringen, werden im Coaching-Prozess die konkret erlebten Herausforderungen beziehungsweise Problemstellungen auf der individuellen, auf der Gruppen- und Organisationsebene analysiert. Es wird davon ausgegangen, dass die jeweilige Problemsituation den Selbstmanager sozusagen herausfordert, die potenziell vorhandenen Lösungsstrategien zu erkennen. Die jeweilige Situation stellt die Anforderung dar, die noch fehlende Handlungskompetenz zur Bewältigung der Situation zu entwickeln. Die Situationsanforderungen werden spezifiziert und das notwendige Verhalten wird im Rahmen der prozessbegleitenden Reflexion als Lernerfahrung und neues Handlungsmuster eingeübt. Das Rollenverständnis wird überprüft und gegebenenfalls angepasst. Auf diese Weise wird das Selbstmanagement optimiert und Potenziale werden stärker zur Wirkung gebracht.

4.2 Die Wahrnehmung und deren (Aus-)Wirkung

Eine besondere Herausforderung im Coaching-Prozess stellt die Tatsache dar, dass Wahrnehmungsprozesse immer subjektiv sind und eben solche Wahrnehmungstendenzen offenbaren. „Wahrnehmung ist der Prozess und das Ergebnis der Informationsgewinnung und -verarbeitung von Reizen aus der Umwelt und dem Körperinneren eines Lebewesens. Dies geschieht durch das unbewusste und/ oder bewusste Filtern und Zusammenführen von Teilinformationen zu subjektiv sinnvollen Gesamteindrücken. Da die Wahrnehmung und das Erinnern neuronale Verarbeitungsprozesse sind, können dabei Fehler auftreten. Erinnerungsfälschungen sind normal und können als Folge einer Suggestion oder – ohne äußere Beeinflussung – unter Stress, bei Erschöpfungszuständen auftreten.“ (wikipedia/Wahrnehmung) Das heißt, es besteht eine Tendenz, mit einer Situation gemäß der gelernten Wahrnehmungs- und Interpretationsmuster umzugehen. Die Wahrnehmungspsychologie spricht von kognitiven Dissonanzen, die im interpretierten Bild der Situation nicht mehr vorkommen. Ungereimtheiten in der Wahrnehmung werden ausgeschaltet und in eine subjektiv stimmige Geschichte überführt. Jeder kennt die Wahrnehmungskippbilder, bei denen – je nach vorheriger Wahrnehmungsfokussierung – einmal die junge Frau und dann wieder die alte Frau erkennbar wird. Gemäß den von Metzger (1974) beschriebenen Wahrnehmungsgesetzen (Gesetze der Gleichheit beziehungsweise Ähnlichkeit, der Nähe, des gemeinsamen Schicksals, der Geschlossenheit und das Gesetz der guten Gestalt) wird Wahrnehmung beeinflusst. Die optischen Täuschungsbilder (die Müller-Lyer-Täuschung) – die Strecke b erscheint länger als die objektiv gleich lange Strecke a – sind ebenfalls Beispiele hierfür.

Die im Rahmen der Selbstmanagement-Arbeit zu berücksichtigenden Wahrnehmungsprinzipien sind:

- Wahrnehmungsmuster sind gelernt. Die persönliche Lerngeschichte beeinflusst das, was man sieht und wie man es interpretiert.
- Wahrnehmung hängt vom Kontext ab. Der Zusammenhang, in dem man etwas sieht, beeinflusst die Bedeutung, die dem Geschehenen gegeben wird und kann sie verzerren.
- Teile bestimmen, wie das Ganze wahrgenommen wird. Das, was man zuerst im Detail wahrnimmt, definiert die Wahrnehmung des Gesamten. Man schließt vom Teil auf das Ganze.
- Wahrnehmung strebt nach Widerspruchsfreiheit. Das, was aus der eigenen Erfahrung nicht stimmt, wird übersehen, weil es Unbehagen bereitet.
- Unschärfeprinzip: Um das Ganze im Auge zu behalten, sollte man ab und zu Distanz zum Geschehenen einnehmen.

Die Vorurteilsforschung belegt ebenfalls die subjektiven Interpretationseffekte. Beim Vorurteil handelt es sich um Einstellungen, die in der Persönlichkeitsstruktur verankert sind, die die Interpretation der Umwelt bestimmen und die das Verhalten des Menschen beeinflussen. „Vorurteile entstehen in der individuellen Lebensgeschichte, erfüllen individuelle Bedürfnisse und dienen der Spannungsabfuhr; dabei bedient sich der Einzelne gesellschaftlich vorgegebener stereotyper Muster.“ (Ostermann und Nicklas 1976)

Die typischen Vorurteilsdynamiken sind beispielsweise:

- Vorurteile und Minderheiten
- nationale Stereotype
- Freund-Feind-Schemata.

Minderheiten mit erkennbaren Merkmalen werden in jeder Gruppierung besonders häufig mit Vorurteilen belegt und mit größerer Wahrscheinlichkeit Opfer von Ausgrenzung. Dabei können die Minderheiten tatsächlich größer, schöner, intelligenter, kleiner, dunkler, heller etc. sein. Ein beliebiges Merkmal, das anders wahrgenommen wird, reicht zur Wahrnehmungsverzerrung beziehungsweise Verallgemeinerung (Stereotypisierung) aus. Bei den nationalen Stereotypen handelt es sich um Nationen oder ethnische Gruppen, denen typische Merkmale zugewiesen werden. Ein weiteres zentrales Verhaltensmuster ist das Freund-Feind-Schema. Im Feindbild sind eine Reihe negativer Vorurteile gebündelt, die gleichzeitig einem Zwang zur Vereinheitlichung gehorchen und eine differenzierte Beurteilung dessen, was mit dem Etikett „Feind" oder „Freund" versehen wird, unmöglich machen.

Alle Wahrnehmungs- und Vorurteilsdynamiken haben lediglich eine selbstdefinitorische und eine Abgrenzungsfunktion. Das Feind- beziehungsweise Negativ-Schema bietet die Möglichkeit der Projektion eigener Probleme und der Ableitung von Aggressionen. Genau diese Dynamik will man im Rahmen des Selbstmanagement- und Coaching-Prozesses unterbrechen und stattdessen die Selbstreflexion ermöglichen. Die Voraussetzung hierzu ist, dass die beschriebenen Wahrnehmungs- und Verhaltenstendenzen unterbrochen werden und stattdessen die Reflexion, das Hinterfragen und die Wahrnehmungsüberprüfung einsetzen. Es geht darum, die Vermeidungs- und Verdrängungsstrategie umzulenken in eine ressourcenorientierte, kreative Steuerung der jeweiligen Situation. Hierzu braucht es in der Regel den Coach, der einen „Raum" schafft beziehungsweise hält, in dem die typischen Verhaltenstendenzen bewusst werden und Reflexions- und Umlernprozesse möglich werden.

4.3 Der Umgang mit Herausforderungen

Das Unternehmen ist ein soziales, output-orientiertes System und – wie in jedem sozialen System „menschelt" es. Es geht um Macht, Anerkennung, Leistung und um die sich daraus ergebenden Konfliktdynamiken. Ohne Konflikte und Auseinandersetzungen geht es nicht. Entscheidend ist, wie die Energie im System genutzt und wie damit umgegangen wird. Gerade durch zielgerichtete, ergebnisoffene

Auseinandersetzungen werden die besten Ideen für die jeweilige Situation generiert. Die Art und Weise, wie mit Spannungssituationen umgegangen wird, ist hierbei entscheidend. Ein konstruktiver Zugang zur Konflikt- beziehungsweise Problemsituation ist Grundvoraussetzung für eine ressourcenorientierte Steuerung der Situation. Doch genau das ist häufig nicht der Fall. Anhand der Definition von Konflikten kann dies deutlich gemacht werden. Eine Gemeinsamkeit vieler Konfliktdefinitionen ist die negative Belegung des Konfliktbegriffs. Die folgenden Definitionsbeispiele zum Konfliktbegriff machen dies deutlich:

> Von einem Konflikt wird dann gesprochen, wenn mindestens zwei (meist aber auch nicht mehr als zwei) Inhalte oder Elemente in einer Beziehung stehen, die durch gleichzeitige Gegensätzlichkeit und/oder Unvereinbarkeit/Unverträglichkeit gekennzeichnet ist (Berkel 1984).

> Ein Konflikt ist eine Spannungssituation, in der zwei oder mehr Parteien, die voneinander abhängig sind, scheinbar oder tatsächlich unvereinbare Handlungspläne zu verwirklichen suchen und sich dabei ihrer Gegnerschaft bewusst sind (Rüttinger und Sauer 2014).

> Prozess der Auseinandersetzung, der auf unterschiedlichen Interessen von Individuen und sozialen Gruppierungen beruht und in unterschiedlicher Weise institutionalisiert ist und ausgetragen wird (Gabler Wirtschaftslexikon 2015).

> Ein Konflikt liegt vor, wenn nicht zu vereinbarende Handlungstendenzen aufeinanderstoßen (Deutsch 1976).

Seifert (2009) und Ulrich (2001) definieren als größtmöglichen gemeinsamen Nenner der unterschiedlichen Konfliktansätze:

- die Gegensätzlichkeit
- die Unvereinbarkeit
- die Gleichzeitigkeit.

Um vom Grundverständnis her eine konstruktive Haltung in der Konfliktsituation zu ermöglichen, werden die Kriterien leicht abgewandelt:

- die Andersartigkeit
- die scheinbare Unvereinbarkeit
- die Gleichzeitigkeit.

Statt von einer unvereinbaren Gegensätzlichkeit in Konfliktsituation auszugehen, wird durch die Verwendung des Begriffs der Andersartigkeit das soziale Feld für einen offenen Austausch ermöglicht. Anstatt von einer Unvereinbarkeit der Standpunkte per se auszugehen, wird unter dem Primat der scheinbaren Unvereinbarkeit der Weg in eine mögliche Lösung offen gehalten. Das Vorhandensein unterschiedlicher Haltungen und Standpunkte wird akzeptiert. Das heißt, das Kriterium der scheinbaren Unvereinbarkeit weist auf die Tatsache, dass Beeinflussungsmöglichkeiten bestehen, dass also Situationen im Sinne einer konstruktiven Konfliktlösung veränderbar sind.

Für das Gelingen von Entwicklungs- und Lernprozessen im Change-Coaching-Prozess ist ein konstruktives Konflikt- und Problemverständnis eine Grundvoraussetzung. Die konstruktive und lösungsorientierte Haltung in der Spannungssituation ermöglicht eine intra- und interpersonelle Kompetenzerweiterung und eine kreative Lösungsfindung.

4.4 Konflikte und das kreative Potenzial

Schwelende Konfliktsituationen im Unternehmen, die zu keiner Lösung führen, haben hohe direkte und indirekte Kosten zur Folge. Im Konfliktfall muss beispielsweise mit den folgenden Auswirkungen gerechnet werden:

- mit der Verschlechterung der sozialen Bedingungen
- mit physischem und psychischem Stress
- mit der Verschlechterung der Leistungs-Kosten-Relation (Störungen des Leistungsprozesses, Minderung der Leistungsabgabe, erhöhte Fluktuation, Folgekosten)
- mit der Verminderung der organisatorischen Integration und Stabilität. (Kappe 1996)

Konflikte, die lösungsorientiert bearbeitet werden, führen dazu, dass:

- das Selbstwertgefühl gestärkt
- die soziale Kompetenz erweitert
- die Menschenkenntnis vertieft
- der Entwicklungsprozess auf Beziehungs- und Sachebene gefördert und
- das interdisziplinäre, vernetzte Denken und Handeln gestärkt werden.

Um den reaktiven Charakter einer destruktiv verlaufenden Konfliktsituation zu durchbrechen und zu einem konstruktiven Umgang in Konfliktsituationen zu gelangen, dem bemerkenswerterweise keine reaktiven, sich selbst verstärkenden Tendenzen innewohnen, sondern der immer wieder neue Gestaltung erfordert

(Berkel 1984), ist die jeweilige Grundhaltung entscheidend. Dementsprechend wird das folgende erweiterte Grundverständnis zum Konfliktverständnis und zur Konfliktregelung angewendet. Der Konflikt wird als Handlungsunklarheit verstanden (Kappe 1996). Hierbei ist davon auszugehen, dass – zum einen – Personen entsprechend ihrer jeweiligen Lernerfahrung über eine spezifisch ausgeformte Sach- und soziale Handlungskompetenz verfügen und – zum anderen – die Lerngeschichte des Einzelnen nicht im Erwachsenenalter endet. Lernprozesse, also die Konfrontation und der Umgang mit neuen, für die betroffene Person unstrukturierten Situationen, finden im beruflichen und im privaten Feld jederzeit statt und sind sogar notwendig.

Bezogen auf die jeweils erlebte Spannungssituation muss davon ausgegangen werden, dass die betroffenen Personen noch keine oder eine nur unzureichende Handlungskompetenz entwickelt haben, die zur Lösung notwendig wäre. In einer solchen Situation ist damit zu rechnen, dass Konflikte und Konfliktdynamiken verstärkt entstehen, denn es treffen Menschen zusammen und interagieren miteinander, die für die spezifische Situation zunächst nur eine ungenügende beziehungsweise nicht situationsadäquate Handlungskompetenz entwickelt haben und zur tatsächlichen Lösung der Situation in einen kreativen und offenen Lernprozess eintreten müssten.

Ein Konflikt zeichnet sich dadurch aus, dass voneinander abhängige Personen die Handlungskompetenz, die in einer bestimmten Situation notwendig ist, nicht beziehungsweise noch nicht aufgebaut haben und demnach nicht anwenden können. (Kappe 1996)

Konflikte sind gekennzeichnet durch:

- das Fehlen von Handlungsplänen der Beteiligten
- die wahrgenommene Abhängigkeit der Individuen voneinander
- unstrukturierte beziehungsweise auf rudimentär ausgeformten Handlungsplänen basierende Verhaltensweisen
- die jeweils kulturell geprägte spezifische Zielwahl, die Bedürfnisstruktur und die Handlungsalternative. (Kappe 1996)

Konfliktbewältigung ist der Prozess der Handlungsklärung, in dem Gegensätze, die zunächst unvereinbar erscheinen und deshalb aufeinanderprallen, durch die Erweiterung der Sichtweisen und den Aufbau der hierfür notwendigen Handlungskompetenz relativiert und damit ausgeräumt werden können. (Kappe 1996)

Die Konfliktfähigkeit von Personen zeichnet sich dadurch aus, dass unterschiedliche Standpunkte wahrgenommen und anerkannt werden. Im kreativen Prozess der Konfliktklärung geht es nicht in erster Linie darum, den eigenen Standpunkt zu verteidigen, sondern um das (An-)Erkennen unterschiedlicher Wahrnehmungsperspektiven und die Einschätzung und den Abgleich von möglichen Handlungsstrategien sowie um den Aufbau fehlender Handlungskompetenzen.

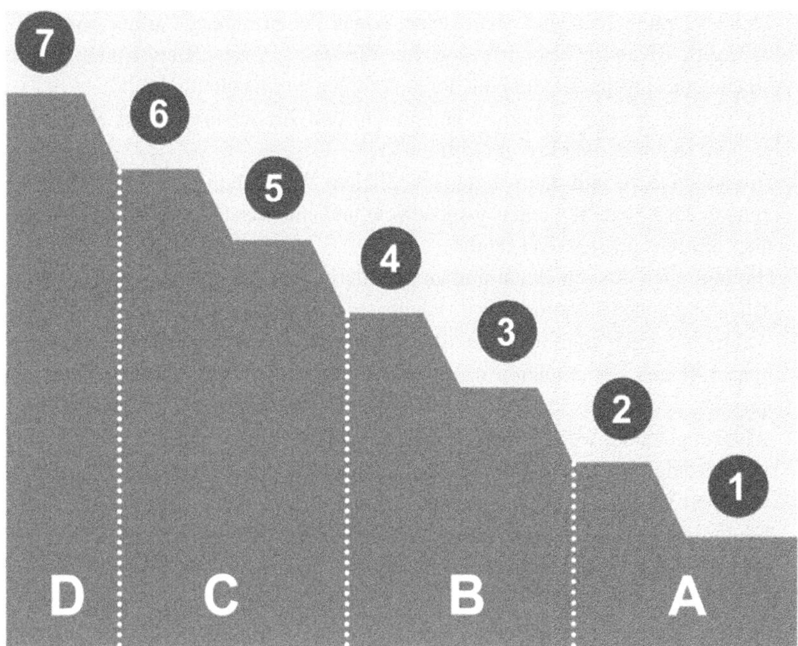

Abb. 4.2 Deeskalationsstufen im Prozess der Konfliktlösung und Handlungsklärung (Kappe 1996; Anpassung 2015)

Mit einer solchen Ausdehnung der Handlungsmöglichkeiten wird das Lösungspotenzial erweitert und eine konstruktive, kreative Konfliktregulation ermöglicht.

Im Sinne des definierten konstruktiven Konfliktbegriffs wurde – in Anlehnung an das Phasenmodell der Eskalation von Glasl (2010) – ein Deeskalationsmodell für Konfliktsituationen entwickelt. Es besteht aus drei Hauptphasen und sechs Stufen, die zur Konfliktlösung und Handlungsklärung führen (s. Abb. 4.2).

Prozess der Konfliktklärung

1. Es besteht die Bereitschaft, sich über persönliche Standpunkte hinaus mit dem Problem/Konflikt auseinanderzusetzen.
   Haltung: „Ich kooperiere mit meinen Partnern. Über persönliche Standpunkte und Einschätzungen hinaus bin ich bereit, die Themen und Verhaltensweisen, die zur Klärung des Problems notwendig sind, bewusst zu sehen, anzuerkennen und entsprechend zu handeln."

2. Meinen Argumenten und Sichtweisen sowie denen meiner Partner wird aufmerksam zugehört. Vorwürfe und Rechtfertigungen werden vermieden. Die eigenen Gesprächsziele und die der Beteiligten werden deutlich.
   Haltung: „Ich vertrete meine Standpunkte und Zielsetzungen und bin bereit, weitere anzuhören und zu überprüfen."
3. Die subjektiven und damit unterschiedlichen Wahrnehmungen und Einschätzungen der Situation werden ausgetauscht und eine Verständigung und Klarheit über das (Gesprächs-)Ziel erfolgt.
   Haltung: „Ich lasse mich ein und konfrontiere mich mit unterschiedlichen Einschätzungen der Situation."
4. Wahrnehmungen und Interpretationen der Situation werden vom Einzelnen überprüft und der Situation angepasst. Eigene Anteile am Konflikt, hervorgerufen durch eine mangelnde Handlungskompetenz beziehungsweise Einschätzungsfehler, werden hinterfragt. Einschätzungs- und Interpretationsfehler werden deutlich und die Wahrnehmung der Situation wird korrigiert. Das heißt, es finden Vergleichs- beziehungsweise Annäherungsprozesse in Richtung einer Neueinschätzung der realen Situationsbedingungen bei allen Beteiligten statt. Bewältigungs- und Handlungsmöglichkeiten werden auf der Basis der herausgearbeiteten realen Situationsbedingungen erkennbar.
   Haltung: „Ich erkenne an, dass Fehler gemacht werden, und bin bereit, aus den eigenen und denen der anderen zu lernen. Ich bin auch bereit, Fehleinschätzungen anzuerkennen und, wenn nötig, die Einschätzungen der Situation im Sinne einer den realen Situationsbedingungen gerecht werdenden Analyse und Beurteilung zu revidieren."
5. Wendepunkt: Die Lösung des Problems steht im Vordergrund, nicht das Verteidigen und Rechtfertigen von persönlichen Standpunkten; die Beteiligten öffnen sich den Anforderungen der Situation.
   Haltung: „Mein Ziel ist es, einen Beitrag zur Konfliktlösung und Handlungsklärung zu leisten."
6. Auf Basis der überprüften Wahrnehmung und Einschätzung der Situation werden real umsetzbare Bewältigungsstrategien für die jeweilige Situation diskutiert. Die hierzu notwendigen Handlungskompetenzen werden sichtbar und mit den realen Gegebenheiten abgeglichen.
   Haltung: „Ich bringe meine persönlichen Stärken ein und trage zur Bewältigung der Situation bei."
7. Durch die gemeinsame Verständigung einigt man sich auf eine Bewältigungsstrategie, oder eine Strategie erweist sich als diejenige, die in der Situation anzuwenden ist. Diese wird nach entsprechender Prüfung oder nach dem Aufbau der erforderlichen Handlungskompetenz umgesetzt. Die Zielerreichung wird überprüft. Bei Nichterreichen des Ziels wird das Gespräch zur Konfliktlösung

und Handlungsklärung erneut aufgenommen. Einschätzungen, Handlungskompetenzen und -möglichkeiten werden neu überprüft.
Haltung: „Ich trage die Bewältigungsstrategie mit und fühle mich verantwortlich dafür, dass sie entsprechend den Vereinbarungen umgesetzt wird."

Im Beratungsprozess werden auf Basis des dargestellten Konfliktverständnisses herausfordernde Führungssituationen analysiert und lösungsorientiert bearbeitet.

4.5 Phasen im Change-Coaching-Prozess

Im Rahmen des Change-Coachings geht es darum, die Wirksamkeit des High Performance Leaders in der Organisation zu verbessern, das Kommunikations- und Rollenverhalten zu optimieren, die Effektivität und Effizienz im Umgang mit sich selber und anderen zu optimieren, persönliche und unternehmensbezogene Ressourcen für Erfolg und Wachstum verstärkt zu nutzen und notwendige Veränderungen umzusetzen. Der Change-Coaching-Prozess ist ein über viele Jahre erprobter Rahmen (Vorgehen und Tools) für hochwirksames Selbstmanagement.

Die Prämissen des Change-Coaching-Prozesses sind:

- Der Erfolg des High Performers hängt im besonderen Maße von seiner Beziehungsmanagement-Kompetenz ab.
- Es geht darum, das eigene Rollenverständnis zu überprüfen und die Wahrnehmung der Rolle als Führungskraft zu optimieren.
- Herausfordernde (Konflikt-)Situationen werden als Lern- und Entwicklungsmöglichkeit gesehen und wahrgenommen.
- Reinszenierungsdynamiken, das heißt, die unbewusste Wiederholung gelernter Verhaltensmuster im beruflichen Kontext werden bewusst gemacht und lösungsorientiert bearbeitet.
- Coaching findet bezogen auf drei Ebenen statt: auf der intrapersonellen (Potenziale, Verhaltensmuster), auf der interpersonellen (Beziehungsmanagement) und auf der systemischen (Organisation, Dynamik) Ebene.

Im Folgenden werden die vier Phasen des Coaching-Prozesses beschrieben.

A Die Phase der Situationsanalyse und Zielklärung

In der ersten Phase des Coaching-Prozesses werden das Anliegen und die Ziele spezifiziert sowie der genaue Auftrag geklärt. Vereinbarungen für die Zusammenarbeit werden getroffen und erste Informationen bezogen auf das Anliegen, den Hintergründen und den Problemursachen werden herausgearbeitet. Am Ende der ersten Coaching-Phase sollte Klarheit über das Anliegen, die Vorgehensweise und die Ziele der Coaching-Arbeit entstanden sein, sodass die Beteiligten eine Entscheidung zum weiteren Vorgehen treffen können.

B Die Phase der integrierten Reflexion und Potenzialentfaltung

Das Coaching-Anliegen beziehungsweise die Ziele werden bezogen auf die drei Ebenen – intrapersonell, interpersonell und organisatorisch – reflektiert. Durch Hypothesenbildung, zirkuläres Fragen und die Anwendung erfahrungsorientierter Reflexionsmethoden wird der Blick auf die Situation beziehungsweise das Anliegen erweitert und andere mögliche Sichtweisen sowie Standpunkte werden antizipiert. Auf diese Weise schärft sich der Blick auf die konkrete Führungssituation und die persönlichen Stärken sowie Optimierungs- und Lernfelder werden deutlich. Auf der Basis ist es möglich, sowohl die persönlichen Entwicklungsthemen als auch die zugrunde liegenden Dynamiken deutlicher zu erkennen und lösungsorientiert zu bearbeiten. Darüber hinaus schafft eine Reflexion der Anwendung von Ordnungsstrukturen im organisatorischen Kontext mehr Klarheit bezogen auf die Ausrichtung des eigenen Rollenverhaltens. Der Optimierungsbedarf, in der Beziehungsgestaltung zu Schlüsselpersonen, wird thematisiert und anhand von konkret vereinbarten Maßnahmen umgesetzt. Die Kernthemen der organisatorischen Change- und Entwicklungsanforderung werden herausgearbeitet und ebenfalls in Form von Maßnahmen konkretisiert und, bezogen auf die Umsetzung, reflektiert.

C Die Phase des optimierten Selbstmanagements

Die Abschlussphase des Coaching-Prozesses ist gekennzeichnet durch eine Reflexion des Arbeitsprozesses und der erreichten beziehungsweise noch offenen Themenstellungen. Prinzipien und Vorgehensweisen eines optimierten Selbstmanagements werden zusammengefasst und Methoden, die es erlauben, die Selbstreflexion fortzusetzen, werden besprochen. Die Verankerung von neu gewonnenen Haltungen und Handlungskompetenzen findet statt. Der Change-Prozess ist dann gelungen, wenn der High Performer eine konkrete Wirkung beziehungsweise eine Veränderung in seinem Umfeld, in Richtung seiner Coaching-Ziele, wahrnimmt.

High-Performance-Organisation 5

Zusammenfassung

In einem hochkomplexen Umfeld kann sich echtes Leadership immer weniger auf herkömmliche, klassische Vorgehensweisen stützen. Das Management ist in eine neue Ära eingetreten – man wird sich, ergänzend zu den fachlichen und den Managementkompetenzen, empathischer, sinnstiftender und werteorientierter verhalten müssen. Sprich: Das Verhalten, die Normen und die Ethik werden eine größere Rolle spielen. Die Unternehmenskultur wird ergänzend zur Strategie und den Prozessen bestimmend sein im Kampf um die Ressource Mensch. Demnach ist die Frage nach der Steuerbarkeit von Verhalten entscheidend für den dauerhaften Erfolg. Durch die gekonnte Verbindung der drei relevanten strategischen Erfolgsbereiche – Strategie, Prozesse, Verhalten – und durch maßgeschneiderte Change-Architekturen wird die Umsetzung strategischer Veränderungen und die wirksame Steuerung der Organisation unter den gegebenen Bedingungen möglich. Denn Leadership findet statt, wenn alle drei Steuerungsbereiche prozessbegleitend und zielgenau miteinander verzahnt werden. Die beschriebenen, praxiserprobten Stellgrößen für integriertes Leadership bieten Orientierung für das Führungshandeln. Denn High Performance Leader stehen in der persönlichen Verantwortung und werden dafür bezahlt, dass sie die großen Fragen des Unternehmens sauber durchdenken, die richtigen Entscheidungen treffen und die notwendigen Neuerungen umsetzen. Je größer der Verantwortungsrahmen und je turbulenter die Umfeldbedingungen, desto entscheidender ist es, die Stellgrößen der „integrierten Unternehmenssteuerung" zu berücksichtigen. Werden diese angewendet, ist eine zukunftsfähige Steuerung der Organisation – eine neue Führung –, unter den komplexen Herausforderungen und Rahmenbedingungen, realisierbar. Die beschriebenen Praxisbeispiele machen das deutlich. Eine veränderte Führungs- und Kooperationspraxis, die

D. Kappe, *High Performance Leader – Dauerhaft erfolgreich auf der Top-Ebene*,
DOI 10.1007/978-3-658-09019-7_5

sich unter anderem durch Wertschätzung, verantwortliches Sich-Einmischen und Beteiligung auszeichnet, ist Voraussetzung hierfür.

Erfolgsentscheidend für High Performance Leader ist es, eine Kultur der Spitzenleistung, der Nachhaltigkeit und der Eigenverantwortung im Unternehmen zu schaffen. Unternehmen stehen in der Verantwortung, sich in einem globalen Wettbewerb zu behaupten, kluge, strategisch weitreichende Entscheidungen zu treffen und diese sozial verträglich umzusetzen. Es gilt, eine antidirigistische Steuerung und einen geplanten, integrierten, das heißt sowohl auf der Fachebene als auch auf der Verhaltensebene gesteuerten Transformationsprozess zu durchlaufen. Ziel hierbei ist es, eine Managementkultur der bewussten Aufmerksamkeit und des zielgerichteten Miteinanders zu etablieren – nicht nur bezogen auf die veränderten Bedingungen des Marktes und die Aktivitäten des Wettbewerbs, sondern auch in Bezug auf das Unternehmen, dessen Führungs- und Mitarbeitersituation.

Konkret geht es hierbei um

- mehr Flexibilität im Sinne von beweglicheren Führungs- und Teamstrukturen und bezogen auf eine stärkere individuelle Zeiteinteilung.
- Anerkennung und das Nutzen von Diversität, das heißt unterschiedliche Standpunkte, Sichtweisen, Möglichkeiten werden im Sinne der Gesamtzielsetzung positiv bewertet und wahrgenommen.
- Prozesskompetenz und -steuerung; angesichts instabiler Marktdynamiken und abnehmbarer Vorhersagbarkeit ist ein schrittweises Vorgehen erfolgversprechender als das starre Ausrichten an festgelegten Plänen, die ihre Gültigkeit unter Umständen nach kurzer Zeit wieder verloren haben.
- intelligente Kopplung von Hierarchie und Netzwerkstrukturen, die ein hochflexibles Nutzen der kollektiven Intelligenz unterstützt und eine höhere Innovationskraft, die Beschleunigung der Prozesse und das Umsetzen von Veränderungen ermöglicht.

  Kooperationsfähigkeit. Sie ist die Grundvoraussetzung für ein effektives und ausgerichtetes Agieren in global aufgestellten Netzwerk- und Organisationsstrukturen. Der selbstverständliche Schonraum von hierarchischen Strukturen ist bereits Vergangenheit, denn Führen über Anweisung verfehlt in dem gesetzten Kontext seine Wirkung. Nur der, der mit Einfühlungsvermögen Resonanz erzeugt, ist in der Lage, Einsichtigkeit zu schaffen und nachhaltig Einfluss zu nehmen.
- Wertschätzung und Selbstbestimmung. Sie sind die entscheidenden Motivationshebel einer Workforce der Generation X, die weniger auf Statussymbole und mehr auf Autonomie und den wahrgenommenen Sinnzusammenhang setzt.

Doch die Realität heute sieht vielerorts noch deutlich anders aus. Dramatisierung und hektisches Agieren findet selbst auf den obersten Ebenen statt, wenn es um eine angekündigte Reorganisation geht und Führungskräfte um ihre Posten fürchten, wenn Organisationen auf eine – so der ehemalige Personalvorstand Thomas Sattelberger in einem Artikel des manager magazins (Sattelberger 2014) – sozialdarwinistische Auslese setzen und dabei auf die Resilienz des Einzelnen pochen.

Doch häufig streikt hierbei die Psyche noch vor dem Körper. Demotivierte Wissensarbeiter sind in deutschen Unternehmen mehr als anderswo ein Massenphänomen. Unternehmen muten ihren Mitarbeitern häufig grenzwertige Führung zu und ignorieren die Konsequenzen. Noch immer wird die individualisierte und heldenhafte Sicht in der Unternehmensgestaltung gestärkt und einzelne Vielleister bekommen häufig noch einen obendrauf gepackt. „Wie sehr ganze Branchen seelische Belastbarkeit ignorieren, haben zuletzt die Suizide in der Finanzindustrie drastisch untermauert: beim Zürich-Konzern, bei J. P. Morgan in London und Hongkong, bei Russell Investments in Seattle und bei der Deutschen Bank in London nahmen sich ehemalige Top-Manager das Leben. Mehrere Dutzend Selbstmorde gab es vor wenigen Jahren bei France Télécom – einer damals vollkommen überforderten Organisation, die im globalen Wettbewerb kopflos Zehntausende Menschen reorganisierte. Als Daimler und Chrysler integriert wurden, flogen die Firmenjets über viele Monate nachts über den Atlantik, um die Manager in einer anderen Zeitzone ins nächste Büro zu bringen." „Die steigende Verbreitung von Psychopharmaka lässt uns erahnen, wie sehr Individuen unter der gegebenen Arbeitskultur und Selbstausbeutung leiden", so Thomas Sattelberger im manager magazin.

Was fehlt, ist eine übergreifende Systemperspektive, eine veränderte Führungs- und Kooperationspraxis, die durch Wertschätzung, Kooperation und Beteiligung, das heißt durch ein verantwortliches Sich-Einmischen gekennzeichnet ist. „Lernende Organisationen sind durch ein transparentes und zielklares, aber auch durch ein gestaltungsoffenes Beteiligungsmanagement gekennzeichnet. Eine neue Haltung der Führungskräfte gegenüber ‚ihrer' Organisation ist notwendig", schreibt Professor Rolf Arnold (2012).

„Heute haben Bewerber viel mehr Macht. Sie sind immer häufiger in einer Position, in der sie sich den Arbeitgeber aussuchen können. Doch wenn sich Mitarbeiter in ihren Erwartungen und Ansprüchen ändern, muss sich auch Führung ändern. Rund zwei Drittel der Unternehmen experimentieren mit neuen Modellen der Arbeit, weil alle merken, dass sie was ändern müssen. Jedes Unternehmen, das darin nicht Chancen sieht, innovativer zu werden und gleichzeitig für mehr Zufriedenheit bei der Belegschaft zu sorgen, vergibt sich etwas und wird am Ende nicht erfolgreich sein. Wir setzen uns heute intensiv mit der Persönlichkeit des Bewerbers auseinander und nicht nur mit einem dicken Stapel von Papier. Ich habe zum Beispiel gerade den Arbeitsvertrag eines neuen Software-Ingenieurs unterschrieben, der erst einmal ausgehandelt hat, im Sommer zwei Monate Sonderurlaub zu machen. Am Ende ist es auch hier wie in einer Partnerschaft: Keiner hat was davon, dem anderen etwas vorzugaukeln“, so Thomas Vollmoeller, Vorstandsvorsitzende der Xing AG in einem Interview mit der Frankfurter Allgemeinen (Gropp 2015).

Es braucht die Reflexion und Neuausrichtung des Führungsverständnisses und der Führungskultur im Unternehmen. Der Schweizer Ökonom Professor Probst – ergänzt durch Professor Arnold – bietet eine wertvolle Orientierungsgrundlage für eine neue, systemische Führung und den gestaltenden Umgang mit komplexen Situationen: (Probst 1987; Arnold 2012)

- Behandeln Sie das System mit Respekt: Sehen Sie, was da ist. Werten Sie nicht, zeigen Sie Empathie. Muten Sie sich nicht einfach zu, sondern tragen Sie für Ihre eigene positive Energie Sorge, bevor Sie auf andere zugehen oder gar intervenieren.
- Lernen Sie, mit Mehrdeutigkeit, Unbestimmtheit und Unsicherheit umzugehen: Leben Sie Ambiguitätstoleranz (Ungewissheitstoleranz), denn die Welt ist ein unsicheres Pflaster, auf nichts kann man sich mehr verlassen: nicht auf den Euro, nicht auf die Liebe, nicht auf Politiker, nicht auf die Sicherheit von Arbeitsplätzen. Moderne Lebensverhältnisse sind unsichere Lebensverhältnisse, so der Psychologe E. D. Lantermann von der Universität Kassel. Menschen mit kaum vorhandener Ambiguitätstoleranz erleben Stress und Unbehagen, wenn Situationen oder Menschen unberechenbar und unkontrollierbar erscheinen, und tendieren dazu, mit einfachen und unreflektierten Ideen oder Regelsystemen und einer lineareren Denkweise wieder Ordnung und Struktur in ihrem Umfeld herzustellen. Gerade deswegen gilt: Bleiben Sie misstrauisch gegenüber allen glatten Entwürfen und eindimensionalen Erklärungen und Ursachenzuschreibungen. Gehen Sie davon aus, dass alles auch ganz anders sein könnte und es vielfach auch ist.
- Erhalten und schaffen Sie Möglichkeiten: Erfragen Sie Alternativen. Nutzen Sie die Ressourcen des Systems. Knüpfen Sie an positive Energien an. Erkennen Sie Stillstände, Routinen, Wohlgefälligkeiten und Eigenlob. Es gibt nichts, was nicht weiter optimiert werden könnte, und andere Perspektiven führen zu anderen Bildern.
- Erhöhen Sie Autonomie und Integration: Erhöhen Sie die Selbstständigkeit und Selbstverantwortung. Erarbeiten Sie nicht alles selbst, sondern üben Sie sich in der Verantwortungsdelegation. Bevor Sie eine Regelung in Kraft setzen, fragen Sie sich, wer an ihrer Entwicklung beteiligt gewesen ist. Fällt Ihnen niemand ein, so haben Sie nur eine zweitbeste Lösung entwickelt.

- Nutzen und fördern Sie das Potenzial des Systems: Entfalten Sie die Selbstkontrolle. Vermeiden Sie unnötiges Hinzuspringen. Fragen Sie sich stets, welchem inneren Bild Ihr Handeln (wieder einmal) gerecht wird und verdeutlichen Sie sich, wie wenig Sie in solchen Momenten mit dem Gegenüber tatsächlich in Kontakt sind.
- Definieren Sie und lösen Sie Probleme auf: Suchen Sie nicht nach Schuldigen, sondern analysieren Sie das System. Sämtliche Schuldzuschreibungen lähmen die Synergie der Kooperation. Selbst, wenn Sie ganz sicher zu sein glauben, suchen Sie unerschöpflich nach Wegen, das Potenzial gerade von schwierigen Mitarbeitern zu erkennen und zu fördern.
- Beachten Sie die Ebenen und Dimensionen der Gestaltung und Lenkung: Stützen Sie die Entwicklung hin zu einer lernenden Organisation. Konzentrieren Sie sich – wie ein Wissenschaftler – auf einen Gesamtblick auf das Geschehen. Reagieren Sie nicht auf das Unmittelbare, sondern rücken Sie Ihre Reaktion in den Gesamtkontext.
- Erhalten Sie Flexibilität und Eigenschaften der Anpassung und Evolution: Betrachten Sie Probleme und Lösungen aus verschiedenen Blickwinkeln. Jede Frage hat mehrere Seiten. Fragen Sie nach den Perspektiven, aus denen heraus die wichtigen Akteure das Geschehen beurteilen.
- Streben Sie vom Überleben hin zu Lebensfähigkeit und letztlich nach Entwicklung: Lernen Sie antizipatorisch. Installieren Sie Frühwarnsysteme. Führen Sie in regelmäßigen Abständen Zukunftsworkshops beziehungsweise strategische Zukunftsdebatten durch. Erfinden Sie Ihren Zuständigkeitsbereich gemeinsam neu.
- Synchronisieren Sie Entscheidungen und Handlungen im System mit zeitgerichtetem Systemgeschehen: Seien Sie flexibel. Nicht jede Frage benötigt sofort eine Antwort oder gar eine Reaktion. Durchdenken Sie Ihr Handeln vom Ende her immer wieder neu. Setzen Sie auch auf die Selbstklärungs- und Selbstheilungskräfte des Systems und achten Sie darauf, dass Ihr eigenes Bild nicht der tatsächlichen Veränderung (in den Beurteilungen, Motiven und Aktivitäten) hinterherhinkt.
- Halten Sie die Prozesse in Gang: Vermeiden Sie Aktionismus. Setzen Sie keine Prozesse in Gang, deren Verlauf Sie nicht im Blick behalten. Deshalb: Beschränken Sie sich auf die Steuerung von Kernprozessen und behalten Sie die Übersicht.
- Es gibt keine endgültigen Lösungen: Lösungen sind zeit- und situationsabhängig. Vermeiden Sie Rigidität. Spüren Sie genau, wie stark Sie selbst an bestimmten Lösungen hängen, und artikulieren Sie sich zu diesen besonders zurückhaltend.

- Balancieren Sie die Extreme: Vermeiden Sie die Polarisierung. Immer dann, wenn Sie Gegnerschaft erleben, analysieren Sie die Situation besonders gründlich und erproben Sie empathische, wertschätzende und interaktive Interpretationen der Situation (Probst 1987 und von Saldern 2010; erweitert durch Arnold 2012).

Beispiel aus der Praxis

Von R. Kiane-Kress und K. Finkenzeller wird in der WirtschaftsWoche ein anschauliches Beispiel für Leadership beschrieben. Der Führungsstil von Tom Enders, dem „einfühlsamen Haudegen" und Chef von Airbus, wird beispielhaft für einen neuen Managementstil skizziert.

„Als Konzernchef überwand er Intrigen, Produktionsdesaster und Länderstreits und machte aus Europas schwierigstem Konzern ein Musterbeispiel für moderne Unternehmenskultur und erarbeitete sich den Respekt bei Regierungen und Gewerkschaftern. Enders lenkt und baut Airbus seit 2012 unablässig um. Es ist ihm gelungen, Airbus neu auszurichten und aus einem technikverliebten Firmenkonvolut ein modernes, gewinnorientiertes Unternehmen zu formen, das seine Möglichkeiten effektiver denn je nutzt. Airbus geht es derzeit besser denn je, der Aktienkurs ist heute fast doppelt so hoch wie vor zwei Jahren. Enders hat einen Managementstil entwickelt, der militärische Attribute wie schnelle Entscheidungen geschickt vereint mit vermeintlich weichen Fähigkeiten, wie Verantwortung delegieren, offen zu diskutieren sowie menschliche Umgangsformen zu pflegen, statt sturen Gehorsam zu verlangen. Brent Scowcroft, ehemals Sicherheitsberater von drei US-Präsidenten und heute Berater in Washington, assistiert: ‚Mit seiner Art zu führen, ist Tom ein Vorbild für die ganze Branche – und auch weit darüber hinaus.' ‚Doch zu Beginn seiner Amtszeit sah es nicht gerade danach aus. Die Airbus Group, damals noch EADS, war 2012 durch die verspätete Auslieferung des Langstreckenflugzeugs A350, das gegen Dramliner 787 von Boeing anfliegen sollte, in Bedrängnis geraten. Die Fusion mit dem britischen Rüstungskonzern (BAE), von Enders als großer Wurf gegen die US-Konkurrenz gepriesen, scheiterte nach einer medialen Schlammschlacht mit der Bundesregierung. Doch es gelang Enders, die Hauptstakeholder, die Eigentümer, zu befriedigen und den lähmenden Einfluss der Regierungen Deutschlands und Frankreichs zu minimieren.' ‚Seit der Airbus-Gründung 2000 kämpfen Frankreich und Deutschland darum, mehr Hightech-Jobs als der jeweils andere zu bekommen. Dazu vergeben sie Aufträge und Anlauffinanzierungen. Die Erblast: Organisation – völlig unterschiedliche Organisationen wurden zusammengeworfen, die schon in den vier Heimatländern kaum kooperierten. Trotz mehrerer Umstrukturierungen werkeln Firmenteile weiter vor sich hin, gibt es Doppelarbeiten und kaum Synergien. Paris versuchte auch schon, die Mehrheit am Konzern zu erlangen. Enders überzeugte beide Parteien, sich mit rund elf Prozent der Aktien zu begnügen und keinen direkten Abgesandten in den Aufsichtsrat zu hieven. Und er änderte den Konzernnamen in Airbus und stärkte den zivilen Flugzeugbereich des Konzerns.' Doch auch hier gibt es Probleme: ‚Im Kerngeschäft Ziviljets lebt Airbus fast nur von den Mittelstreckenfliegern A320. Auf der Langstrecke bringt nur das älteste Modell, der A330, Geld. Der neue A350 wird erst 2020 Gewinn abwerfen, der Superjumbo A380 wohl nie. Die Kampfjets und Raketen bringen viel Profit. Doch ab 2018 fehlen neue Aufträge.' (Kiani-Kress und Finkenzeller 2014) Wohl kein Unternehmen ächzt dermaßen unter hochriskanten neuen Produkten, argwöhnischen deutschen und französischen Mitarbeitern sowie unter drohenden Einmischungen der Regierungen. Doch der Sohn eines Schäfers hat offenbar einen langen Atem als Verhaltensmaxime ausgegeben: ‚Unser Wandel steht erst am Anfang und wird wohl nie richtig zu Ende gehen', sagt Airbus Personalvorstand und Enders Altvertrauter, Thierry Baril" (Kiani-Kress und Finkenzeller 2014).

Nicht zuletzt hat die gewonnene Fußballweltmeisterschaft gezeigt, auf was es wirklich ankommt in der globalen Welt. Konzernchefs ziehen bei der Gelegenheit Parallelen zwischen Fußballstrategien und der Welt der Wirtschaft (Handelsblatt 07/2014).

Fritz Joussen, Vorstandschef der TUI AG:

> Joachim Löw hat über Jahre aus Weltklassespielern ein Weltklasseteam geformt, bei dem Strategie, Technik, Fleiß und Disziplin, die Leidenschaft sowie die sportliche und mentale Reife stimmen. Das Team verkörpert ein modernes, sympathisches und weltoffenes Deutschland.

D. Hopp, SAP-Gründer, schreibt:

> Dieser WM-Titel hat gezeigt, wie wichtig es ist, als Team zu funktionieren, feste Strukturen zu haben und sich doch in ihnen frei zu bewegen. Die Kreativität des Einzelnen ist wichtig, sie muss aber eingebracht werden in ein Gefüge, in ein Großes und Ganzes. (Kiani-Kress und Finkenzeller 2014)

Und der Führungsexperte Reinhard Sprenger:

> Löw hat einen unglaublichen Teamgeist geschaffen. Er hat konsequent den Vorrang von Kooperation vor Einzelaktion durchgesetzt. Davon wird in Unternehmen häufig gesprochen, aber wenig umgesetzt. Immer noch belohnen Unternehmen fast ausschließlich Einzelkämpfertum.

Löw selbst erklärte:

> Wir haben das ganze Projekt vor zehn Jahren gestartet. Die große Stärke ist, dass wir in all den Jahren immer Fortschritte gemacht haben. (15.07.14 stern-online)

Sprenger sagte weiter dazu:

> Auch Unternehmen müssen dafür sorgen, dass ein Miteinander passiert und ein Ausgerichtetsein auf die wichtigen Ziele die Basis ist. Ein selbstbewusstes Auftreten ist genauso wichtig wie Demut und Respekt. Diese Mischung verleiht eine natürliche Autorität. So wurde ein großes Stück Identität geschaffen.

Dietmar Hopp, der SAP-Gründer:

> Das geht nur mit Akribie, Disziplin und Willen. Hinzugekommen sind allerdings Respekt und Toleranz. Jürgen Löw hat zehn Jahre an diesem Sieg gearbeitet. Harte Aufbauarbeit und eine grundlegende Reform der Mannschaft. Das Team war das beste WM-Team und eine Mannschaft, die sich in den vergangenen Jahren kontinuierlich weiterentwickelt hat.

Martin Winterkorn, Vorstandsvorsitzender der Volkswagen AG, äußerte sich folgendermaßen:

> Die Nationalmannschaft hatte eine ideale Mischung aus erfahrenen, älteren Spielern und jungen, wilden Nachwuchskräften. Alle haben eines gemeinsam: Sie stammen aus einer inzwischen perfekt funktionierenden Nachwuchsförderung.

Und Heinrich Hiesinger, der Vorstandvorsitzende von ThyssenKrupp:

> Der Titel zeigt, dass Veränderungsprozesse nicht von heute auf morgen erfolgreich sind. Sie führen aber zum Erfolg, wenn man eine klare Vorstellung davon hat, wohin man will, und wenn alle mitziehen. Das Spiel von gestern funktioniert heute nicht mehr. Wettbewerber und Rahmenbedingungen ändern sich. Grundvoraussetzung für den Sieg der Mannschaft sind Vertrauen, Offenheit, Respekt, gemeinsame Werte und Ziele.

Die Team-Definition von Hans-Dieter Hermann, dem Psychologen der Nationalelf und seit zehn Jahren eine Kapazität im Hintergrund des DFB-Trosses, lautet hierzu: „Tue etwas Außergewöhnliches miteinander." Den Mannschaftsgeist haben sie als gruppendynamisches Ziel auch mit Hermanns Expertise erarbeitet und klug durchdacht umgesetzt. Dieser zeichnet sich durch die Fähigkeit aus, sich unter widrigen Umständen auf sich selbst zu konzentrieren, die eigene Emotion zu nutzen, nicht ihr zu erliegen. „Man darf sich nicht fortreißen lassen – selbst Glücksgefühle kosten Kraft. Die Spieler ließen die eigenen Ambitionen nie größer werden als jene der Gruppe, eine markante Tugend dieser Elf", kommentierte Mathias Schneider, Sternreporter (Hoidn-Borchers 2014), der die Mannschaft bis zum Finale in Rio begleitete. Der Glaube an die eigene Stärke blieb von allem unberührt, zur Zielstrebigkeit gesellte sich eine kompromisslose Härte, die man bislang so nicht kannte. Diese Eigenschaft wird – wie schon beschrieben – als Resilienz definiert und man versteht darunter die Toleranz des Systems gegen Widerstände.

Der Psychologe Hermann meinte dazu (Hoidn-Borchers 2014):

> Diese Mannschaft sei resilienter als alle anderen in den vergangenen zehn Jahren. So eine Resilienz gibt eine grundsätzliche Ruhe. Es wurden Kräfte durch die Gruppe entwickelt, die gegen das Kippen schützen.

Und Kapitän Philipp Lahm resümierte:

> Ich habe eine gewisse Gelassenheit entwickelt und bin mit Schwierigkeiten, die in so einem Turnier vorkommen, viel besser umgegangen. Es ging für mich darum, die beste Lösung für alle zu finden. Und das geht nur, wenn ich als Einzelner diszipliniert bin. Dass dies bei uns allen so war, sagt viel aus über die Qualität unserer Mannschaft. Und dieser Teamgeist macht eine Elf dann robuster gegen Widerstände von außen. Das hat viel mit der Haltung der wichtigen Spieler zu tun. Ob die sich im Dienst der Sache zurücknehmen können oder nicht. Bei uns war das der Fall. (Hoidn-Borchers 2014)

Was nicht zuletzt deshalb auch für die Wirtschaftspraxis von den Weltmeistern gelernt werden kann, ist: Geduld zu haben, sich von Rückschlägen nicht entmutigen zu lassen. Reformen brauchen Zeit, bis sie wirken. Das Verhalten und die Leistung der deutschen Nationalmannschaft war für Deutschland eine der besten Imagekampagnen. Der Höhepunkt war im Verhalten nach dem 7:1-Sieg festzustellen, als Schweinsteiger und die anderen die Brasilianer trösteten, sich beim Gastgeber für den Traum, den sie erleben durften, bedankten. Respekt vor dem Gegner. Sportsgeist – Bescheidenheit nach dem Sieg – das war die Ausstrahlung von Champions. „Man kann sich tatsächlich keine verdienteren Weltmeister vorstellen als diese Deutschen. Sie siegten mit Klasse und Stil. Sie haben sich eines Weltmeisters würdig präsentiert, auch außerhalb des Platzes. Sie verlassen das Land als Freunde, mit einem Lächeln im Gesicht." Weitere Kommentare aus der internationalen Presse machen dies deutlich:

> Deutschland ist jetzt eine Maschine mit Herz. (Portugiesische Zeitung Público)

> Es passiert nicht oft, dass der Rest der Welt in einem Finale Fan von Deutschland ist. Aber durch die Vision und die vielen Tore in dem Turnier stieg allmählich die Sympathie. Deutschland produzierte mehr als doppelt so viele Tore wie Messie & Co. (De Telegraaf/Niederlande)

Und in der Libération (Frankreich) war zu lesen:

> Letztlich ist es Deutschland. Die Schlacht der Taktiker war eng, aber die Deutschen wollten ihre nicht ändern. In der Überzeugung, dass sich die kollektive Stärke gegen die Künste eines einzelnen Mannes durchsetzen wird.

Und in der Washington Post (USA) war zu lesen:

> Als immer mehr Deutschland zu den Favoriten zählten, erfasste ein gewisser Optimismus eine notorisch skeptische Nation. Und das explodierte heute Nacht in etwas, was man sehr selten sieht, seit dem Zweiten Weltkrieg: eine Welle deutschen Stolzes.

Im Focus fasst der Mannschaftspsychologe Hans-Dieter Hermann die wichtigsten Faktoren für ein funktionierendes Team zusammen: (Hermann 2014)

- Die Mannschaft zählt: Jedes Gruppenmitglied muss die Bereitschaft mitbringen, sich in die Mannschaft zu integrieren. Nur kein Neid: Damit die Gruppe funktioniert, darf es keine Quertreiber geben, die im Krisenfall miese Stimmung verbreiten. Akteure, die sich bekriegen, untergraben den Leistungsgedanken der Gruppe.
- Alle sind wichtig: Gruppenmitglieder, die nicht fortwährend gebraucht werden, dürfen sich nicht absondern – sie müssen stets das Gefühl haben, dass sie Teil der Unternehmung sind. Die aktive Gruppe muss verinnerlichen, dass auch diese stille Reserve jederzeit wichtig für das Gesamtprojekt ist.
- Bewegung zulassen: Jede Gruppe macht mit der Zeit eine Entwicklung durch. Damit eine bezaubernde Dynamik entsteht, ist eine spezielle Atmosphäre notwendig. Die Akteure brauchen offene und für alle zugängliche Plätze, an denen sie sich zusammenfinden können, aber zugleich auch eigene Rückzugsräume. Das Ganze war ein großes Teambildungs-Camp.
- Spannung aufbauen: Nicht mentaler Druck soll auf den Mitgliedern der Gruppe lasten, sondern eine optimistische Grundstimmung. Der feste Glaube an ein gutes Ergebnis.
- Auf das Ziel fokussieren: Teambildung ist kein Selbstzweck. Um gezielt den Teamspirit zu entwickeln, muss die Gruppe manchmal den üblichen Bezugsrahmen verlassen. Die Gruppe muss dabei immer den Blick auf die zu bewältigende Aufgabe richten.
- Im Gespräch bleiben: Personen, die sich in die Schmollecke zurückziehen, gehen der Gruppe als Antriebe verloren. Missverständnisse können mit Kommunikation ausgeräumt werden, die ansonsten als Barrieren bestehen bleiben.
- Vertrauen fördern: Für eine produktive Kommunikation braucht es ein gewisses Quantum an unterschiedlichen Charakteren und Meinungen. Die gelungene Mischung der Persönlichkeiten war auch Grundlage dafür, dass das Team sein

Potenzial abrufen konnte. Eine Gruppe funktioniert vor allem dann, wenn das notwendige Vertrauen für eine offene Kommunikation untereinander existiert.

Egal, in welcher Branche und in welcher Abteilung: Kein Unternehmen kommt ohne Teamarbeit aus. Mehr und mehr wird es zum Arbeitsalltag, dass virtuelle Teams, Kollegen aus Asien, Europa und Amerika wirksam zusammenarbeiten müssen. Die Frage ist hier, wie man eine Gruppe von Menschen dazu bringt – die nicht mal an einem Ort zusammensitzen –, zur Höchstform aufzulaufen? In einem sind sich Arbeitsteam-Experten einig: Es braucht eine Gruppe, besetzt mit unterschiedlichen Charakteren und Kompetenzen, und es braucht ein klares Commitment zu den jeweiligen Zielen.

Die Hauptcharakteristika erfolgreicher Arbeitsteams sind:

- Strukturierung: das Definieren und Vereinbaren von Zielen, Rollen, Aufgaben und Verantwortlichkeiten.
- Kommunikation: Eine offene, klare Kommunikation, unterschiedliche Sichtweisen werden eingebracht und wertgeschätzt.
- Wahrnehmung: die genaue Wahrnehmung und Einschätzung der Situation, die Unterscheidung der wichtigen und weniger wichtigen Themen, die Konzentration auf die relevanten Themen.
- Konfliktlösung: Konflikte werden angesprochen und konstruktiv gelöst.
- Unterschiedlichkeit: Kompetenzen und Sichtweisen werden eingebracht und machen kreativeres Arbeiten möglich.
- Innovatives Denken: die Bereitschaft und der Mut, Sichtweisen zu hinterfragen und neue Modelle zu prüfen und einzuführen.
- Verantwortlichkeit: Die gemeinsame Aufgabe steht im Fokus der Aufmerksamkeit und wird mit Priorität verfolgt.
- Starke Arbeitsmoral: Ziele und Aufgaben werden gemäß Zeitplanung umgesetzt.
- Anerkennung: die Wertschätzung für konkrete Leistungen.
  Spezifische Rollen: die Vereinbarung von Rollen, die Klarheit bezogen auf den Beitrag jedes einzelnen Teammitglieds.

Wie aber schafft es ein Leader, solche Teams zu formen und auszurichten? Welche Eigenschaften und Vorgehensweisen braucht es, um Spitzenteams aufzustellen. Wie sollte ein Team-Leader sein? Was ist es, was einen Löw auszeichnet, und wie schafft er es, dass sein Team ihm folgt? Bei allem, was hier an Eigenschaften genannt werden kann, sollte eines die selbstverständliche Grundlage sein: Ohne Integrität und Empathie wird es auf Dauer gesehen schwierig. Mit Hybris, mit Motivations- und Manipulationstricks kann eine Zeit lang getäuscht beziehungsweise einiges mobilisiert werden. Auf Dauer aber trägt diese Strategie erfahrungsgemäß nicht. Ein effektiver Team-Leader verdient sich den Respekt und das Vertrauen der Teammitglieder dadurch, dass er selbst höchste Maßstäbe an sich stellt und diese auch (vor-)lebt. Darüber hinaus sind es zehn Fähigkeiten, die den Team-Leader nach Scott auszeichnen: (Scott 2014)

- Communication: Verbal and written communication skills allow leaders to present expectations to team members in a way workers can unserstand.
- Organization: Organized team leaders plan objectives and strategies, which allow team members to perform optimally. They put systems in place that maintain order and guide team members toward meeting company goals and objectives.
- Confidence: An effective team leader is confident in his abilities, as well as confident in the abilities of his team members. A self-confident team leader also reassures team members of his authority within the organization.
- Respectful: A quality team leader is respectful of his team members. A respectful leader empowers employees by encouraging them to offer ideas about decisions that affect them.
- Fair: A fair leader is consistent with rewards and recognitions, as well as disciplinary actions. He ensures all employees receive the same treatment.
- Integrity: An effective team leader is hondest and opens with his team members. Leaders who possess integrity gain the trust of team members because he does what he says he will do and treats others the same way he wants to be treated.
- Influential: Influential leaders gaining the confidence of workers through effective decision making and communication and help inspire the commitment of team members to meet company goals and objectives.
- Delegation: Effective team leaders know how to share leadership through delegation. It allows the leader to focus on improving workplace functions and strategic topic.
- Facilitator: As a facilitator, team leaders help workers understand their goals. They also help organize an action plan to ensure team members meet their goals and objectives more efficiently.
- Negotiation: Team leaders who negotiate effectively streamline the decision-making process, as well as solve problems for the best interest of everyone involved.

Ergänzend soll noch Peter Drucker zitiert werden: (2006)

> Zweck und Ziel der Organisation ist es, die Stärken der Menschen produktiv zu machen und ihre Schwächen unwesentlich.

Und Jack Welch, ehemaliger CEO von General Motors, schreibt hierzu: (2014)

> The winners will be those companies, who are expert in the development of a culture, with the aid of which they can react more quickly and communicate more clearly and who include each and every employee in a targeted attempt to serve an ever more demanding customer of our company – the culture as a commercial driving force. The shaping of the peoples behaviour was just as important as the modelling of the company.

Doch die Umsetzung ist schwieriger, als oft angenommen, besonders wenn es um Macht und Einfluss auf der Top-Ebene im Unternehmen geht. Denn nach einer Kienbaum-Studie (2014) verloren innerhalb eines halben Jahres sechs Vorstände börsennotierter Unternehmen nach Unstimmigkeiten mit den Aufsichtsräten oder mit Kollegen ihren Top-Job. „Peter Löscher, der bei Siemens das Schmiergeld-Gebahren erfolgreich veränderte; Markus Pinger wurde als Vorstandschef mit sofortiger Wirkung abberufen, er soll über seine selbstherrliche Art gestolpert sein; Brigitte Ederer, Personalchefin bei Siemens, hat den Machtkampf mit dem mächtigen Betriebsrat verloren und musste Siemens ebenfalls verlassen; ebenso verlässt Angela Titzrath die Deutsche Post, nachdem es wohl unterschiedliche Auffassungen von der Zuständigkeit der Personalchefin gab; Michael Macht wurde als Produktvorstand bei VW mit sofortiger Wirkung von seinem Job entbunden, hier waren es zunehmende Produktionsprobleme, die den Ausschlag gaben" (Kienbaum 2014). In der Kienbaum-Studie wurde weiter zusammengefasst, dass im Jahr 2009 vier Vorstände aus Dax-30-Konzernen das Unternehmen verlassen mussten, 2013 waren es dann schon sechs und genauso viele waren es bereits in der ersten Hälfte des Folgejahres. Wer heute noch einen Vertrag hat, muss damit rechnen, dass dieser morgen schon nicht mehr gültig ist. Mangelnde Leistung mag bei deutlich gestiegenen Anforderungen ein ausschlaggebendes Moment sein, in jedem Fall sind mangelnder Rückhalt und Kooperation Gründe für das ungeplante Ausscheiden. Rückendeckung gibt es in solchen schwierigen Lagen kaum. Eher noch wirkt ein archaisches Prinzip. Als Sündenbock, als Prügelknabe oder auch als Bauernopfer wird derjenige bezeichnet, der für die Fehlerzuschreibung herhalten muss. Häufig wird auf diese Weise für Systemstabilität gesorgt, denn der Schuldige ist ausgemacht und ansonsten geht es wie gehabt weiter.

Je komplexer und schwieriger die Welt und die Wirtschaft werden, desto eher kommt es zu genau diesen Dynamiken, die allerdings Veränderungen im System eher erschweren. Schon der französische Literaturkritiker und Kulturanthropologe René Girard verweist in seinem Buch „Das Ende der Gewalt" darauf, dass das menschliche Zusammenleben und -wirken eines der wohl größten anthropologischen Probleme darstellt (Girard 2009). „Sobald es zu einer Krise kommt, muss jemand dafür gerade stehen. Es bildet sich ein gemeinsames Feindbild, dem die Schuld für die Krise in die Schuhe geschoben wird. Dieser sogenannte Sündenbock zählt meist zu einer wie auch immer gearteten Minderheit im System" (Girard 2009). Je komplexer die Situation, desto eher tritt die Tendenz des Menschen, Stereotype zu bilden, auf. Realitäten werden vereinfacht wahrgenommen und in Kategorien sortiert, nach denen dann die Welt und das Geschehen interpretiert werden. Auf dieser Basis wird dann gehandelt. Denn es ist unmöglich, die ganze Komplexität zu erfassen. In Bezug auf das Verhalten weisen ungesteuerte soziale Systeme diese Dynamiken auf. Leadership hingegen zeichnet sich dadurch aus, dass hier gegen gesteuert wird, dass mit den entscheidenden Leuten umfassende, systemisch basierte Analysen durchgeführt werden, unterschiedliche Perspektiven auf die Situation zugelassen und wirksame Steuerungshebel für die jeweilige Situation gefunden und umgesetzt werden.

High Performance Leader stehen in der persönlichen Verantwortung und werden dafür bezahlt, dass sie die großen Fragen des Unternehmens „sauber durchdenken und entsprechend handeln" (Drucker 2006). Führung ist systemisch gesehen das Gestalten, Steuern und Entwickeln von produktiven sozialen Systemen. Demnach ist Führung im Kern das Gestalten, Steuern und Entwickeln von Beziehungen und Verhaltensweisen in sozialen Systemen. Führung ist die zielorientierte Verhaltenssteuerung, bezogen auf das Individuum, die Gruppe und die Organisation.

In diesem Sinne nutzt der High Performer alle drei Stellhebel des Erfolgs – Strategie, Prozesse und Verhalten – und begreift Leadership als Dienstleistung am Unternehmen und an den Mitarbeitern. Der folgende Fragebogen bietet Gelegenheit, das eigene Führungshandeln zu verorten (s. Tab. 5.1).

5.1 Spitzenleistung und Transformation

In einem hochkomplexen Umfeld kann sich echtes Leadership immer weniger auf herkömmliche Vorgehensweisen stützen. Zu komplex und unvorhersehbar sind die Situationen, mit denen Führungskräfte konfrontiert sind. Organisationen sind mehr als bloße Gewinnmaschinen. Es sind vernetzte, dynamische soziale Systeme, die in der immer komplexeren globalen Umwelt unter sich ständig verändernden Bedingungen schnell und zuverlässig funktionieren müssen. Mit Betriebswirtschaftslehre und Business Administration allein können Organisationen nicht verstanden und gemanagt werden. Vielmehr geht es um das gekonnte Management von Organisationen und die Steuerung von Gruppen und Individuen. Einen Rahmen für gekonnte Führung heute liefert das Konzept der integrierten Unternehmensentwicklung (s. Kap. 5.2).

Tab. 5.1 High Performance Leadership – Fragebogen

High Performance Leadership – Fragebogen	
Strategie- und Kundenfokus	
– Ich bin informiert über Entwicklungen am Markt und halte Ausschau nach neuen Geschäftsmöglichkeiten	- 1 2 3 4 5 6 +
– Ich führe regelmäßig Strategie- und Performance-Checks im Führungsteam durch	- 1 2 3 4 5 6 +
– Ich habe einen durchdachten Kommunikations- und Meeting-Plan und kommuniziere wirkungsvoll	- 1 2 3 4 5 6 +
– Ich analysiere die Situation aus unterschiedlichen Perspektiven und treffe dann die Entscheidungen	- 1 2 3 4 5 6 +
– Ich beziehe Kollegen, Mitarbeiter, Experten in die Entscheidungsprozesse ein	- 1 2 3 4 5 6 +
– Ich bin in regelmäßiger Kommunikation mit den Stakeholdern und Partnern des Unternehmens	- 1 2 3 4 5 6 +
– Ich sorge dafür, dass der Kundennutzen im Fokus ist, und kommuniziere, wohin sich die Organisation entwickeln muss	- 1 2 3 4 5 6 +
Ergebnis- und Umsetzungsfokus	
– Ich konzentriere mich auf die wesentlichen Themen und behalte das Ganze im Auge	- 1 2 3 4 5 6 +
– Ich stelle sicher, dass Arbeits- und Vorgehensweisen hinterfragt und optimiert werden	- 1 2 3 4 5 6 +
– Ich bin aktions- und ergebnisorientiert – konsequent in der Umsetzung	- 1 2 3 4 5 6 +
– Ich vereinbare Ziele mit klaren Performance-Messgrößen	- 1 2 3 4 5 6 +
– Ich sorge dafür, dass Leistung wertgeschätzt und anerkannt wird	- 1 2 3 4 5 6 +
– Ich baue auf die Stärken von Mitarbeitern und halte die Standards durch vorbildliches Verhalten hoch	- 1 2 3 4 5 6 +
– Ich kommuniziere proaktiv Ziele, Umsetzungsfortschritte und Ergebnisse	- 1 2 3 4 5 6 +
Werte- und Kulturfokus	
- Ich fordere undfördere Offenheit und Transparenz in der Organisation	- 1 2 3 4 5 6 +
- Ich unt erstütze Kollaboration und Teamarbeit und kommuniziere mit Mitarbeitern auf allen Ebenen	- 1 2 3 4 5 6 +
- Ich erwarte selbstständiges, verantwortungsvolles und engagiertes Verhalten	- 1 2 3 4 5 6 +

Tab. 5.1 (Fortsetzung)

High Performance Leadership – Fragebogen	
Strategie- und Kulturfokus	
- Ich sorge dafür, dass – gemessen an der Zielkultur – das Verhalten eingeschätzt und ausgerichtet wird	- 1 2 3 4 5 6 +
- Ich gehe konstruktiv mit anderen um, baue tragende Beziehungen	- 1 2 3 4 5 6 +
- Ich empfinde Kulturunterschiede als Bereicherung und verhalte mich kulturell angemessen	- 1 2 3 4 5 6 +
- Ich motiviere und inspiriere Mitarbeiter zu herausragender Leistung	- 1 2 3 4 5 6 +
Selbstmanagementfokus	
- Ich bin committed,der Beste in meinem Feld zu sein, arbei te jeden Tag an mir und höre nie auf,dazuzulernen	- 1 2 3 4 5 6 +
- Ich fokussiere meine Zeit und Energie auf die wichtigen Themen und erreiche die Ziele	- 1 2 3 4 5 6 +
- Ich habe eine positive Grundstimmung, bin jederzeit in Bezug auf mich und meine Gefühle ausgerichtet und verhalte mich entsprechend	- 1 2 3 4 5 6 +
- Ich verliere mich nicht in Problemen, sondern finde Lösungen und setze sie um	- 1 2 3 4 5 6 +
- Ich reflektiere regelmäßig mein Verhalten und meine Vorgehensweisen	- 1 2 3 4 5 6 +
- Meine Zuverlässigkeit und Vertrauenswürdigkeit ist mir das Wichtigste, ich bin ein Beispiel für Integrität und Ehrlichkeit	- 1 2 3 4 5 6 +
- Ich nehme mir regelmäßig Auszeiten und sorge füreinen guten Ausgleich zur Arbeit	- 1 2 3 4 5 6 +
- Ich sorge dafür, dass ich die gegenwärtige Situation klar einschätze und den Anforderungen entsprechend agiere	- 1 2 3 4 5 6 +
- Ich habe ein gutes, persönliches Netzwerk, Personen, mit denen ich mich vertrauensvoll austauschen kann	- 1 2 3 4 5 6 +
- Ich betreibe regelmäßig Sport und verfolge ein Hobby neben der Arbeit	- 1 2 3 4 5 6 +

> Kluge Führung fördert Kontexte, sie gestaltet Beziehungen und schafft Spirit, indem die Eigendynamik von Gruppen, Teams oder Organisationen gestärkt wird. Klug Führende greifen nur selten zu Machtworten oder Machtmitteln, auch wenn sie diese kennen und zu handhaben wissen. Kluge Führung ist (und bleibt) riskant, denn wer nach ihr handelt, bewegt sich nicht in einer Welt der Wenn-dann-Gewissheiten. (Arnold 2012)

In der PwC-Studie „Fit for the Future" (2014) wird deutlich, dass die Chefs der befragten Firmen Veränderung im Fokus haben, sie planen ihre Strategie, sie wollen die gesellschaftliche und ökonomische Transformation nutzen und sie schätzen ihre Fähigkeiten und Möglichkeiten hierzu ein. Die Notwendigkeit für Veränderungen ist auf der Top-Ebene angekommen und es ist Zeit, diese auch tatsächlich umzusetzen und die Chancen und Risiken, die sich in der gesellschaftlichen und ökonomischen Transformationsphase für die Unternehmen bieten, zu nutzen.

Drucker schrieb 2006 in einem Essay für das Harvard Business Review:

> Every few hundred years throughout Western history, a sharp transformation has occurred. In a matter of decades, society altogether rearranges itself – its worldview, its basic values, its social and political structures, its arts, its key institutions. Fifty years later a new world exists. And the people born into that world cannot even imagine the world in which their grandparents lived and into which their own parents were born. Our age is such a period of transformation.

Drucker bezeichnet diese Phase als „the shift to a knowledge society".

Unternehmen kämpfen heute immer noch damit, wie sie sich dieser Realität stellen sollen und welche Konsequenzen gezogen werden müssen. Die meisten reagieren jedoch zurückhaltend, was die nächsten, konkreten Schritte in Richtung dieser neuen Zukunft angeht. Drucker schreibt hierzu:

> Every organization will have to learn to innovate on a constant basis, unless this is done, the knowledge-based organization will very soon find itself obsolescent, losing performance capacity and with it the ability to attract and hold the skilled and knowledgeable people on whom its performance depends.

Er ging davon aus, dass die große Transformation bis 2020 dauern wird. Es ist also höchste Zeit.

Eine Befragung nach der anderen zeigt, dass die Mitarbeitermehrheit nicht wirklich engagiert ist beziehungsweise, dass es hier noch großes Potenzial zu heben gilt. Ein Grund hierfür kann darin liegen, dass sie nicht wissen, wie die Erledigung ihrer täglichen Aufgaben mit dem Zweck und den Zielen des Unternehmens in Zusammenhang steht, dass sie nicht wissen, wo das Unternehmen steht, mit welchen Herausforderungen es tatsächlich konfrontiert ist. Auch hierzu schreibt Drucker: (2006)

> They need to know the organization's mission and to believe in it. A paycheck, even a fat one, is not enough. No longer can organizations expect to inspire by satisfying knowledge workers greed. It will have to be done by satisfying their values.

Leadership in einer lernenden Organisation ist auf den Unternehmenszweck, den Kundennutzen ausgerichtet. Die entscheidende Frage ist: Wie muss eine Organisation strukturiert und aufgebaut sein, um mehr selbstverantwortliches Unternehmertum zu ermöglichen und Mitarbeiter auf allen Ebenen darauf zu fokussieren, echten Mehrwert und Zufriedenheit für ihre Kunden zu schaffen. Wie anders soll strukturiert vorgegangen werden? Wie schaffen wir die Transformation in die neue Welt und in die neuen Organisationen? Dies sind herausfordernde Fragen und es gibt heute wenige Führungskräfte, die die Lösung hierfür parat haben und die schon seit Jahren erfahren in der Umsetzung von Change-Prozessen sind. Umso wichtiger ist es, Lern- und Entwicklungsprojekte aufzusetzen, sich mit dem Neuen in einem strukturierten und gesteuerten Lernprozess auseinanderzusetzen und notwendige Veränderungen in die Unternehmenspraxis einzuführen. „Successfully developing a high-performing organization requires that senior managers overcome some commonly held misconceptions and lead a change process that blends top-down and bottom-up inititatives", so Drucker (2000).

Die neue Organisation ist und bleibt ein hierarchisches System und wird ergänzt mit einem zweiten Betriebssystem, bestehend aus cross-funktionalen Strukturen und interdisziplinär besetzten Teams, die die spezifischen strategischen Herausforderungen bearbeiten. Gerade durch die enge Verzahnung von operativen, hierarchischen Strukturen und vernetzter Team- und Projektarbeit werden Entscheidungsprozesse partizipativer, denn es zählt mehr denn je die beste Kundenlösung. Strukturen werden dynamisiert und ermöglichen schnelles, flexibles und lösungsorientiertes Vorgehen. Mehr und mehr Mitarbeiter und Führungskräfte werden so in Geschäftsprozesse verantwortlich und zielorientiert einbezogen, entwickeln neue Fähigkeiten, verändern ihr Verhalten und die Organisation. High Performance Leader schaffen High-Performing-Organisationen und steuern die notwendigen Transformationen.

Und während sie das tun, wird mit ein paar Missverständnissen bezüglich der neuen High-Performing-Organisationen aufgeräumt.

- Kontrollverlust
  Es sollte die Frage gestellt werden, ob Führungskräfte in einer rein hierarchisch strukturierten und auf Befehl und Gehorsam aufbauenden Organisation wirklich die Kontrolle haben, oder ob dies nur eine Illusion, ein Bild aus vergangenen Tagen ist. Es gibt unzählige Initiativen und Vorgaben des Top-Managements, die nicht umgesetzt wurden, weil Mitarbeiter die Notwendigkeit nicht gesehen haben oder aus anderen Gründen den Vorgaben nicht folgten. Unternehmen sind soziale, komplexe Systeme und sollten nach den Prinzipien lebensfähiger Systeme aufgebaut sein und von der jeweiligen Führungsmannschaft entsprechend gelenkt werden.

- Verantwortungsverlust
  Verantwortung in einer hierarchischen und netzwerkbasierten Organisation wird in einem erweiterten Kontext wahrgenommen – also von Verlust kann de facto keine Rede sein. Zwei Ebenen der Verantwortung entstehen. Einerseits gibt es Team- und Netzwerkstrukturen und andererseits bleibt die Verantwortung in der hierarchischen Struktur bestehen. Die Herausforderungen machen es allerdings notwendig, mehr Verantwortung an Mitarbeiter zu delegieren und dafür zu sorgen, dass diese Teams gesteuert, zielgerichtet ihre Aufgaben erledigen.
- Hierarchieverlust
  Die hierarchische Struktur bleibt als das zentrale Betriebssystem einer Organisation bestehen, wird aber ergänzt um die Netzwerkstruktur. Gerade durch das gekonnte Zusammenspiel von Hierarchie und interdisziplinär besetzten und teamorientiert arbeitenden Netzwerkstrukturen werden die Wirksamkeit und die Schnelligkeit einer Organisation gesteigert.

Die High-Performance-Organisation nutzt beide Einflussbereiche beziehungsweise Betriebssysteme. Der High Performance Leader ist dabei, seinem Grundverständnis nach, auf ein größeres Ganzes – der Unternehmung als lebensfähiges System – bezogen und im Dienst der Kunden unterwegs. Dieses Grundverständnis schützt vor übertriebenen Ängsten, vor der Hybris und dem Missbrauch von Macht.

Beispiel aus der Praxis

Ein tragisches Beispiel für nicht vorhandene Bodenhaftung ist der vom Essener Landgericht zu einer dreijährigen Haftstrafe verurteilte T. Middelhoff.

„Die Strafkammer hatte den ehemaligen Chef der früheren Karstadt-Mutter Arcandor und des Medienriesen Bertelsmann unmittelbar nach ihrem Urteil noch im Gerichtssaal festnehmen lassen. Das Gericht sah es als erwiesen an, dass Middelhoff unter anderem Privatflüge mit Charterjets und Hubschraubern über Arcandor abgerechnet hat und seinem ehemaligen Arbeitgeber insgesamt einen Schaden von rund einer halben Million Euro zugefügt hat. Das Urteil ist noch nicht rechtskräftig, Middelhoffs Anwälte haben Revision eingelegt. Der Fall wird damit wohl vor dem Bundesgerichtshof landen“ (Menzel 2014). Viele Jahre galt er – mit dem Spitznamen Big T – als genialer Macher, als Wunderkind der deutschen Wirtschaft. Der Größenwahn und die Selbstverliebtheit verführen machthungrige Manager dazu, den Blick auf die Realität zu verlieren. Das Middelhoff-Syndrom entwickelt sich zu einem Fachbegriff für Manager, die geblendet sind von ihrer eigenen vermeintlichen Genialität. „Sein Name stehe für Größenwahn und Managerversagen", hielt ihm ein Reporter der Süddeutschen Zeitung im Sommer 2014 vor. „Gescheitert bestreite ich nachdrücklich, aber ich gebe zu: Als Manager habe ich Höhen und Tiefen erlebt", antwortete Middelhoff damals.

Eine Untersuchung der Kellogg School of Management beleuchtet, wie Hochmut gegenüber den Untergebenen zustande kommt. „In verschiedenen Experimenten gingen die Forscher der These nach, dass Macht die moralische Scheinheiligkeit fördert. Mit ernüchternden Ergebnissen: In allen Experimenten zeigte sich, dass die Probanden in einer Machtposition es in Ordnung finden, etwa selbst Steuern zu hinterziehen – dasselbe Verhalten aber bei anderen Menschen verurteilten. Das Fazit der Forscher: Wer Macht hat, ist in der Gefahr, das eigene Verhalten lockerer zu sehen. Zugleich wird das Verhalten anderer Menschen strenger beurteilt. Eine weitere Studie zeigt: Wer mächtig ist, sagt leichter die Unwahrheit. In der Untersuchung der Columbia Business School stecken Führungskräfte Geld ein und versichern anschließend, es nicht geklaut zu haben. Untersuchungen des Stresslevels zeigten, dass in der Gruppe der Führungskräfte keinerlei emotionale, physiologische oder kognitive Reaktionen auf die Lüge zu messen waren. Bei der Gruppe der Angestellten hingegen machte sich das Lügen körperlich bemerkbar" (Holtzbrinck 2014).

Den Umgang mit Macht, das heißt das Führungsverständnis diesbezüglich zu hinterfragen und gegebenenfalls neu auszurichten, ist ein Thema im Entwicklungsprozess des High Performance Leaders. Im Sinne der Etablierung eines neuen Führungsverständnisses ist es notwendig, sich mit den veränderten Bedingungen der Macht auseinanderzusetzen. Um diese Frage kommen High Performer nicht herum. Sie ist der Dreh- und Angelpunkt einer wirksamen Führung. Auf Basis der geänderten Rahmenbedingungen muss von einer geringer ausgeprägten Positionsmacht und einer verstärkten Kommunikationsmacht ausgegangen werden. Mitarbeiter, Kollegen, Partner werden gewonnen, überzeugt und durch die Wahrnehmung einer Vorbildrolle in die neue Zukunft geführt. Das poilitische Taktieren ist nur noch eines von drei zentralen Elementen in der Machtwahrnehmung. Ernst Holzmanns Interpretation gibt hilfreiche Anregungen, um nicht den Verführungen der Macht anheimzufallen: (WirtschaftsWoche 12/2014)

- **V**erantwortung übertragen und übernehmen (auch Freiräume zulassen)
- **O**rientierung geben und Offenheit in der Zusammenarbeit: Was wollen wir, wofür steht das Unternehmen, welche Werte sind uns wichtig, wie arbeiten wir zusammen, wo kann ich helfen

- **r**espektvoller Umgang nicht nur mit Mitarbeiter/innen, sondern auch mit anderen Beteiligten im Unternehmen (Kollegen/innen, Arbeitnehmervertretung, Kontrollgremien etc.)
- **b**erechenbar und bescheiden sein
- **I**nformationen bereitstellen und inspirieren
- **L**eidenschaft im Tun, vorleben statt vorbeten
- **D**emut und Dankbarkeit gegenüber dem, was man erreicht hat.

Und einigen Managern wünscht man, dass sie sich ab und zu den Hinweis von Bernhard von Clairvaux in Erinnerung rufen: „Stehe an der Spitze, um zu dienen, nicht, um zu herrschen" und sich den Satz von Montesquieu vergegenwärtigen: „Um Großes zu erreichen, muss man bei den Menschen stehen, nicht über ihnen."

Je größer der Verantwortungsrahmen, desto entscheidender ist es, die drei Steuerungsbereiche, integriert in einem Gesamtkonzept, zu berücksichtigen und auf Basis einer durchdachten, kommunizierten und vom Managementteam getragenen Strategie umzusetzen. Erst durch die gekonnte und nachhaltige Verbindung der drei relevanten strategischen Erfolgsbereiche (Strategie, Prozesse, Verhalten) zu einem hochwirksamen Wirkgefüge wird eine zielführende Eigendynamik geschaffen.

> Die integrierte Unternehmenssteuerung liefert ein zeitgemäßes, praxiserprobtes Orientierungssystem und ein konkretes Umsetzungsvorgehen (s. Kap. 5.2).

Von Leadership kann gesprochen werden, wenn die drei Kompetenzbereiche wahrgenommen und im Arbeitsprozess zielgenau miteinander verknüpft bearbeitet werden. Für die Bewältigung anstehender strategischer Herausforderungen empfiehlt sich die folgende Aufgabenverteilung und Vorgangsweise: Eine Gruppe sorgt für die Weiterführung des täglichen Geschäfts; eine zweite Gruppe für die Bearbeitung der strategischen Themen und eine dritte Gruppe für die Ausrichtung des Verhaltens – integriert und prozessbegleitend in den Arbeitsabläufen beider zuvor genannter Bereiche. Auf dieser grundsätzlichen Weise ist eine wirksame Unternehmenssteuerung auch unter den aktuellen Anforderungen machbar und eine neue Führung umsetzbar (Kopper, Erweiterung Kappe 2015).

Das Gewinnen von Mit-Arbeitern, das Verhindern beziehungsweise die konstruktive Bewältigung von sachlichen Problemstellungen und beziehungsorientierten Konflikten gehört genauso zur Führungsaufgabe wie die Erarbeitung und Kommunikation der strategisch relevanten Themen. Bezogen auf die Systembereiche Strategie, Struktur und Verhalten werden situationsadäquat Interventionsstrategien aufeinander abgestimmt, erarbeitet und umgesetzt. Durch die Kopplung von Sach- und Verhaltensthemen ist das punktgenaue Design und die Umsetzung strategisch notwendiger Veränderungen möglich. Die Schnittstelle zwischen Person, Rolle und Organisation und deren Wechselwirkungen wird zum entscheidenden Stellhebel für echtes Leadership. Mit der notwendigen Gelassenheit und einer gesunden Distanz zum jeweiligen Geschehen wird zielgerichtet und wirksam im System interveniert. Mit durchdachten, spezifisch entwickelten, integrierten Veränderungsdesigns (Change-Architektur) ist die Bearbeitung der herausfordernden Entwicklungsanforderungen machbar. Unternehmensstrategien werden auf Basis einer erweiterten, unterstützenden Struktur und einer ausgerichteten Kultur umgesetzt. Und der High Performer ist aufgrund wirksamen Selbstmanagements in der Lage, seiner Rolle und Verantwortung in dieser Zeit gerecht zu werden.

Im Folgenden wird das zugrunde liegende Dr. Kappe Integriertes Unternehmensentwicklungskonzept beschrieben.

5.2 Integrierte Unternehmensentwicklung

Integrierte Unternehmenssteuerung ist ein Vorgehenskonzept zur wirksamen Unternehmensausrichtung und nachhaltigen Umsetzung von Transformationsprozessen. Es stellt damit ein Grundkonzept für die neue Führung dar. Sie basiert auf den Grundgedanken des St. Galler Management-Modells (SGMM) und ist eine Weiterentwicklung dieses konzeptionellen Ansatzes für gutes und wirksames Management. Dieser wurde in den 1960er-Jahren an der Universität St. Gallen als Managementbezugsrahmen entwickelt und 1972 von Professor H. Ulrich, dem Begründer der systemorientierten Managementlehre im deutschsprachigen Raum, gemeinsam mit Professor W. Krieg erstmals publiziert und später zunächst von Professor K. Bleicher (1991) und J. Rüegg-Stürm (2002) weiterentwickelt.

Im Rahmen des St. Galler Management-Modells werden drei wesentliche Steuerungsebenen der Unternehmensführung unterschieden: das normative Management, das strategische sowie das operative Management.

Die normative Steuerungsebene umfasst alle Prinzipien, Regeln, Normen und Werte, die im Unternehmen ihre Gültigkeit haben. Das sogenannte Systemverhalten wird bewusst oder unbewusst definiert und ist auf die Sicherung der Lebens- und Entwicklungsfähigkeit des Unterehmens ausgerichtet. Die zentrale Frage hierbei ist: Welches Verhalten braucht es, um die strategischen Ziele tatsächlich umzusetzen, und wie können wir dafür sorgen, dass jede(r) unserer Mitarbeiter/innen das eigene Verhalten hieran ausrichtet? Darüber hinaus geben die jeweiligen zugrunde liegenden rechtlichen Bedingungen ebenfalls eine normbildende Grundlage für das Verhalten. Im Rahmen einer definierten Unternehmenskultur werden diese Regeln festgeschrieben und vermittelt.

Die strategische Steuerung umfasst einerseits die Analyse der Marktbedingungen und der Wettbewerbssituation. Andererseits werden die firmeninternen Stärken, Optmierungs- und Entwicklungsfelder im Unternehmen eingeschätzt. Auf dieser Basis sind die strategischen Optionen zur Sicherung der langfristigen Überlebensfähigkeit des Unternehmen abzuleiten. Nach einer Prüfung der strategischen Optionen wird dann der Entscheid für eine Unternehmensstrategie getroffen. Ziel ist die Etablierung langfristiger Wettbewerbsvorteile durch eine im Vergleich zur Konkurrenz überlegene Grundkonfiguration der Unternehmung.

Der operativen Steuerungsebene obliegt die Umsetzung der strategischen Ziele und die Aufrechterhaltung des täglichen Betriebs. Auf Basis definierter Geschäftsprozesse und Strukturen werden die strategischen Ziele in operative und messbare Ziele heruntergebrochen und umgesetzt. Die Mitarbeiterführung, die Planung, die Bereitstellung der Ressourcen, die finanzielle Führung und das Qualitätsmanagement spielen hierbei eine entscheidende Rolle. Die Umsetzung wird im Rahmen des MbOs (Management by Objectives) festgelegt und jährlich, halb- und vierteljährlich, bezogen auf die Umsetzungsschritte, überprüft.

Die drei Steuerungsebenen sind abgeleitet aus dem Viable System Model (VSM) von Beer und entsprechen den dort beschriebenen Systemen 3, 4 und 5. Das Modell lebensfähiger Systeme (VSM) dient somit als Referenzmodell (Beer 1995) zur Beschreibung, Diagnose und Gestaltung des Managements von Organisationen. Lebensfähige Systeme zeichnen sich im Kern dadurch aus, dass sie offene, anpassungsfähige Systeme sind und sich den jeweiligen inneren und äußeren Anforderungen anpassen, ohne den Existenzgrund, die Identität zu verlieren.

Beer (1995) formuliert die Lebensfähigkeit wie folgt: „Nicht Gewinnmaximierung, sondern Überleben muss das Ziel sein. Nicht die Führung von Menschen, sondern das Lenken beziehungsweise Steuern und Regulieren ganzer Organisationen in ihrer Umwelt ist entscheidend. Nicht wenige Menschen managen, sondern alle müssen bestimmte Funktionen des Managements ausüben. Anstelle alles zentral oder von einer Person aus zu managen, entstehen regelrechte Informationsnetzwerke, die echte Selbstorganisation ermöglichen, sodass jeder alles Nötige in seinem Bereich selbstständig erledigen und entscheiden kann.“ Beer hat mit dem Viable System Model Menschen, Instrumente und Aufgaben so organisiert, dass sich jeder auf die nötige Orientierung, auf Informationen und Perspektiven stützen kann. Das Viable System Model ist auch heute noch das Bezugsmodell für auf Dauer lebensfähige Systeme und das Bezugsmodell des hier dargestellten integrierten Unternehmensentwicklungsansatzes. In einem integrierten Gesamtkonzept werden sowohl die individuellen als auch die soziodynamischen und ökonomischen Aspekte der Unternehmensentwicklung berücksichtigt (s. Abb. 5.1).

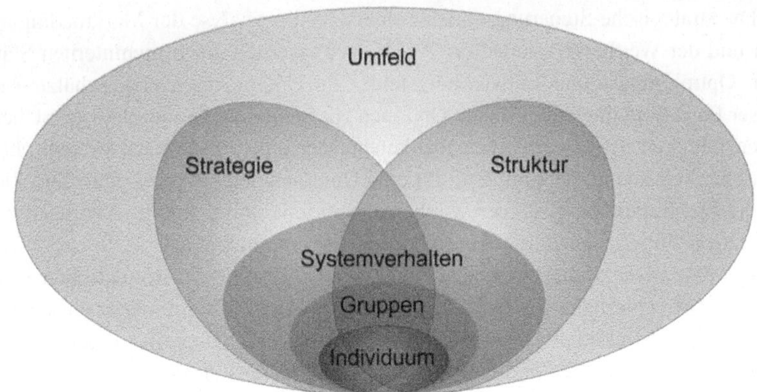

Abb. 5.1 Aspekte der Unternehmensentwicklung (Kappe 2014)

Es werden systemspezifische Problembearbeitungs- und Lösungsstrategien umgesetzt, die auf einer ganzheitlichen Vorgehensweise beruhen. Ganzheitlichkeit umfasst die betriebswirtschaftlichen harten und die sogenannten weichen Faktoren im Unternehmensgeschehen. Ganzheitliche Perspektive bedeutet nach Ulrich (1995), das Unternehmen unter mehreren Perspektiven zu betrachten:

- als materielles Transformationssystem
- als produktives, soziales System
- als Kommunikationssystem
- als werteschaffendes und -veränderndes System.

Das Unternehmen stellt somit ein komplexes, produktives, soziales System dar, das eine entsprechende Komplexität im Umgang erfordert. In der klassisch betriebswirtschaftlich basierten Praxis der Unternehmenssteuerung ist das integrierte Vorgehen keineswegs gehandhabte Praxis. Einseitige Sichtweisen, Analysen und Einschätzungen der Geschäftssituation führen zu einseitigen Schlussfolgerungen und Vorgehensweisen mit entsprechend eingeschränkten Ergebniserwartungen und Resultaten. Betriebswirtschaftlich ausgebildete Manager legen in ihrer Führungspraxis den Fokus auf die Strategie-, Struktur- und Prozessthemen. Dagegen werden die sozial-dynamischen Komponenten der Steuerung weniger berücksichtigt. Doch genau hierin liegt der entscheidende Erfolgshebel für wirksame Unternehmensentwicklung. Professor Krieg (1979) formuliert die Anforderung an den High Performance Leader wie folgt:

> Die Verwirklichung der Unternehmenspolitik stellt eine Daueraufgabe dar, die nur mit Aussicht auf Erfolg angegangen werden kann, wenn der systemische Einbezug in ein integriertes Gesamtkonzept verbunden wird mit einem systemischen Vorgehen bei der Erarbeitung und Umsetzung. Die Lenkung des Gesamtprozesses erfolgt dabei gleichzeitig auf der Inhaltsebene und auf der Verhaltensebene. Im Rahmen strategischer Unternehmensführung verbinden sich Sachkompetenz und Verhaltenskompetenz zur umfassend verstandenen Fähigkeit des Unternehmens. (Krieg 1979)

Integrierte Unternehmensentwicklung baut auf dem jeweiligen Leitbild des Unternehmens auf. Im Rahmen des normativen Managements wird das Unternehmensleitbild, das heißt die Unternehmensidentität, beschrieben. Es wird klar definiert, welcher Zweck verfolgt wird beziehungsweise welchen Kundennutzen das Unternehmen mit seinen Produkten und Dienstleistungen bedient. Ebenso werden die Grundwerte festgeschrieben und, darauf aufbauend, die Zielkultur des Unternehmens erläutert. Damit sind wichtige Kernelemente der Unternehmensidentität festgelegt; das unternehmerische Grundgerüst steht auf definierten Beinen und bietet für das Verhalten und für strategische Entscheidungen einen klaren Orientierungsrahmen. Auf der strategischen Ebene werden die Chancen und Risiken regelmäßig eingeschätzt und die Schlüsselfragen herausgearbeitet. Schwerpunkte und Ziele werden festgelegt und in Form von definierten Netzwerken und Change-Projekten strukturiert und bearbeitet. Auf der operativen Ebene gilt es einmal das Geschäft am Laufen zu halten und darüber hinaus, in enger Verzahnung mit den strategischen Netzwerken und Change-Projekten, die notwendigen Veränderungen im Geschäftsablauf zu implementieren. Vorhandene Konfliktdynamiken werden prozessbegleitend aufgegriffen und lösungsorientiert bearbeitet, sodass an der Umsetzung der beschriebenen Zielkultur und Aufgabenstellungen konkret gearbeitet wird (s. Abb. 5.2).

Die Unternehmenskultur ist die implizite, hintergründige Struktur einer Unternehmung und bildet die relativ dauerhafte Grundlage für das Systemverhalten. Normen und Werte, Einstellungen, Haltungen und Argumentationsmuster definieren die Kultur. Durch die jeweilige Arbeitsteilung und die Kommunikationsprozesse kommt es quasi implizit zu einer Ausdifferenzierung der Kultur innerhalb der Unternehmung. Im Gegensatz zur formalen Organisationsstruktur wird Kultur als etwas verstanden, das organisch, bewusst und unbewusst im Verhalten und Denken der Mitarbeiter verankert ist. Sie wird als einer der strategischen Erfolgsfaktoren im Unternehmen gesehen. Und es gilt: Die Steuerung des Verhaltens ist im Unternehmensentwicklungsprozess Mittel zum Zweck. Auftrag eines Unternehmens ist es nicht, Menschen zu verändern, sondern ihr Rollenverhalten im Rahmen ihrer Aufgabe auf die Erfordernisse anzupassen. Das Grundprinzip für die strategische Ausrichtung des Verhaltens lautet aus dem Grund und trotz alledem: „Focus on the business – not on the behavior."

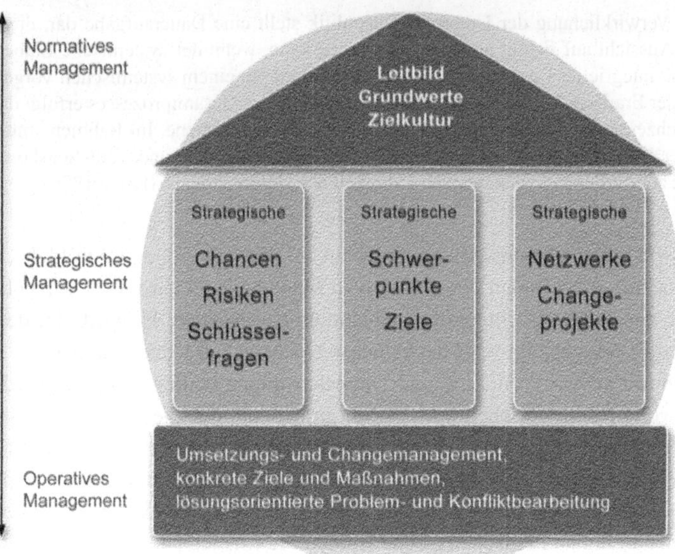

Abb. 5.2 Steuerungsebenen der integrierten Unternehmensführung (Kappe in Anlehnung an das St. Galler Management-Modell)

Die jeweils spezifischen impliziten Kulturelemente sind von ihren Trägern oft schwer in Worte zu fassen und können daher nur selten von anderen Unternehmen kopiert werden. Für das Management stellt es nach den bisherigen Konzepten eine große Herausforderung dar, auf die gewachsene Unternehmenskultur einzuwirken. Dem betriebswirtschaftlich geschulten Manager sind die Verhaltensdimensionen, die sogenannten weichen Faktoren, oft nicht geheuer und werden in der Regel nicht als bewusst zu steuernde, strategische Größe im Unternehmen betrachtet beziehungsweise berücksichtigt.

Die Unternehmenskultur ins Bewusstsein und in den Fokus zu nehmen, kann allerdings zum entscheidenden Wettbewerbsvorteil werden. Sie ist so etwas wie der gemeinsame Geist oder auch die Seele eines Unternehmens. Sie zeigt sich vor allem im Kontakt, im Umgang miteinander und der Ausstrahlung der Führungskräfte und Mitarbeiter einer Organisation. Sie macht letztendlich auch ein Unternehmen einzigartig. (D. Galuska 2014)

Ein bekanntes Beispiel dafür, dass Verhaltensänderung im Unternehmen möglich ist, kam infolge der Siemens-Korruptionsaffäre (2006–2008) an die Öffentlichkeit. Hier wurde in beispielhafter Weise ein Prozess zur Verhaltenssteuerung durchgeführt und mit der notwendigen Konsequenz umgesetzt. Dieses Vorgehen hat nicht nur Siemens, sondern die gesamte deutsche Wirtschaft zum Umdenken gebracht. „Das Ausmaß der Korruptionsaffäre war allerdings auch enorm: 330 dubiose Projekte, 4.300 illegale Zahlungen wurden aufgedeckt und Kosten von 2,5 Mrd. € sind entstanden" (Leyendecker 01/2011). Die Aussagen von Peter Y. Solmssen, seit 2007 Antikorruptionsvorstand bei Siemens, sind hier eindeutig: „Wer Schmiergeld zahlt, schadet dem Geschäft. Keine Firma müsse sich dem Druck beugen. Es komme bei Schmiergeldforderungen nur darauf an, nicht nachzugeben." „Eine Aufarbeitung der Schmiergeldfälle von Siemens habe gezeigt, so Solmssen, dass viele der unlauter akquirierten Aufträge häufig Verlustgeschäfte gewesen seien. Für den Konzern sei oft weniger geblieben als bei ehrlichen Geschäften" (Leyendecker 01/2011). Wie bei allen verhaltenssteuernden Maßnahmen braucht es wiederholende Verstärkung, sodass die gesetzten Verhaltensnormen mit der Zeit nicht wieder in Vergessenheit geraten.

Es gilt, die gesetzte Verhaltensnorm auf der obersten Ebene vorzuleben, klar zu kommunizieren und entsprechend am Rollenverhalten zu arbeiten. Exzellentes Selbst- und Teammanagement auf oberster Ebene bildet die Basis für eine gelebte, glaubwürdige Unternehmenskultur. Dies bedeutet nicht nur Hochglanzfolien zum Thema Unternehmenskultur zu produzieren, sondern das Verhalten vorzuleben und es einzuweben in die Unternehmensabläufe und Vorgehensweisen.

Im Rahmen des integrierten Unternehmensentwicklungsansatzes wird somit von der Steuerbarkeit der Kultur ausgegangen. Entsprechend sind High Performance Leader gut beraten, hier ihre Scheu zu verlieren. Auf Basis einer Ist-Kultur-Analyse wird die sogenannte Zielkultur mit Repräsentanten der unterschiedlichen Unternehmenseinheiten erarbeitet, vereinbart und – bezogen auf die Umsetzung – mit entsprechenden Lern- und Feedbackprozessen begleitet. Kommunikation gilt hierbei als ein wichtiges Steuerungsinstrument und wird, unter Erarbeitung von sogenannten Stakeholder-Analysen und spezifischen Kommunikationsplänen, auch entsprechend im Führungshandeln berücksichtigt.

Integrierte Unternehmensentwicklung arbeitet auf der materiellen, sozialen, kommunikativen und wertschöpfenden Ebene und verbindet damit die beiden Professionen Betriebswirtschaft und Psychologie. So wird zum Beispiel der strategische Fokus im Geschäftsführungsteam gemeinsam erarbeitet, das heißt, es wird für eine klare strategische Ausrichtung und für Commitment im Führungsteam gesorgt. Darüber hinaus wird ein realistisches Zukunftsbild für das Unternehmen geschaffen und glaubwürdig der Belegschaft vermittelt. Mit einer sogenannten

„One-Voice-Message" werden die Ergebnisse dann im Unternehmen kommuniziert. Das passende Kommunikations- und Umsetzungsvorgehen wird zu den jeweils anstehenden Schritten im Prozessverlauf vereinbart und umgesetzt. So wird eine klare Botschaft an die Mannschaft ermöglicht und widersprüchliche und damit blockierende Vorgehensweisen werden reduziert. Im gesamten Erarbeitungs- und Umsetzungsprozess wird in ähnlicher Weise sowohl auf der Sachebene als auch auf der Verhaltensebene integriert gearbeitet. Damit wird ein hochwirksames und glaubwürdiges Umsetzungsvorgehen im Unternehmensentwicklungsprozess ermöglicht (s. Abb. 5.3).

Der hier beschriebene integrierte Unternehmensentwicklungsansatz setzt so an den entscheidenden Stellhebeln für nachhaltige Unternehmensentwicklung an und ermöglicht es gerade dadurch, Dinge in Bewegung zu bringen, falsche

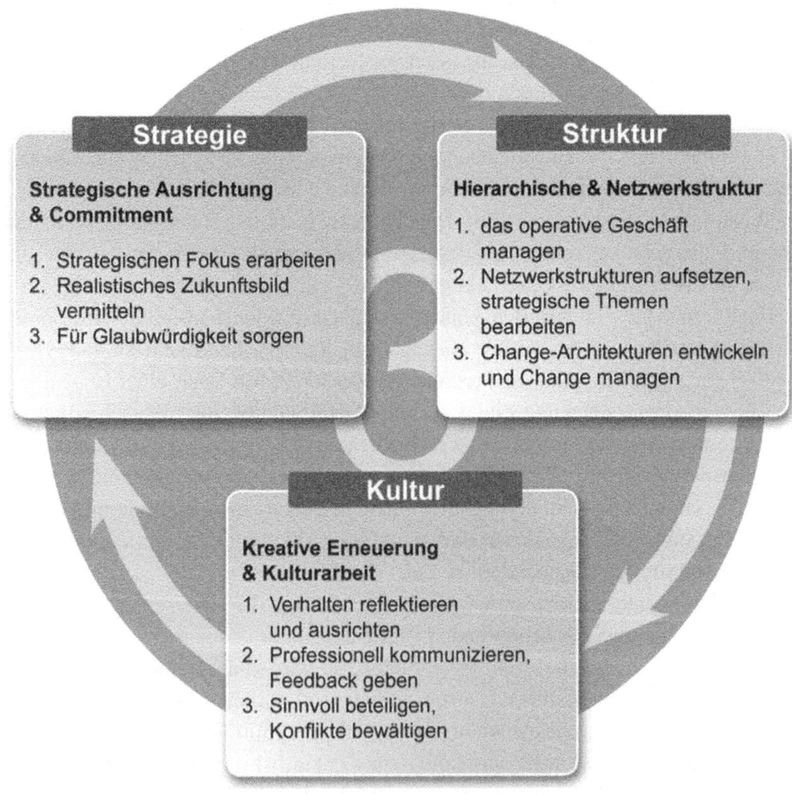

Abb. 5.3 Integrierte Unternehmenssteuerung (Kappe 2014)

Zufriedenheit zu destabilisieren und verhärtete Situationen zu dynamisieren. Die Definition hierzu lautet: (Kappe 2014)

Integrierte Unternehmensentwicklung ist ein gesteuerter organisationaler Entwicklungsprozess, unter besonderer Berücksichtigung der betriebswirtschaftlichen und verhaltensorientierten Themenstellungen und einer ziel- und prozessorientierten Vorgehensweise. Die Zielsetzung ist die strategische Weiterentwicklung eines funktionsfähigen Systems und die Optimierung der Funktionsweise des Systems, das heißt konkret umgesetzte Resultate bezogen auf Strategie, Struktur/Prozesse und Verhalten (s. Abb. 5.3).

Im Rahmen des integrierten Systementwicklungsansatzes wird das Systemverhalten als zu steuernde, strategische Systemgröße betrachtet. Es wird ausgerichtet durch Vision und Strategie, geformt durch Strukturen, Normen und Regeln, sowie in ihrer Wirkung geprägt durch Leistungsvermögen und Leistungsbereitschaft der Mitarbeiter. Zielsetzung systemischer Interventionen ist es, die Rollenwahrnehmung und die Beziehungen der Systemmitglieder untereinander bewusst zu machen und auszurichten und damit neue (Verhaltens-)Regeln ins System einzuführen. Entscheidende Fragestellungen für die Steuerung des Verhaltens sind:

- Welches (System-)Verhalten braucht man, um die Unternehmensziele tatsächlich umzusetzen?
- Wie müssen wir unser Verhalten ausrichten, dass die Umsetzung der Ziele gewährleistet ist?
- Wie ist in diesem Sinne eine Zielkultur zu definieren?
- Welche spezifischen Interventionen zur Gestaltung des Systemverhaltens sind im Prozessablauf notwendig, um einen nachhaltigen Entwicklungsprozess zu gewährleisten?

Auf Basis des integrierten Systementwicklungsansatzes geht es – in optimaler Ergänzung zu den jeweiligen betriebswirtschaftlichen Themen – darum,

- die Systemdynamik, das spezielle Systemverhalten zu verstehen
- die besonderen Bedingungen des jeweiligen Systems, seine Erwartungsstrukturen und Spielregeln zu erkennen und bei der Bearbeitung der sichtbaren Problem- und Optimierungsfelder zu berücksichtigen
- die konkrete Veränderungsgestaltung parallel zu planen und umzusetzen
- Problembewusstsein zu schaffen
- die Betroffenen sinnvoll zu beteiligen

- Kommunikationsprozesse offensiv zu gestalten
- Widerstand ernst zu nehmen und konstruktiv zu bearbeiten
- das erforderliche Konfliktmanagement anzuwenden.

Um genau das umsetzen zu können, braucht es High Performance Leader, die

- die Komplexität und Vernetztheit einer Unternehmenssituation (an-)erkennen und nicht vorschnell auf sogenannte bearbeitbare Themen eingrenzen
- für Ziel- und Handlungsorientierung von Anfang an sorgen
- fähig sind, einen Entwicklungsprozess unter Berücksichtigung des Mitarbeiter- beziehungsweise Systemverhaltens zu strukturieren
- Expertenwissen mit der notwendigen Kommunikations- und Sozialkompetenz zur Gestaltung von Entwicklungsprozessen anwenden
- eine Reflexionsfähigkeit in Bezug auf Inhalte, Vorgehen, Rollen, Methoden und Selbstverständnis zeigen.

Der folgende Fragenbogen zur integrierten Unternehmenssteuerung erlaubt eine Verortung bezogen auf die jeweiligen Schlüsselaktivitäten (Tab. 5.2).

Der integrierte Unternehmenssteuerungsprozess umfasst fünf Schritte, die im Folgenden beschrieben werden (Abb. 5.4).

1. Systemanalyse

Die aktuelle Unternehmenssituation wird auf Basis des „Fragebogens zur Systemanalyse", bezogen auf alle drei relevanten Systemgrößen und Einheiten, analysiert. Mit ausgesuchten – formell und informell einflussreichen – Führungskräften und Mitarbeitern werden die Fragen durchgesprochen, die entsprechenden Daten erhoben und ausgewertet. Das Ergebnis ist eine klare Einschätzung der Unternehmenssituation, bezogen auf die strategischen, strukturellen und verhaltensbezogenen Erfolgsfaktoren.

2. Strategie-Check

Im obersten Führungskreis wird ein Strategie-Check durchgeführt, das heißt, die Unternehmenssituation wird entsprechend der strategischen Fragestellungen analysiert und diskutiert. Somit entsteht ein gemeinsam erarbeitetes und getragenes Bild über die Unternehmenssituation, die strategischen Herausforderungen und die notwendigen Entwicklungen im Unternehmen. Die erarbeiteten strategischen Ziele werden mit den Beteiligten vereinbart und zur Umsetzung freigegeben. Im Rahmen von regelmäßig stattfindenden Meetings wird der Umsetzungsprozess im Führungsteam geprüft und ausgerichtet.

Tab. 5.2 Integrierte Unternehmenssteuerung

Erfolgsfaktor: Strategie								
- Die Strategie wird im Führungsteam erarbeitet und regelmäßig geprüft	-	1	2	3	4	5	6	+
- Die unternehmensbezogenen Stärken und Schwächen werden analysiert	-	1	2	3	4	5	6	+
- Veränderungen im geschäftlichen Umfeld werden beobachtet	-	1	2	3	4	5	6	+
- Unternehmensziele und konkrete Umsetzungsziele werden verhandelt und vereinbart	-	1	2	3	4	5	6	+
- Change-Projekteund Netzwerkstrukturen werden aufgesetzt	-	1	2	3	4	5	6	+
- Strategische Herausforderungen und Ziele werden an die Mitarbeiter kommuniziert	-	1	2	3	4	5	6	+
Erfolgsfaktor: Prozesse und Strukturen								
- Geschäftsprozesse sind beschriebenund werden gelebt	-	1	2	3	4	5	6	+
- Messgrößen sind definiert und dienen als Grundlage für Zielvereinbarungen	-	1	2	3	4	5	6	+
- Prozesse werden regelmäßig auf ihre Effizienz überprüft und optimiert	-	1	2	3	4	5	6	+
- Funktionen sind bezogen auf die Hauptaufgaben undden Verantwortungsrahmen beschrieben	-	1	2	3	4	5	6	+
- Stellgrößen für die Umsetzung sind definiert und werden berücksichtigt	-	1	2	3	4	5	6	+
- Strategische Erfolgsgrößen werden in Change-Projekten und Netzwerkstrukturen bearbeitet	-	1	2	3	4	5	6	+
Erfolgsfaktor:Verhalten								
- Information und Kommunikation über wichtige geschäftliche Vorgänge findenregelmäßig statt	-	1	2	3	4	5	6	+
- Fähigkeiten, Talente werden gefördert,interdisziplinäre Teamkultur wird gelebt	-	1	2	3	4	5	6	+
- Regelmäßige Fortschritts- und Erfolgskontrollen werden durchgeführt	-	1	2	3	4	5	6	+
- Werte und Zielkultur sind beschrieben, kommuniziert und werden im Führungsprozess berücksichtigt	-	1	2	3	4	5	6	+
- Konstruktives, ziel-und leistungsorientiertes Miteinander stärkt das Selbstvertrauen in die Erreichbarkeit von Zielen	-	1	2	3	4	5	6	+

Tab. 5.2 (Fortsetzung)

Erfolgsfaktor: Strategie	
- Mitarbeiter fühlen sich respektiert, anerkannt und fair behandelt	- 1 2 3 4 5 6 +
- Entscheidungen werden unter Berücksichtigung verschiedener Perspektiven und Meinungen getroffen	- 1 2 3 4 5 6 +
- Kundenorientierung und Verantwortungsbewusstsein ist Basis des Handelns	- 1 2 3 4 5 6 +

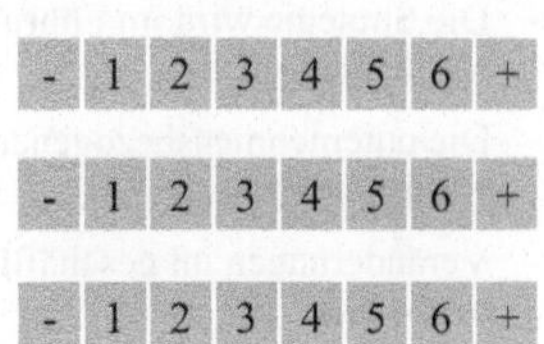

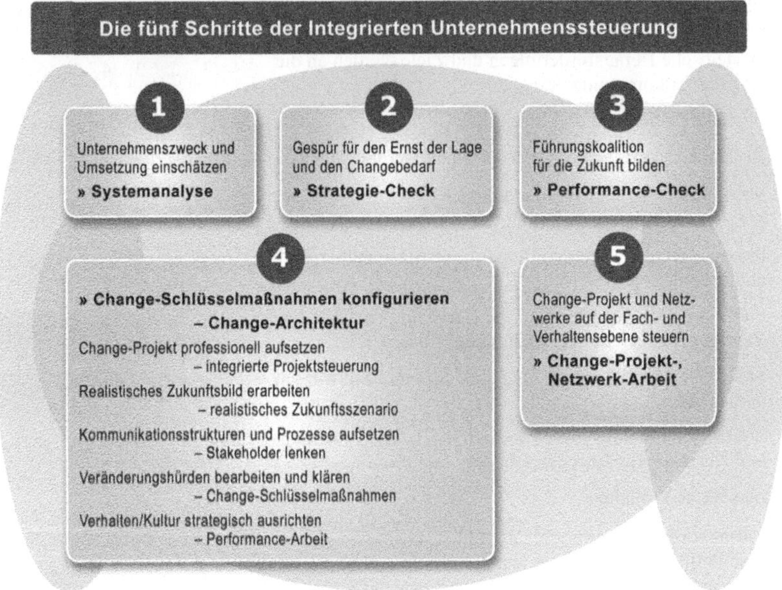

Abb. 5.4 Die fünf Schritte der integrierten Unternehmenssteuerung (Kappe 2014)

3. Performance-Check

Im Rahmen des Performance-Checks wird das Verhalten als relevante Steuerungsgröße eingeschätzt. Das heißt, in einer entsprechenden Analyse wird im Führungsteam die gelebte Unternehmenskultur reflektiert. Sowohl die Stärken als auch die blockierenden Dynamiken der Systemgröße Kultur werden bewusst gemacht und eine entsprechend abgeleitete Zielkultur wird erarbeitet. Dadurch ist bezüglich des Erfolgshebels Verhalten eine Messlatte geschaffen, auf die sich alle Beteiligten beziehen können und die Orientierung für das konkrete Führungshandeln gibt. Mindestens genauso wichtig wie die Erarbeitung der Zielgröße ist die Reflexion der Umsetzung. Durch regelmäßige Verhaltensfeedbacks, entsprechend vereinbarte Verhaltensziele und Konsequenzen bei der Nicht-Einhaltung wird das Verhalten im System geändert und das Miteinander ausgerichtet.

4. Change-Schlüsselmaßnahmen konfigurieren – die Change-Architektur erarbeiten

Zur wirksamen Bearbeitung und Umsetzung der strategischen Neuerungen im Unternehmen wird eine spezifische Change-Architektur erarbeitet. Das heißt, es werden für die jeweiligen Ziele passgenaue Netzwerk- und Kommunikationsstrukturen definiert, die ein integriertes Vorgehen auf der Sach- und Verhaltensebene im Entwicklungsprozess ermöglichen. Mit einer klaren, strategisch abgeleiteten Beauftragung sind die Know-how-Träger und die Treiber in der Netzwerk- und Projektstruktur aktiv. Die Umsetzung wird mithilfe definierter Tools und vereinbarter Vorgehensschritte gesteuert. Eine Verlinkung der Netzwerk- und Projektstrukturen mit den Linien-Verantwortlichen unterstützt die nachhaltige Umsetzung der Neuerungen (Kappe 2010).

5. Change-Projektarbeit

Entsprechend des integrierten Change-Management-Vorgehens werden die einzelnen Phasen im Projektgeschehen gesteuert und unter Berücksichtigung der entscheidenden Stellhebel umgesetzt (Kappe 2010). Hierzu ist es unter anderem notwendig, Kommunikationsstrukturen und -prozesse einzuführen und gemäß dem aufgestellten Kommunikationsplan umzusetzen. Veränderungshürden werden im Prozessverlauf im Rahmen der rollierenden Planung aufgegriffen und bearbeitet. Hierzu gehört es, verhaltensorientierte Themenfelder wie Konflikte und Missverständnisse wahrzunehmen und mit gezielten Maßnahmen die Kooperations- und Teamfähigkeit zu stärken. Dadurch werden neue Verhaltensweisen eingeübt und praktiziert. Denn kein Change-Prozess gelingt, wenn nicht auch an dem Miteinander gearbeitet wird.

In vielleicht noch entscheidenderem Maße ist integrierte Unternehmenssteuerung für Familienunternehmen von Bedeutung. Denn hier kommt es darauf an, die oftmals eng verknüpfte Familien- und Organisationsdynamik zu reflektieren, Interdependenzen beider Systeme (Familie und Organisation) soweit möglich zu vermeiden und im Rahmen eines Familien- und Unternehmensmanagements bewusst zu steuern. So kann verhindert werden, dass ungelöste Familiendynamiken in der Organisation reinszeniert werden. Konflikte, die ihren Ursprung in der Familiendynamik haben, sind getrennt vom Unternehmensgeschehen zu lösen und zu bearbeiten. Geschieht dies nicht, geht man das Risiko der verstrickten Dynamik ein. Das heißt, die ursprünglich ungelöste Familienthematik wird unbewusst im

Unternehmen reinszeniert und führt dort zu schwelenden, hemmenden bis hin zu zerstörerischen Prozessen.

Beispiel aus der Praxis

So wurde im Rahmen einer Beratung zur Nachfolgeregelung im Familienunternehmen deutlich, dass es immer wieder Unstimmigkeiten und Konflikte zwischen dem Personalleiter und dem Unternehmensgründer gab. Dieser hatte drei Söhne und eine Tochter. Alle drei Söhne waren in verantwortlichen Positionen im Unternehmen eingebunden. Die Tochter allerdings – eine ausgebildete, erfolgreiche Juristin – war von Anfang an vom Vater nicht für eine verantwortliche Aufgabe im Unternehmen vorgesehen. Allerdings war ihr Ehemann der Personalleiter des väterlichen Unternehmens und genau hier gab es Probleme. Auf Basis der integrierten Vorgehensweise galt es einerseits für die Tochter, im Rahmen des Selbstmanagements die ungelöste (Anerkennungs-)Thematik mit dem Vater bewusst zu machen und zu bearbeiten, und andererseits für den Personalleiter, dessen Solidaritätskonflikt zwischen der Ehefrau und dem Vorgesetzten zu erkennen. So konnte das Personalmanagement im Unternehmen weitgehend unbeeinflusst von der persönlichen Dynamik gehalten werden. Durch die bewusst getrennt wahrgenommene und gehandhabte Steuerung der beiden Systeme Organisation – Familie konnten Verstrickungen und die sich daraus ergebenden Konflikte gelöst werden. Darüber hinaus war es möglich, eine von allen Geschwistern getragene Lösung zur Nachfolgeregelung zu entscheiden.

Die Ausrichtung des Verhaltens auf oberster Ebene im Unternehmen ist eine der entscheidendsten Stellhebel für Erfolg im Unternehmen. Auch das folgende Beispiel macht das deutlich.

Beispiel aus der Praxis

So kam ein Marketingchef eines erfolgreichen Unternehmens in die Beratung. Eine Analyse seines Anliegens ergab, dass er zunächst als Mitarbeiter des Vertriebschefs im Unternehmen angefangen hatte und dort erfolgreich seine Aufgaben erledigte. Da die Stärken des Vertriebschefs in den reinen Vertriebsaufgaben liegen und weniger die strategische Marketingkompetenz abdecken, wurde die Entscheidung getroffen, Vertrieb und Marketing in zwei Bereiche aufzuteilen und dem ehemaligen Mitarbeiter die Verantwortung für das Marketing zu übergeben. Damit wurde der Marketingchef zum Kollegen des ehemaligen

Vorgesetzten. Einerseits war diese Entscheidung wichtig und strategisch notwendig, andererseits hatte dies nachvollziehbarerweise auf der persönlichen Ebene eine Konflikt- und Konkurrenzdynamik zwischen den beiden zur Folge. Der unaufgearbeitete Rollenkonflikt zeigte sich in eskalierenden Konfliktdynamiken beziehungsweise durch das Vermeiden von Aufeinandertreffen deutlich. Mit dem Marketingverantwortlichen wurde im Rahmen des Change-Coaching-Vorgehens daran gearbeitet. Hier konnte einerseits das persönliche Verhaltensmuster – immer der Erste und der Beste sein zu müssen – bewusst gemacht werden. Andererseits wurde das Rollenverhalten in konkreten Situationen reflektiert. Auf Basis der von Hellinger (2011) beschriebenen Ordnungsprinzipien im Unternehmen – Hierarchie hat Vorrang, Leistung hat Vorrang, Frühere haben Vorrang, Alter hat Vorrang – konnte das Verhalten des Marketingchefs hinterfragt werden. Indem er sein Rollenverhalten entsprechend ausrichtete, zeigten sich auch Veränderungen im Verhalten des Kollegen: Es wurde deutlich entspannter, realistischer und zielorientierter mit der Situation umgegangen und notwendige Abstimmungen fanden wieder statt. Die Bewusstwerdung und die Verankerung der neuen Verhaltensstrategie im Umgang mit dem Kollegen zeigte im täglichen Geschäft eine deutlich positive Wirkung.

Dieses und andere Praxisbeispiele zeigen auf, dass das Rollenverhalten einer Person im Rahmen der Aufgabe den Anforderungen entsprechend veränderbar ist. Gelingt dies den Schlüsselpersonen im Unternehmen, hat das oftmals eine positive Wirkung auf die gelebte Kultur und die Ergebnisse.

Das Fazit der Gesellschafterin eines Familienunternehmens ist ein Beispiel hierfür:

> Mittlerweile hat die zweite Generation den Großteil der Gesellschafteranteile übernommen. Dank vieler Auflösungen ist eine neue Qualität des Miteinander entstanden und eine gute Kommunikationsebene wurde gefunden.

Andererseits gibt es ungelöste Konfliktdynamiken auf der Top-Ebene, die nicht nur zu Missmanagement und Fehlleistung, sondern zur Insolvenz von Unternehmen führen. Dies zeigt eine Studie der Managementberatung A. T. Kearney, für die europaweit mehr als 1.200 Insolvenzfälle untersucht wurden: (Kearney 2014)

- Mehr als die Hälfte aller Unternehmensinsolvenzen sind auf falsche Strategie- und Investitionsentscheidungen zurückzuführen. Vor allem überhastete Expansionen vor der Krise werden nun besonders hart bestraft, da durch unkontrollierte Investitionen jetzt die Mittel fehlen, um auf die Krise reagieren zu können.

- Daneben zählen unausgewogene Kostenstrukturen (39 %), eine mangelnde Liquidität (38 %) sowie eine verspätete beziehungsweise nicht ausreichend konsequente Reaktion des Managements auf die Krise (34 %) zu den häufigsten Ursachen für die Zahlungsunfähigkeit von Unternehmen.
- Ein überraschendes Ergebnis der Studie ist, dass Krisen zwar rechtzeitig erkannt werden, jedoch vom Management an alten Verhaltensmustern und Strategien festgehalten und verspätet sowie nicht konsequent genug reagiert wird (34 %).
- Ein weiterer zentraler Grund für Unternehmensinsolvenzen ist mit 23 % die Abhängigkeit von Lieferanten und Kunden. Dieser Aspekt spielt insbesondere in der deutschen Industrie, die stark arbeitsteilig organisiert ist, eine wichtige Rolle.

> Verhaltenssteuerung ist einer der wirksamsten Stellhebel für die Sicherung einer langfristigen Überlebensfähigkeit des Unternehmens. Weder das Aussitzen von früher noch das Hire-and-Fire-Prinzip auf der Top-Ebene führen zu den notwendigen Veränderungen.

„Unvergessen ist Hilmar Kopper, einst Chef der Deutschen Bank sowie Aufsichtsratsvorsitzender von Daimler und später der HSH Nordbank. Jahrelang hielt Kopper zu Daimler-Chef Jürgen Schrempp, selbst als längst klar war, dass aus Schrempps Hochzeit im Himmel mit Chrysler ein Alltag in der Hölle des Autobaus geworden war. Und später als Oberaufseher bei der maroden HSH Nordbank stand Kopper trotz aller Kritik dem glücklosen Vorstandschef Dirk Nonnenmacher so lange zur Seite, dass es an Sturheit grenzte. Und Kopper war nur ein Beispiel von vielen. Heute wiederum, so glauben Beobachter, schlägt es ins extreme Gegenteil um. Rückendeckung gibt es in schwierigen Lagen kaum noch“ (Welt am Sonntag Nr. 32/0814).

Anstelle Seilschaft oder Hire-and-Fire-Prinzipien zu verfolgen – gilt es im Top-Management, die strategische Situation des Unternehmens zu durchleuchten, getragene Entscheidungen in Bezug auf die strategische Ausrichtung zu finden und entsprechend umzusetzen. Schlüsselkompetenzen von Top-Führungskräften hierbei sind: Selbstmanagement, Strategieentwicklung, Veränderungsmanagement und Teamfähigkeit.

So beschreibt ein Geschäftsführer:

> Führungskräfte mit Ellenbogenmentalität finde ich zuhauf. Führungskräfte, die echte Teamplayer auf der Top-Ebene sind, gibt es eher selten.

Die unternehmerischen Herausforderungen sind so groß, dass kein Einzelner mehr die Lösung allein entwickeln kann, das heißt, ein Top-Team muss in der Lage sein, hocheffizient und ausgerichtet zu agieren. Der Leistungsvorteil von Teams kann auch hier nur dann wirklich genutzt werden, wenn ein klares Führungs- und Rollenverständnis der Beteiligten vorhanden ist, ein lohnendes, gemeinsames Ziel definiert ist, die Gruppe mannschaftsdienlich auf Basis gemeinsamer Spielregeln und Werte arbeitet und ein Klima der Offenheit vorherrscht. Es braucht ein hochkompetentes Geschäftsführungsteam, das zielgerichtet und fokussiert zum Wohle des Unternehmens agiert.

Überdurchschnittliche Team-Performance auf der Top-Ebene ist alles andere als eine Selbstverständlichkeit und kein Automatismus. Durch einen bewusst gestalteten Teamentwicklungsprozess und die Arbeit mit Einzelpersonen aus dem Team wird dies ermöglicht. In Studien von David Rock und Carr and Walton wurde der Zusammenhang von wahrgenommener Teamzugehörigkeit und Leistungserbringung nachgewiesen. So berichtet David Rock – founder of the NeuroLeadership – im Harvard Business Review (08/14):

> „… the feeling of working together has indeed been shown to predict greater motivation, particularly intrinsic motivation, that magical elixir of interest, enjoyment and engagement that brings with it the very best performance". „David Rock has identified relatedness – feelings of trust, connection and belonging – as one of the five primary categories of social pleasures and pains (along with status, certainty, autonomy, and fairness)."

Und weiter wird von folgendem Experiment berichtet:

> In Carr and Walton's studies, participants first met in small groups, and then separated to work on difficult puzzles on their own. People in the psychologically together category were told that they would be working on their task together even though they would be in separate rooms, and would either write or receive a tip from a team member to help them solve the puzzle later on. In the psychologically alone category, there was no mention of being together and the tip they would write or receive would come from the researchers. All the participants were in fact working alone on the puzzles. The only real difference was the feeling that being told they were working together might create. The effects of this small manipulation were profound: participants in the psychologically together category worked 48 % longer, solved more problems correctly and had better recall for what they had seen. They also said that they felt less tired and depleted by the task. They also reported finding the puzzle more interesting when working together and persisted longer because of this intrinsic motivation (rather than out of a sense of obligation to the team, which would be an extrinsic motivation).

Doch viele Top-Führungskräfte misstrauen dem Teamgedanken beziehungsweise spielen die Teamanforderung lediglich mit einer So-tun-als-ob-Mentalität gekonnt mit. Der Teamgedanke passt nicht gut in vorhandene Machtstrukturen und tatsächliches Führungshandeln. Führung durch eine einzelne Person entspricht dem, was in einer Hierarchie erwartet wird, und die meisten Manager haben die Kunst des

Arbeitens und Entwickelns in einer klaren strukturierten Hierarchie gelernt. Sie fühlen sich unbehaglich, wenn sie in amorphen Gruppen mit überlappenden Aufgaben kooperieren sollen. Viele haben gelernt, die eigenen Machtinteressen zu verfolgen und sich im täglichen Kampf um die Vormachtstellung zu behaupten. Nicht selten findet sich zumindest in Ansätzen das folgende von Professor Riekmann (1993) beschriebene Reaktionsmuster wieder:

- Behandlung der komplexen Situation mit Routinemaßnahmen
- Da dies nicht den gewünschten Erfolg bringt, reagieren viele mit Wut.
- Feindbilder werden entwickelt
- Schuldige (statt Ursachen) werden gesucht
- Sündenböcke werden aufgebaut
- Durchhalteparolen werden ausgegeben und knallharte Vorgaben gemacht
- Bringt auch dieses Vorgehen nur weitere Misserfolge, folgen zumeist Schock und Lähmung. Das Problem wird dann nicht selten unter den Teppich gekehrt beziehungsweise auf das Niveau von Symptomlösungen reduziert.
- Führt auch diese Strategie nicht zum Erfolg, wird der Druck weiter erhöht und es beginnt ein hektisches, nervöses Übersteuern des Systems.
- Durch komplexe Neben- und Rückwirkungen wachsen Stress, Nervosität und die damit verbundenen Wahrnehmungsverengungen.
- Im sozialen System wird gejammert, man beschwert sich über Ungerechtigkeiten der Situation.
- Resignation, Fatalismus und Passivität setzen dann ein, Fluchtversuche verschiedenster Art (innere und äußere Kündigung) finden statt.

Will man diese Art von destruktiven Dynamiken im System vermeiden, ist es notwendig, immer wieder bewusst dagegenzusteuern. Erfahrungsgemäß braucht es jedoch nicht viel Zeit, sondern vielmehr Bereitschaft und Commitment, um eine echte Teamdynamik entstehen zu lassen und eine Eskalationsdynamik zu verhindern. In der Regel reichen ein bis zwei Workshops pro Jahr, an denen alle Teammitglieder teilnehmen und in denen integriert, das heißt sowohl an den relevanten Fachthemen als auch am Verhalten gearbeitet wird.

Im Einzelnen geht es dann in diesen Meetings um:

- die gemeinsame strategische Lagebeurteilung und Zieldefinition
- die Vereinbarung und Einhaltung von Spielregeln
- klare Kompetenzen, Verantwortung und Aufgaben
- die konkrete Aufgabenformulierung und die verantwortliche Übernahme

- die offene Kommunikation und die Weitergabe aller notwendigen Informationen
- die gemeinsame Prüfung und Freigabe der erarbeiteten Lösungen.

Wenn die Ausrichtung auf der Top-Ebene erfolgt ist, kommt es darauf an, diese auch an die Mitarbeiter weiterzugeben und in überlegten Kommunikationsschritten glaubhaft zu vermitteln.

> One of the most ubiquitous aphorisms in business is that the best leaders understand the need to walk-the-talk – that is, their behavior and day-to-day actions have to match the aspirations they have for their colleagues and organization. But the more time I spend with game-changing innovators and high-performing companies, the more I appreciate the need for leaders to talk- the-walk – that is, to be able to explain, in language that is unique to their field and compelling to their colleagues and customers, why what they do matters and how they expect to win. The only sustainable form of business leadership is thought leadership. And leaders that think differently about their business invariably talk about it differently as well. (Taylor 2014)

Auf diese Weise werden echte, gelebte Entwicklungen – das heißt bewusst gesteuerte, längerfristig orientierte Anpassungen von Unternehmensstrukturen, Geschäftsprozessen, Arbeitsweisen, Regeln und Normen, Denk- und Verhaltensweisen, Methoden, Verfahren und Technologien innerhalb von Organisationen machbar. Der Zweck hierbei ist die Verbesserung der unternehmerischen und individuellen Leistungsfähigkeit und Zielerreichung.

5.3 Erfolgshebel für die nachhaltige Umsetzung

Es stehen viele dringende Veränderungsprozesse auf dem Plan. Was vor ein paar Jahren noch als Szenario geschildert wurde, ist heute Realität. Einserseits ist man in den Unternehmen mit mehreren strategisch notwendigen Veränderungen konfrontiert, andererseits ist man in der Lage, dies zu verdrängen und die Umsetzung weiter hinauszuschieben. Doch die Situation stellt unwiderruflich ihre Anforderung.

„Wirtschaft und Gesellschaft gehen durch eine der größten Transformationen. Sie ist Teil einer weitreichenden, sozialökonomischen Umwandlung. Die Alte Welt von Kapitalismus und Sozialismus geht unter, weil eine Neue Welt entsteht. Sie tut dies, weil durch die Alte Welt Bedingungen geschaffen wurden, denen sie selbst nicht mehr gewachsen ist" (Malik 2011). Für die Ordnung der Neuen Welt, deren Merkmale vorerst nur skizzenhaft erkennbar sind, benutzt Malik versuchsweise die Bezeichnung „Humaner Funktionismus".

Maliks Thesen helfen, die Geschehnisse einzuordnen und die Kernaufgabe bezogen auf den großen Kontext zu verdeutlichen: (Malik 2011)

1. Die komplexen Systeme des 21. Jahrhunderts sind zwar durch die Erfolge der Denkweisen und Methoden des 20. Jahrhunderts entstanden, aber sie können mit eben diesen nicht mehr gemanagt werden, weil die Systeme global dafür zu komplex geworden sind.
2. Die kategorialen Dimensionen des neuen Weltbilds heißen Komplexität, System, Funktionieren, Control, Selbstorganisation, Information, Nicht-Linearität, Wissen und Erkenntnis.
3. Die globalen Gesellschaften transformieren sich zur Komplexitätsgesellschaft. Aufgrund ihrer Komplexität haben sie Eigendynamiken, die ein grundlegend anderes Management als bisher verlangen.
4. Die entscheidende Herausforderung für das Funktionieren im 21. Jahrhundert ist Komplexität. Die wichtigste Fähigkeit ist, Komplexität zu meistern und zu nutzen. Die wichtigste Funktion dafür ist kybernetisches (integriertes) Management. Das wichtigste Mittel dafür ist kybernetische (integrierte) Unternehmenspolitik. Die wichtigste Voraussetzung dafür sind Bedingungen zur Selbstorganisation, die die Eigendynamik komplexer Systeme nutzen und es Menschen ermöglichen, sich selbst zu führen. Nur die Organisation, die ihren Leistungsbeziehern für das Meistern der Komplexität wirksame Lösungen bietet, wird Erfolg haben.
5. Die Schlüsselfähigkeit für den Menschen in der Komplexitätsgesellschaft ist das Beherrschen von professionellem Management und (Selbst-)Management. Es wird für das soziale Überleben sowie die Lebens- und Evolutionsfähigkeit jeder Gesellschaft dieselbe Bedeutung haben wie das Lesen und Schreiben für den Schritt vom leibeigenen Analphabeten zum mündigen Bürger. Solides kybernetisches Management wird die Funktionierens- und Kulturfähigkeit der Komplexitätsgesellschaft sein.

Mit welchen grundsätzlichen Erfolgshebeln sind unter den vorhandenen Rahmenbedingungen High Performer in der Lage, durch diese Transformation zu führen und sie mitzugestalten? Wie wird es möglich, in dieser Zeit wirksam zu lenken, zu entwickeln, zu lernen und vorbildlich zu führen? Auf welche Kernkompetenzen für Leader kommt es jetzt wirklich an?

Im August 2014 wurde bekannt, dass das Bundeskanzleramt gleich drei Referenten mit Wissen über Psychologie, Anthropologie und Verhaltensökonomik für den Stab Politische Planung, Grundsatzfragen und Sonderaufgaben sucht. Hintergrund: Eine Gruppe im Kanzleramt wurde beauftragt, die Entwicklung alternativer Designs von politischen Vorhaben, auf der Grundlage verhaltenswissenschaftlicher

Erkenntnisse voranzutreiben. Ergebnisse der Verhaltensökonomie sollen stärker genutzt werden. Denn Forscher hätten herausgefunden, „dass viele Menschen so handeln, dass es ihren eigenen Interessen widerspricht", so der Regierungssprecher (Beck und Plickert 2014). Sie essen zu viel, sie rauchen, sie treiben zu wenig Sport oder sie sparen wenig für ihre Altersvorsorge, was sie später bereuen.

Mithilfe einfacher psychologischer Methoden könnte man das Verhalten beeinflussen und die Entscheidungsfindung verbessern – so die Hypothese. Den Grundstein dieser Idee einer psychologischen Politikberatung legte das Buch „Nudge" des Ökonomen R. Thaler (Universität Chicago) und des Juristen C. Sunstein im Jahr 2009. Der Kerngedanke hier ist, dass man durch eine einfache Veränderung des Designs einer Entscheidung wirksam eine Verhaltensänderung erreicht. In dem Buch werden überzeugende Beispiele dafür gegeben, wie eine intelligente Umgebungsgestaltung Menschen zu vernünftigen Entscheidungen bringen kann, ohne komplizierte Anleitungen und pädagogische Tricks anzuwenden. Wirksamer als eine Ernährungsfortbildung ist es demnach, die Essenstheke so zu gestalten, dass der Griff zum gesunden Essen unweigerlich erfolgt. Durch die Anordnung der Produkte – gesundes Essen nach vorn – steigt die Zahl der Schüler, die sich für das gesunde Essen entscheiden um 25 %. Eine sorgsam durchdachte Entscheidungsarchitektur allein sorgt nachweislich für die gewollte Entscheidung, das heißt den notwendigen „Nudge". Mit „Nudge" ist demnach ein Anstoß oder Schubser gemeint, der die Person zum gewünschten Verhalten bringt. Experimente machen deutlich, wie die Steuermoral der Bürger erhöht werden kann. Teilt man säumigen Steuerzahlern mit, wie viele Nachbarn schon ihre Steuern gezahlt haben, so steigt die Steuermoral deutlich. Dieses Vorgehen wird oft auch als liberaler oder sanfter Paternalismus bezeichnet. Die Regierung Merkel ist nicht die erste, die sich der verhaltenswissenschaftlichen Methoden bedienen will: Schon im Jahr 2010 hat der britische Premierminister David Cameron das Behavioral-Insights-Team installiert, genannt Nudge-Unit. Die dänische Regierung hat ein Mind Lab (Laboratorium) eingerichtet. Und auch der Regierung Obama wird nachgesagt, dass sie Nudging-Experten rekrutiert. „Mit der Kreation des Begriffs Nudge fokussieren Thaler und Sunstein auf die zentrale Bedeutung von intelligent gestalteten Umgebungen beziehungsweise kreativen Feldern für die Förderung von klugen Entscheidungen", betont Professor Dr. Olaf-Axel Burow. Das Motto ist: Wirksamer regieren unter Berücksichtigung der verhaltenswissenschaftlichen Methoden.

Verhalten zielorientiert ausrichten

Auch im Unternehmens- und Managementkontext sind Top-Manager in der Lage, die notwendigen Veränderungen umzusetzen. Hierbei sind sie der erfolgsentscheidenden Größe – der Verhaltensdimension – nicht unkontrollierbar ausgeliefert, sondern sind in der Lage, diese bewusst in ihre normative, strategische und operative Steuerung des Unternehmens mit aufzunehmen und zielorientiert auszurichten. Der Steuerungsfokus bleibt auf der betriebswirtschaftlichen Seite, denn das Unternehmen ist in erster Linie ein output-orientiertes System. Doch die Verhaltenssteuerung wird bewusst in die Arbeitsprozesse mit eingewoben. So werden – neben den strategischen und den operativen – auch Verhaltensziele in die jährlichen Zielgespräche mit aufgenommen. Hier wird zum Beispiel vereinbart, dass eine Führungskraft ihre Teamfähigkeit optimiert, das Kommunikationsverhalten dem Arbeitspartner gegenüber verbessert oder seine Work-Life-Balance stabilisiert. Es gilt die Möglichkeiten zu nutzen, das Verhalten im Unternehmen mit einem durchdachten Gesamtkonzept zu steuern und die Kultur direkt und indirekt zu prägen.

Leadership-Verhalten, das visionär, inspirierend, charismatisch und auf der Grundlage klarer Werte ist, fördert nachweislich das Engagement und die Loyalität der Mitarbeiter. Auf die folgenden vier Stellhebel sollte der High Performance Leader besonders achten.

Funktionierende Top-Teams aufbauen

Es kommt darauf an, ein starkes Top-Team aufzubauen. Keine einzelne Führungskraft ist heute in der Lage, die Komplexität einer wachsenden Organisation zu durchschauen und zu steuern. Es braucht ein kompetentes Geschäftsführungsteam, das in einem konstruktiven, zielorientierten Zusammenspiel die verschiedenen Expertisen und Perspektiven zusammenführt und auf Basis vorhandener Governance-Strukturen das Unternehmen steuert. Bei der Suche nach geeigneten Kandidaten sollte besonders auf die Managementerfahrung, den „Mission Fit" und den „Culture Fit" geachtet werden. Gerade in den Schlüsselpositionen auf oberster Ebene braucht das Unternehmen Teamplayer, die voll und ganz hinter der Mission stehen, zur Unternehmenskultur passen, in das Top-Team komplementäre Fähigkeiten einbringen und nicht zuletzt sich loyal verhalten. Talente aus dem mittleren Managementteam in die Top-Ebene zu befördern, kann Probleme mit den Fit-Kriterien vermeiden. Teamentwicklung ist allerdings kein Selbstläufer und es reicht auch nicht, entsprechende Parolen zu verkünden. Ein bewusst gestalteter Teamentwicklungsprozess braucht Zeit und durchdachte Interventionen im Rahmen eines strukturierten Gesamtkonzeptes.

Für Rollenklarheit und gekonntes (Change-)Managementhandwerk sorgen

Grundlegendes Managementhandwerk – Zielvereinbarung, Leistungsbeurteilung, Job-Design, Maßnahmencontrolling etc. – sind Instrumente und Vorgehensweisen, die im Unternehmen angewendet werden. Darüber hinaus ist eine klare Rollen- und Verantwortungsklärung vonnöten, das heißt, im Unternehmen liegen die aktuell gültigen Funktions- und Rollenbeschreibungen vor, sind mit den

Funktionsinhabern besprochen und Klarheit, bezogen auf den jeweiligen Verantwortungsrahmen, ist gegeben.

Kommunikation als Steuerungsinstrument nutzen
Eine weitere Herausforderung in der Leadership-Aufgabe ist die Kommunikation mit den verschiedenen Stakeholdern. Top-Manager sind häufig mit sehr unterschiedlichen Perspektiven und Erwartungen konfrontiert. Kunden, Aufsichtsräte, Kollegen, Belegschaft, Betriebsrat und Lieferanten haben jeweils spezifische Erwartungen und Informationsbedarfe. Wirksames Leadership zeichnet sich dadurch aus, dass auf Basis eines durchdachten Kommunikationsplans zielgruppenspezifisch eingegangen wird und Stakeholder über die Geschäftssituation und die relevanten Geschäftsthemen informiert werden.

Selbstmanagement und persönliche Weiterentwicklung forcieren
Um die beschriebenen komplexen Herausforderungen zu meistern, braucht es ein hohes Maß an innerer Klarheit. Studien über erfolgreiche Leader betonen immer wieder die Wichtigkeit von Praktiken und Vorgehensweisen, die die persönliche Reflexionsfähigkeit unterstützen. Eine Top-Führungskraft ist in der Lage, im Rahmen eines prozessbegleitenden Change-Coachings ihr Führungshandeln neu auszurichten und damit die eigene Wirksamkeit entscheidend zu erhöhen. So konnte zum Beispiel die Verhaltenstendenz der emotionalen Überreaktion in Stresssituationen einer Top-Führungskraft erfolgreich bearbeitet werden. Das Ergebnis waren wesentlich weniger emotionale Auseinandersetzungen, stattdessen hocheffiziente, sachliche, konstruktive Klärungs- und Umsetzungsprozesse im Führungsteam.

Führungsverständnis neu ausrichten
Laut der Studie „Neue Qualität der Arbeit" im Auftrag des Bundesarbeitsministeriums sind viele Manager heute mit der vorherrschenden Führungskultur nicht mehr einverstanden. Das Ergebnis ist klar: Nicht einmal jeder zweite Chef glaubt, dass der momentan in den Firmen praktizierte Führungsstil den Anforderungen der Zukunft genügt. „Eine Mehrheit der 400 befragten Manager hält einen grundlegenden Wandel für unabdingbar. Nicht einmal jeder zweite Chef glaubt, dass der Führungsstil, der momentan in den Unternehmen praktiziert wird, den Anforderungen der Zukunft genügt. Autonomie werde wichtiger als Statussymbole und der wahrgenommene Sinnzusammenhang einer Tätigkeit bestimme den Grad der Einsatzbereitschaft. Persönliches Engagement wird mehr mit Wertschätzung, Entscheidungsfreiräumen und Eigenverantwortung assoziiert. 51 % der Kriterien, die den Chefs bei der Führung ihrer Mitarbeiter wichtig sind, sehen sie in ihrem Alltag nicht verwirklicht" (Kruse und Greve 2014). Das Management muss umdenken. Allein aus der Hierarchie heraus zu steuern, trifft nicht mehr mit den Anforderungen

überein. Dass die Führungskräfte selber den Bedarf sehen, ist bemerkenswert, lässt aber die Frage nach den Leadern offen, die genau diese Veränderung angehen. Hier ist ein Umdenken notwendig und eine Bereitschaft, neue Wege der Führung in der Praxis anzuwenden und zu erforschen.

Rita Gunther McGrath – Professorin an der Columbia Business School und eine anerkannte Expertin für Strategien in unsicheren, volatilen Umfeldern – ist ähnlich wie ihr Kollege Ian MacMillan – The Dhirubhai Ambani Professor of Innovation and Entrepreneurship – der Ansicht, „dass seit der industriellen Revolution drei verschiedene Managementzeitalter durchlaufen wurden, in denen jeweils ein anderes Verständnis von Führung und Unternehmung im Mittelpunkt stand: Exekution, Fachkompetenz und Empathie. Heute stecken wir mitten in einem fundamentalen Umdenkungsprozess, der unsere Vorstellung vom Sinn und Zweck der Unternehmen erneut ausrichten wird. In der Ära der Exekution bestand der Daseinszweck des Unternehmens darin, möglichst groß zu werden. In der Ära der Fachkompetenz hatten Unternehmen die Aufgabe, immer komplexere und hochwertigere Serviceleistungen bereitzustellen. Heute dagegen erwarten die Mitarbeiter, dass das, was sie tun, Sinn macht und sie eben auch auf der emotionalen Ebene angesprochen werden“ (McGrath 2014). Was aber ist genau damit gemeint?

Es bedeutet, die Fähigkeit und die Bereitschaft, Emotionen, Motive und Persönlichkeitsmerkmale einer anderen Person zu erkennen, zu verstehen und darauf reagieren zu können. Will man als Führungskraft die Situation, die Bedingungen und die Erwartungen der Mitarbeiter heute – der sogenannten Generation Relaxed – verstehen, braucht es empathische Führung. Sie öffnet den Zugang zur Emotion und damit allerdings auch den Zugang zu emotionaler Manipulation. Nach dem Politiker William Gerard Hamilton (1729–1796) hat man einen direkten Draht in das Herz der Menschen, wenn Instinkte und Leidenschaften wie Neid, Angst, Wünsche, Hoffnungen und Hass angesprochen beziehungsweise geweckt werden. Empathie bedeutet eben nicht automatisch auch Mitgefühl. Beide Fähigkeiten können gelernt werden. So lernt man beispielsweise durch die Anwendung von Meditationstechniken die Sammlung und Beruhigung des Geistes und das Kultivieren von Mitgefühl.

„Firmen wie Bosch, Siemens oder RWE experimentieren mittlerweile mit Achtsamkeitstrainings, selbst bei der Deutschen Bank oder der Europäischen Zentralbank gibt es Meditationsgruppen. Vor einigen Jahren wurde gar ein ‚Netzwerk Achtsame Wirtschaft‘ gegründet, das eine ‚Wirtschaft, die Sinn macht und Sinn schafft‘, befördern möchte. ‚Google machte den Anfang‘. ‚Search inside yourself‘ heißt das firmeninterne Meditationsprogramm, das 2007 gestartet wurde. ‚Suche in dir selbst‘ – was wie das Motto eines Kirchentags klingt, wurde bei dem Internetunternehmen zu einem echten Renner. Über 1.000 Google-Mitarbeiter haben den Kurs bislang absolviert, die Warteliste für das viermal im Jahr stattfindende

Trainingsprogramm ist immer voll. ‚Und seit in Forbes und der New York Times euphorische Berichte über die Wirkung der Selbsterforschung erschienen', fingen auch deutsche Firmen an, Interesse zu zeigen" (Schnabel 2013).

Der Einsatz beziehungsweise die Nutzung der Empathiefähigkeit hängt vom eigenen Wertegerüst und der Persönlichkeitsstruktur ab – sie ist damit kulturell, familiär und eben auch persönlich geprägt. Hieraus ergibt sich das Hinterfragen und Definieren des Wertegerüsts und damit der Ausrichtung des eigenen Handelns. Im Unternehmenskontext tritt an die Stelle des dominanten Menschenbildes der Mensch, der selbstregulierend und aktiv Bedeutung und Sinn konstruiert. Inspirierende High Performance Leader machen sich genau dies zunutze, sie sprechen viel häufiger die sinnstiftende Ebene an als andere Führungskräfte.

Simon Sinek (2011), der einen interessanten Ansatz für inspirierendes Leadership beschreibt, bietet hierfür den „Goldenen Kreis" – das heißt die Frage nach dem 1. Warum? 2. Wie? 3. Was? als Führungsprinzip an. Genau diese Reihenfolge der Fragestellungen entspricht der unseres Gehirns: Ganz außen sitzt die logisch denkende Hirnrinde (Was), ganz innen das von Gefühlen und Bildern geleitete limbische System (Warum). Seiner Aussage nach hat jede Führungspersönlichkeit eine Vision, die das limbische System anspricht. In dieser sehr alten Hirnregion reagieren wir spontan, gefühlsgesteuert und – sprachlos. Nur von diesem Punkt aus kann der Funke auf andere überspringen. Erfolgreiche Unternehmen und Institutionen stellen dieses Warum – die Mission oder Vision – konsequent in den Mittelpunkt ihrer Kommunikation und bedienen so die Bedürfnisse besonders der Generation Y, die nicht mehr nur auf Basis von Befehl und Gehorsam reagiert, sondern verstärkt die Frage nach dem Sinn stellt.

Die entscheidenden Fragen sind: Warum machen wir es? Welchen Sinn bieten wir? Welchen Sinn macht es für mich? Es kann sein, dass diese Frage nicht von jedem gestellt wird, aber dass eine Organisation, die hier eine Antwort liefert, genau diesem Bedürfnis Rechnung trägt und Mitarbeiter sich leichter hiermit identifizieren, scheint nachvollziehbar. Letztlich bezieht sich dieser Ansatz auf die Fragen nach dem Kundennutzen: Für welchen Zweck und welchen Kundennutzen stehen wir im Kern?

„Inzwischen nehmen die Menschen wahr, dass wir für eine neue Ära des Managementdenkens und der Managementpraxis bereit sind. Dies bedeutet, dass wir herausfinden müssen, wie Management aussehen kann, wenn die Arbeit nicht mehr vorwiegend über die Hierarchie, sondern verstärkt über Netzwerke abläuft, wenn sie eine emotionale Bedeutung hat und die Manager dafür verantwortlich sind, für ihre Mitarbeiter Communitys zu schaffen beziehungsweise diese auch im Geschäftsinteresse Sinn machen. Wenn von den heutigen Managern Empathie verlangt wird, dann müssen wir uns fragen: Was für neue Rollen und Unternehmensstrukturen sind in einem solchen Kontext sinnvoll und wie soll man das

Leistungsmanagement gestalten? Was für Eigenschaften muss eine Führungskraft jetzt mitbringen, um als Säule ihres Unternehmens fungieren zu können, und wie soll die nächste Managergeneration ausgebildet und geschult werden", so die Professorin R. Gunther McGrath (McGrath 2014; Ergänzung Kappe).

Die Frage nach dem veränderten Führungsverständnis macht auch vor Aufsichtsräten nicht halt. Das Rollen- und Aufgabenverständnis hat sich in den vergangenen Jahren auch hier stark gewandelt. Denn inzwischen sorgt eine neue Riege Kontrolleure für ein neues Verständnis von Konzernaufsicht. Die großen alten Männer in den Aufsichtsräten handelten wie Autokraten, die sich nicht selten durch Kapitalverflechtungen von Konzernen und Banken auszeichneten. Daimler-Benz-Chef Hilmar Kopper soll 1998 mit dem damaligen Daimler-Chef Jürgen Schrempp praktisch im Alleingang die Fusion mit dem US-Autobauer Chrysler ausgemacht haben, die neun Jahre später scheiterte. „Heute gibt es stattdessen die Similauner, die einmal pro Jahr unter Leitung von Bergsteiger Reinhold Messner durch die Alpen wandern. Ulrich Lehner – der Ex-Henkel-Chef – ist einer der mächtigsten Kontrolleure der deutschen Wirtschaft, er zeichnet sich durch eine ziemlich einzigartige Mischung aus Erfahrung, Qualifikation, Instinkt und Bodenständigkeit aus und hat Mandate bei E.ON und Porsche inne, ist einer der anerkanntesten unter ihnen und verkörpert den Prototyp eines neuen Aufsichtsstils" (Berke et al. 2014). Von ihm stammt der Satz: „Im Aufsichtsrat muss jeder zu Wort kommen – am besten ehrlich und unpolitisch." Lehner ist für seine freundliche Art bekannt und ist „ein Meister darin, bei komplexen Themen die wesentlichen Dinge herauszuarbeiten und für Klarheit zu sorgen", so der ehemalige Telekom-Chef Obermann. „Seine Konsensstrategie ist es, die konsequent auf die Kraft der besseren Argumente setzt, seine Art, festgefahrene Diskussionen mit einer witzigen Bemerkung zu entspannen. Und dass er mal wütend mit der Faust auf den Tisch schlägt, hat noch niemand gesehen. Stattdessen versteht er es, geschickt alles sympathisch zu vermitteln," so Timotheus Höttges, Vorstandschef der Deutschen Telekom. „Er kombiniert mit seiner analytischen Gabe und versteht es, komplexe Zusammenhänge zu strukturieren, das ist oft entlarvend. Er stellt die Sache und niemals sich in den Mittelpunkt. Er polarisiert nicht. Wenn Veränderungen anstehen, bemüht er sich, alle mitzunehmen, von den Mitarbeitern bis zu den Aktionären", so Ingo Speich, Fondsmanager der Union Investment (Berke et al. 2014).

5.4 Das integrierte Leadership-Vorgehen

Als Antwort auf die Führungsanforderungen ist in der Praxis ein Vorgehensmodell entstanden, das den neuen Herausforderungen entspricht. Auf dieser Basis konnte bereits in mehreren Projekten eine nachhaltige Unternehmensentwicklung umgesetzt werden.

Im Rahmen dieses integrierten Unternehmensentwicklungsansatzes werden die Erfolgsfaktoren, auf die es in der neuen Zeit ankommt, berücksichtigt und fokussiert umgesetzt. Das Modell liefert die entscheidenden Stellhebel für die Realisierung der notwendigen Transformationen. Und es bietet Top-Führungskräften eine Orientierung für ihr neues Führungshandeln. Wurden diese High-Performance-Stellhebel bisher angewendet, konnte eine zukunftsfähige Steuerung der Organisation – auch unter komplexen Herausforderungen und Rahmenbedingungen – umgesetzt werden (Kap. 5).

Im Folgenden werden die entscheidenden Stellhebel für integriertes Leadership erläutert.

Die entscheidenden Stellgrößen für integriertes Leadership sind:

1. Strategieorientierung – realistisches Zukunftsbild
2. Output-Orientierung – Fokus auf den Kundennutzen und die Innovation
3. Sinnvolle Beteiligung – gezielte Kommunikation und Teamentwicklung
4. Integriertes Change-Management – Veränderungen wirksam umsetzen
5. Verhaltenssteuerung – konsequentes, ziel- und werteorientiertes Miteinander
6. Global Mindset – internationales und interkulturelles Lernen
7. Selbstmanagement und balanciertes Netzwerken

Zu 1.) Strategieorientierung – realistisches Zukunftsbild

Entwickelt sich ein völlig neues Geschäft beziehungsweise ändern sich die Marktbedingungen grundlegend, reicht die Optimierung des operativen Managements nicht mehr aus. Dann sollten die Geschäftsgebiete und Aktivitäten konsequent geprüft, das Bisherige und bislang Erfolgreiche fundamental infrage gestellt und die richtigen Strategieschwerpunkte gesetzt werden. Auch nach A. Gälweiler – dem Strategieexperten – besteht die Schlüsselaufgabe der Top-Ebene darin, das Geschäft, den (neuen) Markt und die Rahmenbedingungen systematisch zu durchdenken und zu definieren, wie man von Anfang an handeln muss, um auf Dauer im Geschäft erfolgreich zu sein. Das Management muss dann kompromisslos auf die künftigen, neuen Erfolgspotenziale umschalten (Gälweiler 2005).

Die Führungsmannschaft einer High-Performance-Organisation sollte demnach ihr Geschäft anhand der relevanten strategischen Kernfragen regelmäßig durchleuchten. Nach guter Vorbereitung durchläuft das Top-Managementteam dann den strategischen Analyseprozess: Gemeinsam wird die Situation eingeschätzt, Schlussfolgerungen werden gezogen und die notwendigen Veränderungen eingeleitet. Auf dieser Basis wird ein realistisches Zukunftsbild erarbeitet und im Unternehmen kommuniziert. Die geteilten Einschätzungen der Situation machen eine proaktive Einstellung auf die zu steuernden Veränderungen, eine Fokussierung auf die wichtigen Themen und nicht zuletzt eine glaubwürdige Transparenz für alle Beteiligten möglich. In regelmäßigen Abständen wird ebenfalls im Führungskreis der Umsetzungsprozess überprüft und vorangetrieben.

Eine Umfrage unter Partnern von Roland Berger (Schwenker und Müller-Dofel 2012) zeigt auf, wie entscheidend die klare strategische Ausrichtung ist und welche Managementfehler fatal für Firmen sein können. Es wird deutlich, dass die fehlende strategische Durchdringung ein unverantwortliches Risiko für das Unternehmen darstellt.

- Frühwarnsignale, zum Beispiel Markt- oder Technologieveränderungen, werden nicht wahrgenommen oder sogar aktiv verdrängt.
- Regulatorische und politische Einflüsse auf die künftige Unternehmensentwicklung werden systematisch unterschätzt.
- Markt- und Kundenveränderungen werden im Vorstand nicht hinreichend analysiert und diskutiert.
- Das Geschäftsmodell wird nicht kritisch reflektiert.
- Es fehlt eine klar kommunizierte überzeugende Veränderungsvision und -strategie.
- Man hält zu lange an traditionellen (bisher erfolgreichen Vorgehensweisen) fest.
- Es mangelt an Mut, gegen die herrschende Meinung zu argumentieren.
- Bei spürbaren Veränderungen wird zu zögerlich gehandelt, man ergeht sich in Aktionismus und Effekthascherei ‚auf der Bühne', ohne konkrete Maßnahmen.

High Performance Leader erkennen die Gefahr in der aktuellen Situation und lassen sich nicht von bloßer Effizienzsteigerung blenden. Sie überlassen die Strategiedefinition nicht externen Experten und auch nicht internen Stabsabteilungen. Echte Leader sehen die strategische Ausrichtung als eine ihrer Kernaufgaben an.

Zu 2.) Output-Orientierung – Fokus auf den Kundennutzen und die Innovation

Auf Basis der erarbeiteten Strategie sind die Führungskräfte in der Lage, ihre Schwerpunkte richtig zu setzen und Neuerungen mit nachvollziehbarem Kundennutzen zu entwickeln und umzusetzen. Entscheidende Problemstellungen und Herausforderungen werden analysiert und innovative Lösungsansätze erarbeitet. Fokussierte Businessanalysen schaffen ein genaueres Verständnis der Abläufe und unterstützen kreative und innovative Lösungen. Ergebnisorientierung ist die Folge von strategisch ausgerichtetem Handeln und einer konsequent nachvollziehbaren Ableitung der jeweiligen Maßnahmen.

Eine starke Innovationsorientierung bedeutet, dass die Unternehmenskultur kreative Problemlöseprozesse unterstützt und fördert. Es werden neue Wege des Handelns (bezogen auf die Produkte, Verfahren, Strategien, Geschäftsmodelle) gesucht und umgesetzt. Innovationen müssen dabei marktgerichtet und auf die Schaffung neuer Bedürfnisse und Bedarfe sowie auf den neuen und besseren Nutzen für Kunden und Verwender abzielen. Die beiden unternehmerischen Kernfragen hierzu sind:

1. Steht das, wofür die Kunden bezahlen, wirklich im Zentrum der Aufmerksamkeit?
2. Leisten die Mitarbeiter einen echten Beitrag zum Kundennutzen beziehungsweise zur Wertschöpfung und wie können wir hier noch besser werden?

Ein Unternehmen sollte durch gute Führung in der Lage sein, sich gegebenenfalls radikal an neue Entwicklungen anzupassen. „Die hohe Kunst der Unternehmensführung ist es, mehrere Wenden erfolgreich zu durchlaufen. IBM ist dafür ein gutes Beispiel, weil man dort den Wechsel geschafft hat: vom Hardware- zum Softwaregeschäft hin zu Services und anschließend zum Outsourcing nach Indien, schließlich zur Cloud. Alle fünf bis zehn Jahre muss man seine Strategie ändern oder zumindest anpassen. Das macht nicht so viel Spaß, man muss steinige Steilwege gehen, viele Jobs und Gewohnheiten sind betroffen. Aber in Zeiten extremer Veränderung zählt das zur Hauptarbeit in der Führung großer Konzerne“, so der Innovationsforscher Gunter Dueck in der WirtschaftsWoche (Merten 2014). Auf die Frage, worin die besondere Schwierigkeit in Bezug auf die Innovationsfähigkeit von Unternehmen liegt, antwortet er weiter: „Man muss eine kritische Masse von Begeisterung erzeugen. Die muss so groß sein, dass Kundenbedenken, interne Bereichsinteressen, Altprozesse, Personen und Karrierebedenken besiegt werden, ohne sie sich zu Feinden zu machen. Nur dann wird keine unnötige Energie wegen Widerständen vergeudet. Will man einen Blick auf die nächsten großen Innovationen, die die Welt verändern können, werfen, dann erkennt man bei Google die Vision der selbstfahrenden Elektroautos, die technisch allerdings schon lange machbar wären. Wenn es nur selbstfahrende Taxis gäbe, die uns auf Befehl des Smartphones abholen, dann kann man mit Sicherheitspuffer vielleicht mit einem Fünftel des heutigen Fahrzeugbestandes auskommen. Wir brauchen dann nicht mehr so viele Garagen, Carports, Parkhäuser, Parkplätze, Tankstellen, Führerscheine oder

Autofabriken. Elektroautos könnte man einfach zentral einführen, basta. Alte Leute können im Dorf weiterleben und müssen nicht ins Heim, weil sie ohne eigenes Auto nicht mehr einkaufen können", so Herr Dueck (Merten 2014).

Zu 3.) Sinnvolle Beteiligung – gezielte Kommunikation und Teamentwicklung

> Auf Basis einer klaren und nachvollziehbaren strategischen Ausrichtung und unter sinnvoller Beteiligung von Experten und Interessengruppen werden Vorgehensweisen und konkrete Umsetzungsschritte erarbeitet. Strukturierte Projektarbeit unterstützt das konsequente Umsetzen der Ziele. Die Durchführung eines exakten Projektcontrollings sorgt für die notwendige Konsequenz in der Umsetzung. Bezogen auf die Zusammenarbeit werden Grundregeln und eine Zielkultur erarbeitet, die als Messlatte für die Zusammenarbeit dienen. Faires Miteinander ist entscheidend; Unstimmigkeiten und Konfliktdynamiken werden wahrgenommen und konstruktiv im Sinne der Zielsetzung bearbeitet.

Die Wirksamkeit einer Führungskraft hängt ab von ihrer Glaubwürdigkeit, den Einwirkungsstrategien und der Beziehungsgestaltung. Das Ziel ist ein effizienter und nachhaltiger Einsatz der vorhandenen Ressourcen. Eine starke Motivation und hohe Identifikation der Mitarbeiter mit dem Unternehmen, den Aufgaben und den Produkten und Marken kann nur geschaffen werden, wenn das Verhalten in Richtung eines offenen und fairen Miteinanders gesteuert wird und wenn die Mitarbeiter an diesen Prozessen beteiligt werden. Doch wenn Menschen miteinander agieren, ist die Entwicklung in eine destruktive, eskalierende Richtung eher zu erwarten als ein konstruktives Miteinander. Aus diesem Grund sind die Steuerung von Kommunikation im Unternehmen und die Stärkung von Teams entscheidende Stellhebel für eine wirkungsvolle Beteiligung und für ein beitragendes Miteinander.

Die Führungskraft sollte hierbei ein sozialer Architekt sein, der es einer Gruppe ermöglicht, Dinge zu tun, die keines ihrer Mitglieder alleine fertig brächte.

> Es kommt auf die Kultur des Vertrauens an und darauf, dass die Leute frei sind. (Bennis 2009; Gründer und Chef des Leadership Instituts der Universität Southern California)

> Meistens hängt die Fähigkeit, diese Aufbruchsstimmung zu erzeugen, eng mit der zusammen, das eigene Ego zu kontrollieren und es hinter die Talente der anderen zu stellen. Intelligenz ist hier nicht das Thema, die meisten Leute sind intelligent genug, um einen Bereich zu führen. Sie scheitern allerdings daran, die Leute wirklich zu involvieren. (Bennis 2009)

Eine in diesem Sinne professionelle Führung und Entwicklung von Teams zeichnet sich durch die folgenden Prinzipien aus: (angelehnt an Doppler und Lauterburg 2008)

- Transparenz der Ziele, Absichten und Interessen
- frühzeitige, offene und umfassende Information und Kommunikation
- Selbststeuerung und Selbstverantwortung, weitgehende Autonomie
- selbstständiges Denken, kritisches Hinterfragen, offenes Feedback
- Konflikte auf dem Verhandlungswege lösen
- Vertrauen nicht nur als Ausdruck menschlicher Wertschätzung, sondern als Weg zu hoher Effektivität
- Besetzungen mit Sorgfalt vornehmen, Mitarbeiter fördern, Potenziale entwickeln
- eine motivierende und herausfordernde Atmosphäre im Team schaffen
- mit den besten internen und externen Partnern aus unterschiedlichen Kulturen zusammenarbeiten
- gezielt und fair Einfluss nehmen, das heißt, andere überzeugen und deren Unterstützung gewinnen.

Im Teamentwicklungsprozess geht es darum, einen positiven Raum zu schaffen, sodass sich Menschen gut ankoppeln, entwickeln und beitragen können. Wirksame Team- und damit auch Kulturentwicklung zeigt sich nicht so sehr in den ganz normalen Geschäftssituationen, sie zeigt sich gerade in schwierigen, herausfordernden Situationen, dann, wenn Konflikte in der Luft liegen und mit ihnen auf die ein oder andere Weise umgegangen werden muss. Hier gilt – wie in der Kommunikation: Man kann nicht nicht-kommunizieren beziehungsweise Konflikte langfristig erfolgreich umgehen. Ignoranz, einseitige Parteinahme, destruktives Kräftemessen führen nicht nur nicht weiter, sondern haben auch einen negativen Einfluss auf das Teamgeschehen insgesamt. Grundsätzlich gibt es vier Kategorien, nach denen sich Konflikte unterscheiden lassen: (angelehnt an Grochowiak und Castella 2001)

- individuelle Probleme
- Bildungs- und Qualifikationsdefizite
- betriebswirtschaftliche und Organisationsprobleme
- systemdynamische Konflikte.

Unter systemischen Konflikten werden typische Konfliktdynamiken verstanden, die immer wieder im Organisationskontext auftreten. Hierzu gehören zum Beispiel: Die Führung nimmt ihre Rolle im System nicht wahr, die Führung will das Problem selbst nicht sehen, ein Teammitglied maßt sich einen Rang und eine

Funktion an, die ihm nicht zukommt, ein Manager wird von der Führung in eine Führungsrolle gedrängt. Systemkonflikte verursachen bei den anderen, vor allem aber bei den gleichrangigen Unternehmensteilen, Verwirrung, Ablehnung und Protest.

Es kann davon ausgegangen werden, dass es in einer Konfliktsituation immer sowohl die personenorientierte als auch die systemorientierte (Lösungs-)Perspektive gibt. Aus diesem Grund sollte die Situation, bezogen auf beide Dimensionen, analysiert und Lösungen erarbeitet werden. Ein Konflikt ist demnach nie nur eine individuelle Angelegenheit, sondern immer auch ein Ausdruck von disfunktionalen Gegebenheiten im System. Will man (personenfokussierte) Sündenbockdynamiken vermeiden, ist bei der Konfliktlösung die Systemperspektive mit zu berücksichtigen. Die Fragen, die hier weiterführen, lauten:

Was ist los, bezogen auf die beteiligten Personen? Und was ist los im System?

Beispiel aus der Praxis

Ein Mitarbeiter eines IT-Teams hat sich nach einer Auseinandersetzung mit einem Kollegen, in der er sich persönlich angegriffen fühlte, komplett zurückgezogen und beschränkt sich darauf, nur noch die notwendigsten Aufgaben zu erledigen und das Notwendigste mit seinen Teamkollegen zu kommunizieren. Aus der personenorientierten Konfliktperspektive heraus kann man sich zur Steuerung der Situation auf die beiden Konfliktpartner konzen-trieren und versuchen, wieder eine akzeptable Arbeitsbasis herzustellen. Hierzu werden im Rahmen eines Klärungsgesprächs die Hintergründe offengelegt, Entschuldigungen für unangemesse Verhaltensweisen ausgesprochen und neue Regeln der Zusammenarbeit vereinbart. Stellt man zusätzlich die Frage nach der zugrunde liegenden systemischen Dynamik, erfährt man, dass das Team jahrelang praktisch führungslos war und Missstände nicht wahrgenommen, geschweige denn aufgegriffen noch behoben wurden. Zur nachhaltigen Konfliktklärung ist es anzuraten, auf beiden Ebenen zu arbeiten. Die Teamleitungsaufgabe wurde in dem Praxisfall besetzt und es konnte damit das Problem des vorhandenen Führungsvakuums gelöst werden. Eine Klärung auf der persönlichen Ebene der beiden Kollegen ermöglichte wieder ein konstruktiveres Miteinander.

Sind Störungen im sozialen System zu überwinden, ist zu prüfen, welche personenorientierten und systemorientierten Hintergründe vorliegen. Nicht selten besteht die Tendenz, durch ein personenfixiertes Konfliktverständnis einen Systemkonflikt beziehungsweise eine Entwicklungsherausforderung in der Organisation zu vermeiden. Es kommt darauf an, die Beziehungs- oder/und die Kommunikationsstörung wahrzunehmen, das zugrunde liegende Problem zu definieren, konkrete Vereinbarungen zur Problemregelung zu treffen und umzusetzen.

Noch besser ist es, wenn Konflikte erst gar nicht auftreten und das System so ausgerichtet ist, dass Konfliktdynamiken vermieden werden. Ordnungsprinzipien, die genau das unterstützen, sind die Folgenden: (Horn, Brick 2001)

- Das Recht auf Zugehörigkeit:
  Das Recht auf Zugehörigkeit in der Organisation hat jeder, der dazugehört. Wird in einem System gemobbt oder die Leistung Einzelner nicht anerkannt, wird diesem Prinzip nicht entsprochen und die Folge ist eine eskalierende Dynamik. Die Hauptverantwortung im Sinne der Konfliktdynamik ist, dass jemand ausgeklammert wird, obwohl er das Recht auf Zugehörigkeit hat. Jeder im System fühlt sich besser, wenn alle Personen, die dazugehören, anerkannt werden und ihren Beitrag leisten dürfen.
- Gesetz des Ausgleichs zwischen Geben und Nehmen:
  Es kommt darauf an, einen angemessenen Ausgleich für die Leistung, die man erbringt, zu erhalten. Das angemessene Gehalt ist ein Hygienefaktor und sorgt dafür, dass man nicht unzufrieden ist. Soziales Miteinander, Lern- und Entwicklungschancen, als sinnvoll erlebtes Tun und die Anerkennung sind nach der Zwei-Faktoren-Theorie von Herzberg Motivatoren. Der Theorie nach müssen beide Ausprägungen vorhanden sein, um Arbeitszufriedenheit zu erleben.
- Leitung hat Vorrang:
  Die Organisation ist ein hierarchisches System, in dem es Regeln der Hierarchie gibt. So ist in der Rolle des Vorgesetzten und des Mitarbeiters definiert, wer wem Anordnungen erteilen kann. Werden hierarchische Grundprinzipien nicht akzeptiert, entstehen unweigerlich Konfliktdynamiken.
- Leistung hat Vorrang:
  Ebenso gilt das Leistungsprinzip, das heißt, derjenige, der einen größeren Beitrag bezogen auf die Unternehmensziele leistet, hat Vorrang vor dem, der weniger leistet.
- Das Gesetz des Vorrangs der Früheren:
  Wer länger da ist und wer älter ist, hat Vorrang im System. In Beziehungen herrscht also auch eine Rangordnung, die sich in erster Linie am Vorher und Nachher orientiert, das heißt, wer früher kommt, ist vorgeordnet, wer später kommt, ist nachgeordnet. Das heißt, die älteren Kollegen haben Vorrang und die, die länger im Unternehmen sind, haben Vorrang.

Werden diese Grundprinzipien berücksichtigt, das heißt, richtet man das Verhalten danach aus, ist man im sozialen System gut aufgestellt, es entwickelt sich eine konstruktive positive Dynamik, die Systemmitglieder empfinden das Miteinander als angenehm und man kann sich auf die Erledigung der Aufgaben konzentrieren. Mitarbeiter und Führungskräfte investieren weniger Zeit und Energie auf Nebenkriegsschauplätzen, beschäftigen sich weniger mit Störfeldern, sondern sind fokussiert auf ihren kreativen Beitrag.

Viele Unternehmen schreiben den Grundsatz Mitarbeiterorientierung in ihre Leitsätze. Oftmals sieht die gelebte Realität allerdings anders aus. Es dominieren Angst, Selbstzweifel, Intrigen in Organisationen. Im positiven Fall motiviert sich der Mensch durch Leistung, Anerkennung und Selbstvertrauen. Durch eine positive Erwartung erwächst Neugier, Herausforderungen werden angenommen und münden in eine erfolgreiche Bewältigung, die wiederum positive Erwartungen ermöglicht. Im negativen Fall wirken Angst und Selbstzweifel bezogen auf das konstruktive Miteinander eher hemmend. Eine negative Erwartung erzeugt Vermeidung, Anforderungen werden als Belastung empfunden und führen zu mangelhafter Bewältigung, die im Nachhinein wieder zu negativen Erwartungen führt. Beides sind sich selbstverstärkende Wirkungskreisläufe.

„Vertrauen führt und Menschlichkeit gewinnt", so ein Zitat des Unternehmers R. Mohn. (2010) Wertschätzung und zielführende Kooperation sind die Erfolgsfaktoren des 21. Jahrhunderts. Auch Führungskräfte fühlen sich selbst wohler in ihrer Haut, wenn sie ihre alten Glaubenssätze und wahrgenommenen Rollenzwänge aufgeben und gemeinsam mit ihren Mitarbeitern Zukunft nachhaltig gestalten.

Die Kriterien für ein konstruktives, zielführendes Miteinander in Tab. 5.3 sollen Anregung für das Führungshandeln sein (in Anlehnung an Shalom Saada Saar/ Michael J. Hargrove: Leading with conviction 2013):

Zu 4.) Integriertes Change-Management – Veränderungen wirksam umsetzen

Integriertes Change-Management (Kappe 2010) ist eine strukturierte Vorgehensweise zur wirksamen Umsetzung von Veränderungen im Unternehmen. Zusätzlich zum professionellen Projektmanagement werden die Erfolgsfaktoren Kommunikation, Power-Management und Konfliktregulation prozessbegleitend bearbeitet. Denn erfolgreiches Change-Management zeichnet sich durch eine zielgenaue Bearbeitung der Verhaltensthemen im Prozessverlauf aus und sorgen dafür, dass die jeweiligen Experten aus den unterschiedlichsten Richtungen effektiv zusammenarbeiten. Das heißt, die oftmals erfolgsentscheidenden Verhaltensthemen – bis zu 80 % der Change-Projekte scheitern daran – werden im Umsetzungsprozess aufgegriffen und lösungsorientiert bearbeitet. Eine effektive Change-Steuerung wird so ermöglicht und nicht selten in Verbindung mit einem individuellen Coaching der Schlüsselpersonen umgesetzt.

Tab. 5.3 Anregungen für ein konstruktives und zielführendes Miteinander

- Die Vision, die großen Ziele, sind allen Beteiligten klar	-	1	2	3	+
- Wir folgen unseren vereinbarten, grundlegenden Prinzipien in der Zusammenarbeit	-	1	2	3	+
- Wir verstehen unsere Rolle und unseren Beitrag	-	1	2	3	+
- Wir führen offene Diskussionen	-	1	2	3	+
- Konflikte werden konstruktiv und offen gelöst	-	1	2	3	+
- Wir respektieren uns gegenseitig	-	1	2	3	+
- Fehler werden als Lernmöglichkeiten wahrgenommen	-	1	2	3	+
- Einsatz und Beiträge werden wahrgenommen und anerkannt	-	1	2	3	+
- Meetings sind gut vorbereitet, fokussiert und produktiv	-	1	2	3	+
- Probleme werden identifiziert und adressiert	-	1	2	3	+
- Wir haben unterstützende Rahmenbedingungen	-	1	2	3	+
- Wir sind weitgehend ein selbstverantwortliches und selbststeuerndes Team	-	1	2	3	+
- Wir sind kreativ, bezogen auf Problemlösungen	-	1	2	3	+
- Wir sind produktiv	-	1	2	3	+
- Wir geben regelmäßig Feedback	-	1	2	3	+
- Wir nutzen Unterschiedlichkeit in unserem Team	-	1	2	3	+
- Wir bleiben dran und geben nicht auf	-	1	2	3	+

Denn eine entscheidende Größe beim Gelingen eines Veränderungsprozesses ist die krisenbeständige Glaubwürdigkeit der verantwortlichen Führungskräfte. Notwendige Veränderungen in einem Unternehmen umzusetzen, ohne dass die verantwortlichen Führungskräfte davon auch persönlich überzeugt sind und dies verbal und nonverbal den Mitarbeitern vermitteln, sind oft schon von Beginn an zum Scheitern verurteilt. Ein professionelles Change-Management startet mit einer klaren Beauftragung, einer ausgefeilten Projektstruktur und einer passgenauen Change-Architektur. Die Kombination individueller Reflexion im Einzelcoaching mit einer professionellen Change-Steuerung durch die verschiedenen Change-Phasen führt zu einem auf die jeweiligen Belange ausgerichtetes Change-Management-Vorgehen. Das Ergebnis sind nachhaltig umgesetzte Change-Prozesse im Unternehmen.

Zu 5.) Verhaltenssteuerung – konsequentes, ziel- und werteorientiertes Miteinander
Mit Offenheit, Klarheit und Vertrauen entsteht eine Dynamik der Zuversicht und Inspiration, die richtigen und guten Lösungen für die herausforderndsten Problemstellungen zu finden oder die schwierigsten Krisen zu meistern. Eine solche Teamkultur ist Ergebnis eines Entwicklungsprozesses, in dem jede der Teamphasen – Forming, Norming, Storming, Performing – durchlaufen wird. Offenheit, gemeinsames Lernen und Entwickeln können dann umgesetzt werden, wenn jedes Teammitglied seine Aufgabe kennt, seine Stärken einbringt, anerkannt wird und auch Fehler machen kann. Arbeitsbeziehungen mit hohem Wertbeitrag für das Unternehmen sind einzigartig und basieren auf einem gegenseitigen Vertrauen und der sich daraus ergebenden Offenheit.

Die entscheidenden Fragestellungen bezogen auf die Verhaltenssteuerung sind:

- Welches sind die wesentlichsten Grundsätze der Führung und der Zusammenarbeit, die in unserem Unternehmen gelten sollen? Welche Werte/Kultur braucht es, um unsere Ziele tatsächlich zu realisieren?
- Welche Regeln/Grundsätze bestimmen unser Verhalten gegenüber unseren externen Partnern (Kunden, Lieferanten, Konkurrenten) und internen Partnern (Muttergesellschaft, andere Divisionen etc.)?
- Welche Regeln gelten bezüglich der Anliegen von Mitarbeiterseite (Entlohnung, persönliche Entwicklung, soziale Sicherung, Mitbestimmung, finanzielle Mitbeteiligung, usw.)?
- Die Werte (Zielkultur) müssen durch entsprechende Strukturen (Organisation, Prozesse, Systeme, Werkzeuge) unterstützt werden und mit ihnen abgestimmt sein.

Dass die Steuerung des Verhaltens im Unternehmen nicht nur möglich, sondern notwendig ist, zeigen auch Berichte über 86 Top-Manager und Vorstandsmitglieder, „die Spaniens Pleitebank Bankia jahrelang als Selbstbedienungsladen verstanden und zwischen 2003 und 2012 Privatausgaben von über 15,5 Mio. € mit den Geldern der Bank beglichen. Möglich machten es sogenannte schwarze Kreditkarten, die die Bank, die früher als Caja Madrid firmierte, ihren zahlreichen Vorstandsmitgliedern als Dank für gute Dienste zur Verfügung stellte. Manche der Privilegierten, allen voran der 2009 geschasste Bankchef Miguel Blesa, schafften es, für Urlaube, Hotels und Einkäufe über 400.000 € auszugeben. Selbst einen Monat vor seinem Rausschmiss hob Blesa noch einmal 19.000 € mit der Kreditkarte ab und das, obwohl er ein Jahresgehalt von über drei Millionen Euro einstrich. Die Vorstandsmitglieder gingen nicht nur sehr großzügig mit öffentlichen Geldern um, sondern die Bank verbuchte die Privatausgaben auch noch als Repräsentationskosten, was sich steuermindernd auswirkte. Da platzte sogar dem sonst so beherrschten spanischen Wirtschaftsminister Luis de Guindos der Kragen. Denn die einheimischen Medien überschlugen sich mit immer neuen Enthüllungen über Spaniens halbstaatliche Pleitebank Bankia, die 2012 mit dem Geld der Steuerzahler gerettet wurde. Der Erste, der gehen musste, war der Generaldirektor der Madrider Regionalregierung, Pablo Abejas, der sich keineswegs im Unrecht fühlt. ‚Jeder kannte das System mit den Kreditkarten und tut jetzt so, als habe er nie etwas davon gehört', so Abejas, dessen Kreditkarte im ersten Jahr im Vorstand mit einem Limit von 25.000 € ausgestattet war. Im zweiten Jahr verdoppelte man ihm den Betrag. Nach Abejas mussten nun sieben weitere Politiker und Gewerkschaftler, die im Vorstand von Bankia saßen, ihre Ämter niederlegen. Andere haben sich um Schadensbegrenzung bemüht und mittlerweile das Geld zurückgezahlt, darunter Rodrigo Rato, Ex-Chef des IWF, der zwischen 2010 und 2012 selbst Chef von Bankia war. Bei der konservativen Regierung von Ministerpräsident Mariano Rajoy befürchtet man, dass Bankia kein Einzelfall ist. De Guindos räumte ein, dass es Hinweise auf ähnliche Praktiken in 20 weiteren Fällen gibt, allesamt bei Kreditinstituten, die mit Staatsgeldern gerettet werden. Neben Bankia wurden 2012 auch die Catalunya Caixa und mehrere galizische Sparkassen unter Staatsaufsicht gestellt und mussten dann mit über 40 Mrd. € saniert werden. Hellhörig wurde man auch bei der OECD. Diese verfolgt schon seit Jahren die weit verbreitete Korruption in Spanien, die vielerorts noch immer als Kavaliersdelikt gilt" (Müller 2014).

Ebenso sieht die Deutsche Bank die Notwendigkeit, das Verhalten ihrer Händler in Spitzenpositionen zu bändigen. (Spiegel online 15.10.) Unsoziales Verhalten will die Deutsche Bank im Zuge ihrer Kulturveränderung nicht länger hinnehmen – wer gegen die Regeln verstößt, verliert im Ernstfall seine Bonuszahlungen. „Tiefer Kulturwandel erfordert langjährige Anstrengung", so der Finanzchef Krause (01/2015). „Die Bank plane, Händlern in Spitzenpositionen künftig die Boni und weitere Sondervergütungen zu streichen, wenn sie für Unruhe sorgten oder nicht teamfähig seien", berichtet Kaiser (01/2015) im Manager Magazin. „Einzelne Händler hatten den Ermittlungen zufolge untereinander die Höhe von Libor und Euribor abgesprochen, um Handelsgewinne einzustreichen. Einige der Angesprochenen würden allerdings der Deutschen Bank den Rücken kehren und stattdessen in weniger regulierten Bereichen, wie etwa bei Hedgefonds, anheuern. Wie die Financial Times weiter berichtete, erwägt die britische Großbank Barclays ähnliche Schritte wie die Deutschen. Ihr Bonussystem war als einer der entscheidenden Faktoren angeführt worden, die den Libor-Skandal auslösten. Barclays wollte sich zu dem Bericht nicht äußern" (Kaiser 2015).

Eine Studie des Instituts für Industrieökonomie, Wettbewerbspolitik und Regulierung der Universität Gießen, deren Ergebnisse im Handelsblatt veröffentlicht wurden (Bay 2014), zeigt auf: Von 86 Unternehmen in Deutschland, der Schweiz und Österreich haben elf schon einmal gegen das Kartellverbot verstoßen. Viele Unternehmen schulen zwar ihre Angestellten im Kartellrecht, unterschätzen aber die Risiken veränderter Marktbedingungen. Nicht nur anhand dieser Beispiele wird erneut deutlich, dass es bei der Verhaltenssteuerung nicht um ein Nice-to-have-Verhalten im Unternehmen geht, sondern um klar definierte und einzuhaltende Verhaltensregeln.

„Eine neue Konkurrenz, die einbrechende Nachfrage oder falsche Anreizsysteme verleiten Manager dazu, Kartellabsprachen zu unterlaufen und zu unlauteren Mitteln zu greifen. 108 Fälle, in denen gegen das Kartellverbot verstoßen wurde, hat die Europäische Kommission seit 1990 registriert. Insgesamt belaufen sich die Bußgelder auf eine Summe von 20,4 Mrd. €, betroffen sind 759 Unternehmen. Die Strafen dafür sind hoch und sie steigen stetig, im Schnitt erwartete die betroffenen Unternehmen in den vergangenen vier Jahren ein Bußgeld von 340 Mio. € bei einem Kartellverstoß. Das höchste Bußgeld wurde 2012 den Herstellern von TV- und Computermonitoren auferlegt. Damals belief sich die Kartellstrafe auf satte 1,4 Mrd. € – und dabei sind mögliche Schadenersatzforderungen nicht eingerechnet" (Bay 2014). „Die Strafen, die das Kartellamt, aber auch die EU-Kommission aussprechen, steigen kontinuierlich", sagt Rechtsanwalt Volker Soyez, Leiter der Arbeitsgruppe Kartellrecht im Netzwerk Compliance. „Das Kalkül der Behörden: Je höher die Bußgelder, desto höher die Abschreckung. So hat das Bundeskartellamt im Juli 2012 ThyssenKrupp und drei weitere Unternehmen wegen Preisabsprachen auf dem Schienenmarkt zu einem Bußgeld von insgesamt 124,5 Mio. € verdonnert – 103 davon mussten von der ThyssenKrupp-Tochter GfT Gleistechnik gezahlt werden. Während man früher mit den Bußgeldern kalkulieren konnte, ob ein Kartell sich auszahlt, sind die finanziellen Folgen heute schwerer abzuschätzen" (Bay 2014). „Das liegt vor allem an der steigenden Zahl der kartellrechtlichen Schadenersatzprozesse", sagt Anwalt Soyez gegenüber dem Handelsblatt. „Seit 2005 seien die Möglichkeiten der privaten Klage erheblich gestärkt worden. Wird ein Kartell aufgedeckt, kommt es mittlerweile fast automatisch zu Privatklagen. Große Unternehmen wie die Deutsche Bahn unterhalten sogar eine eigene Abteilung, um Schadenersatz geltend zu machen, wenn sie Kartellopfer werden. Zu den Geldbußen und Schadenersatzzahlungen kommen dann noch der Reputationsverlust und der Wert der durch das Kartellverfahren gebundenen Ressourcen. Heute müssen Vorstände bei jedem Satz, den sie schriftlich oder mündlich äußern, mit jeder Entscheidung, die sie treffen, eben auch die rechtlichen Konsequenzen genauestens prüfen. Der Vorstand haftet im Falle eines Urteils durchs Kartellamt als Gemeinschaftsorgan. Jeder muss für die Fehler seiner Vorstandskollegen geradestehen. Sehen Aufsichtsräte Fehlern der Vorstände tatenlos zu und verlangen keinen Schadenersatz vom eigenen Management, haften sie selbst. Ergänzend zu den anstehenden Herausforderungen sind Vorstände gezwungen, hier genauestens vorzugehen" (Bay 2014).

> Auf der einen Seite bilden die rechtlichen Vorgaben die Parameter des Verhaltens. Auf der anderen Seite sind es Werte des konstruktiven, zielorientierten Miteinanders in einer globalen Geschäftswelt, die die Grundpfeiler des Verhaltens bilden und bestenfalls letztlich zu mehr Vertrauen der Kunden in die jeweilige Marke und das Unternehmen führen.

Dass sich dieses lohnt, belegt der Vertrauensindex, für den die Analysegesellschaft ServiceValue 248.435 Kunden von 863 Unternehmen und Marken aus 54 Branchen befragt hat. Professor Rolf van Dick (Psychologisches Institut Universität Frankfurt), der die WirtschaftsWoche-Umfrage geleitet hat, sagt hierzu: „Vertrauen ist die essenzielle Basis jeder ökonomischen Beziehung." (Tödtmann 2014)

Die Ökonomen Stephen Knack und Paul Zak haben herausgefunden: Steigt der Anteil der Menschen, die ihre Mitbürger generell für vertrauenswürdig halten, um 15 %, erhöht sich das Pro-Kopf-Wachstum um ein Prozent. Wie wichtig Vertrauen für das Funktionieren wirtschaftlicher Beziehungen ist, zeigt sich vor allem dann, wenn es verschwindet. Ob die Weltwirtschaftskrise 1929 oder die Finanz- und Bankenkrise 2007 – Kern und Ursache dieser tief greifenden Umwälzungen war stets der Verlust von Vertrauen in die Stabilität von Währungen, die Zuverlässigkeit von Unternehmensbilanzen, die Redlichkeit einzelner Politiker und Manager. 320.000 Mitglieder kehrten dem ADAC den Rücken, nachdem bekannt geworden war, dass die Organisation Rankings gefälscht hatte. Und allein 1.000 Versicherte kündigten der Ergo mit Hinweis auf die publik gewordenen Lustreisen einiger Vertriebler des Versicherungskonzerns. „Das Vertrauen ihrer Kunden ist die härteste Währung für Unternehmen, sagt Peter Maas, Managementprofessor an der Universität St. Gallen im WirtschaftsWoche-Interview. Und ein Mechanismus, um soziale Komplexität zu reduzieren. Wenn ich vertraue, muss ich nicht wissen. Und wir vertrauen Menschen grundsätzlich stärker als Produkten oder Dienstleistungen."

Das Vertrauen der Kunden zu gewinnen, ist in der Regel ein langer Weg, auf dem man seinen Werten und Grundsätzen treu bleiben sollte. Und wenn man so will, sind Mitarbeiter die Kunden der Führungskräfte, bezogen auf ihre Führungsleistung. Werden in Unternehmen regelmäßig Vorgesetzten-Feedbacks durchgeführt und die Ergebnisse im Team bearbeitet, hat dies in der Regel eine positive Wirkung auf die Führungskultur. Das Vertrauen in die Führungs- und Leaderfähigkeiten gilt es jeden Tag auf's Neue zu bestätigen. Dass man verlorenes Vertrauen auch zurückgewinnen kann, zeigt Commerzbank Vorstand Arno Walter: „Kunden wollen eine Bank, die fair und kompetent ist und offen mit ihnen umgeht. 70 % des Gehalts von Führungskräften hängen inzwischen direkt oder indirekt von der Kundenzufriedenheit ab, die monatlich abgefragt wird – übers Jahr gesehen bei 140.000 Privat- und Geschäftskunden. Die Bilanz des Kulturwandels: mehr als 380.000 Neukunden. Dieses Vertrauen ist unbezahlbar."

Familienunternehmen sind hier häufig im Vorteil. Durch einen engeren Bezug zu den Mitarbeitern und der vorgelebten persönlichen Verantwortung wird das Verhalten gesteuert. So berichtet zum Beispiel Graf Faber-Castell: „Die Menschen mögen nicht alle gleich sein, aber Respekt verdient jeder. Wir haben für Faber-Castell weltweit mit der Gewerkschaft eine Sozialcharta auf dieser Überzeugung aufgebaut – und glauben Sie mir, es ist auch unternehmerisch das Klügste, Menschen anständig zu behandeln.“ (Tödtmann 2014). Doch die Realität in vielen Unternehmen sieht oft anders aus. So zeigt sich Josef Ackermann, früherer Chef der Deutschen Bank, selbstkritisch, was die Verantwortung für die 2008 ausgebrochene Finanzkrise angeht. „Problematisch wird es, wenn vor lauter Kampf und Wettbewerb ethisch-moralische Grundsätze verloren gehen. Das war in der Finanzindustrie in den Jahren vor der großen Krise leider teilweise der Fall“, sagte er in einem Interview mit dem Handelsblatt Magazin (Ackermann 2014).

Der Conti-Vorstandsvorsitzende Elmar Degenhart führt das Unternehmen tatsächlich nach den Prinzipien: Weniger interne Konkurrenz – Ideen und Verantwortung sollen Mitarbeiter und Führungskräfte möglichst oft und schnell teilen. Als Degenhart antrat, war Conti verschuldet, musste gekaufte Unternehmenssparten integrieren, litt unter großen Qualitätsproblemen – es sah nicht gut aus. Er initiierte einen Kulturwandel, der dazu führte, dass sich die Vertreter der verschiedenen Sparten weniger im Wettbewerb untereinander aufrieben. Man beschäftigte sich damit, wie die Werte Verbundenheit oder Vertrauen in praktisches Handeln übersetzt werden können. Wer seitdem zu autoritär führte, der blieb nicht mehr auf seinem Posten. „Erfolg ist keine Entschuldigung für schlechtes Benehmen“, sagte der Vorstandschef. Conti ist mittlerweile wieder profitabel und gilt als Beispiel dafür, dass Manager ihre Führungsmethoden und ihr Führungshandeln verändern können.

Die Betriebswirtschaftsprofessorin S. Bischoff an der Helmut-Schmidt-Universität der Bundeswehr in Hamburg hat über 20 Jahre lang Führungskräften die Frage gestellt, ob sie einen kooperativen Führungsstil praktizieren. (Bischoff 2010) 1998 antworteten noch 80 % mit Ja, 2008 waren es nur noch 39 %. Das stimmt mit Forschungsergebnissen überein, die zeigen, dass Führungskräfte zunächst immer den kooperativen Führungsstil als den favorisierten angeben, wenn dieser aber nicht die gewünschten Ergebnisse bringt, dann wird auf die Führungsalternative, den autoritären Stil, zurückgegriffen.

Doch es mag auch daran liegen, dass Chefs häufig kein klares Verständnis von einer anderen guten Führung, die den Anforderungen entsprechen könnte, haben. Hier gehen die Vorstellungen noch weit auseinander. „Wir spüren, dass wir uns von klassischen Führungsmustern lösen und mehr in Richtung Netzwerke denken müssen“, sagt S. Josch, Personaldirektorin bei Otto. Die Antwort, was gute Führung heute ist, hat auch T. Vollmoeller, Xing-Chef, noch nicht gefunden. Seine ideale Welt sieht so aus: „Die Mitarbeiter müssen das machen wollen, was sie machen sollen.“

Im Rahmen der Studie des Wirtschaftsministeriums (Kruse und Greve 2014) sehen die befragten Führungskräfte in Zukunft Wertschätzung, Entscheidungsfreiräume und Eigenverantwortung als Instrumente zur Mitarbeitermotivation an. Das Gehalt und andere materielle Anreize spielen schon heute für viele keine so große Rolle mehr. Die Ergebnisse stimmen mit den Erfahrungen der Mitarbeiter überein. So zeigt eine Umfrage der Personalberatung Rochus Mummert unter 1.057 Deutschen: „Jeder zweite Arbeitnehmer geht mit der Angst ins Büro, einen Fehler zu machen. Viele Mitarbeiter beklagen Mobbing, Überstunden und Despotismus sowie die Überforderung ihrer Vorgesetzten. 28 % aller Berufstätigen fürchten sich laut Umfrage vor Mobbing durch Arbeitskollegen. Die Angst vor Konflikten mit Vorgesetzten wiegt schwerer. Knapp 34 % der Befragten fürchten sich vor Konflikten mit dem Vorgesetzten. Auch die Angst vor dem Verlust des eigenen Arbeitsplatzes beschäftigt die Deutschen. Knapp 36 % der Berufstätigen befürchten den Gang zum Arbeitsamt in naher Zukunft. Die größte Sorge der Deutschen in ihrem Berufsleben ist aber die Angst vor dem Versagen. Immer mehr Deutsche werden psychisch und körperlich krank. Durch die Belastungen am Arbeitsplatz flüchten viele Arbeitnehmer in den Alkohol. Knapp 17 % der Berufstätigen beobachten eine steigende Zahl von Alkohol- und Drogenabhängigen im eigenen Unternehmen. Dadurch steigt auch die Zahl der Krankschreibungen. 22 % der Deutschen registrieren angstbedingte Fehlzeiten am Arbeitsplatz. Angsterfüllte Mitarbeiter arbeiten deutlich unproduktiver. Das glauben zumindest knapp 35 % der Deutschen. Für Unternehmen sind die Folgen gravierend. Schließlich sorgt die schlechtere Leistung der eigenen Mitarbeiter am Ende auch für weniger Gewinn des Unternehmens. Doch auch das Arbeitsklima leidet unter dem Einfluss von angsterfüllten Mitarbeitern. Knapp 60 % der Arbeitnehmer gaben an, als Folge von Ängsten am eigenen Arbeitsplatz an Stresssymptomen wie Reizbarkeit und Nervosität zu leiden. Die Mitarbeiter fühlen sich im Stich gelassen. Mit knapp 46 % landet das Thema rund um unklare Vorgaben durch Vorgesetzte auf dem ersten Platz“ (Schlipat und Martin 2013).

Doch was ist los in der deutschen Wirtschaft, dass wir uns solche Sorgen machen – womöglich liegt hier ein ur-deutsches Phänomen zugrunde? So beschreibt Professor H. Bude – Makrosoziologie an der Universität Kassel – in seinem Buch „Gesellschaft der Angst“ (Bude 2014) den Deutschen als einen Menschen, der einem Reichtum an Lebenschancen gegenübersteht und allen gefallen will – aber daher auch ständig besorgt ist, etwas falsch zu machen. „Wenn man genauer hinschaut, sind wir zutiefst verunsichert. Wir sind wohlhabend und reich an Lebenschancen – und haben gerade deshalb Angst davor, unendlich viel falsch zu machen. Mit der Folge, dass wir uns nicht mehr dauerhaft auf etwas einlassen und uns ständig Optionen offen halten" (Bude 2014).

„Es geht nicht darum, dass den Leuten irgendetwas fehlt. Es mangelt ihnen weder an Geld noch an sozialen Beziehungen. Nein, worunter die Menschen heute leiden, ist eine Art Multioptionsangst. Sie tritt immer dann auf, wenn man von der Frage eingeholt wird: Was will ich eigentlich? Führen heißt also auch, mit Gefühlen souverän umzugehen. Gefühle sind sozialer Klebstoff, wenn man etwas gemeinsam erlebt hat oder erreichen will. Wenn ein Chef auch seine Gefühle zeigt beziehungsweise sich darüber bewusst ist, dass es im Arbeitsprozess auch um Gefühle geht, diese ausdrückt und darauf eingeht, macht das menschlich und zeigt, dass die Mitarbeiter wichtig sind und auch deren Belange wahrgenommen und ernstgenommen werden. Führung bedeutet eben auch Sinnhaftigkeit. Man muss mit den Leuten reden und nicht nur sagen. ‚Wir gehen jetzt links rum, aber ich sag euch nicht warum.' Versucht man, Gefühle aus Führungsprozessen herauszuhalten – was letztendlich doch nicht gelingt –, wird eine große Ressource nicht genutzt" (Bude 2014).

Bei all dem besteht die Erwartung an den Vorgesetzten, dass er souverän agiert, sich und das Team wirksam führt. Wer als Chef völlig ausgebrannt ist und vor den Mitarbeitern ständig jammert, muss damit leben, dass dies Schwäche signalisiert. Gefühle, bezogen auf seine Aufgabe zu zeigen, hat sicher auch etwas Souveränes. So schildert der Führungscoach Jörg-Peter Schröder: „Ich habe einmal einen Workshop bei einer Firma durchgeführt. Alle Mitarbeiter waren da, sprachen Probleme und aktuelle Erfahrungen an. Dann war der Chef an der Reihe, er war zu Tränen gerührt, konnte nichts sagen, nur: ‚Ich bin so froh, dass ihr alle da seid.' Die Mitarbeiter forderten mich auf, weiterzumachen, aber ich sagte: ‚Das lassen wir jetzt mal kurz einfach so stehen, dass Sie gerührt sind.' Das tat allen gut, das ist soziale Interaktion. Führung ist nicht nur ein Schneller-Höher-Weiter mit starrer Maske. Auch das kann Führung sein" (spielraum.xing 6.10.14).

Emotionale Führung ist heute auch deshalb so wichtig, da dies mit dem sogenannten außengeleiteten Menschen zu tun hat. Dieser strebt nicht so sehr nach Anerkennung, sondern zeichnet sich durch Kontaktsensibilität aus. Für ihn sei – so Professor Bude im Interview mit der WirtschaftsWoche – die Frage entscheidend: „Wie kann ich meine Einfädelungsfähigkeiten verbessern? Wie kann ich mich mit anderen arrangieren? Darunter fallen die Dinge, die in Unternehmen als Soft Competences geschätzt werden und in jedem Assessment-Prozess positiv ins Gewicht fallen: soziale Kompetenz, Teamfähigkeit, Flexibilität – man kann auch sagen: Geschmeidigkeit. Der amerikanische Soziologe David Riesman hat diesen außengeleiteten Menschen bereits 1950 beschrieben und damit den modernen Menschen skizziert. Demnach setzt sich das Ich nicht mehr im Gegensatz zur Welt und reibt sich an ihr, um sich selbst zu gewinnen, sondern ist um Einpassung und Anpassung bemüht. Der außengeleitete Mensch ist in der vorausahnenden Wirkung auf seine Umwelt hin abgezirkelt und berechnend. Der neue Deutsche ist der, bei dem diese Fähigkeit besonders exzellent ausgebildet ist. Er ist jederzeit well-adjusted und verfügt über ein ausgezeichnetes Radarsystem. Der außengeleitete Mensch muss ständig auf den anderen schauen, sich vergleichen. Daraus erwächst eine permanente Angst des Ungenügens. Keine spezifische, leicht adressierbare Angst, sondern eine allgemeine, diffuse Angst im Hinblick auf andere. Es ist das Schicksal des außengeleiteten Menschen, dass die Resonanz seiner sozialen Umwelt für ihn entscheidend ist. Das Dumme daran: Der andere ist, nach Jean Paul Sartre, immer auch die Hölle. Er ist derjenige, der mir mein Lebensrecht gibt und von dem ich gleichzeitig weiß: Er ist höllisch unzuverlässig. Ich brauche nur ein falsches Wort zu sagen, eine Kleinigkeit zu verpatzen – und schon sagen die Leute: Was ist das denn für einer?" (Bude 2014).

Der außengeleitete Mitarbeiter braucht mehr denn je Vorgesetzte, die ihn wahrnehmen und in der beängstigenden, verunsichernden Welt eine wertebasierte Orientierung und Ausrichtung im beruflichen Kontext bieten. Andernfalls entwickelt er im Zweifel eine immer stärker werdende Angst, die sich diffus breitmacht und das bewusste Handeln negativ prägt. Angst ist eben kein guter Ratgeber, sie führt eher zu Überreaktion, Eskalation oder Rückzug. Führungskräfte, die in diesen Zeiten eben auch solche Emotionen wahrnehmen, ansprechen und einbeziehen, bieten Orientierung und Leadership.

In diesem Zusammenhang ist auch eine Studie der University of Southern California in Los Angeles aufschlussreich. „Es wurden 90 Freiwillige befragt, wie sehr sie sich vor dem Urteil anderer ängstigten. Neben der beruflichen Stellung notierten sie auch deren Streitsüchtigkeit. Ergebnis: Wer sich einer Position nicht gewachsen fühlt, verhält sich aggressiver als jemand, der mit Selbstbewusstsein seine Stelle antritt. Leider gerät er, wild um sich schlagend, auch noch in einen Teufelskreis: Reizbare Vorgesetzte werden nämlich von ihren Angestellten weniger ernst genommen. Das will eine Forschergruppe der TU München herausgefunden haben. ‚Aggressive Chefs riskieren, bei nächster Gelegenheit hintergangen zu werden', sagt Studienleiterin Isabell Welpe. Angst und infolgedessen aggressives und streitsüchtiges Verhalten bilden eine Eskalationsschleife, die im Unternehmen nicht nur für miese Stimmung sorgt, sondern die Leistungsfähigkeit und -bereitschaft deutlich einschränkt" (Kutter 2014).

Doch Feinfühligkeit und Kompetenz im sozialen Miteinander sind nicht jedem Menschen gegeben, können aber in den meisten Fällen gelernt und entwickelt werden. Selbstwahrnehmung und Selbstmanagement-Kompetenz sind hierbei unabdingbar. Darüber hinaus ist Konzentration gefragt. In einer globalen, komplexen Welt kommt es gerade darauf an, die richtigen Prioritäten zu setzen und sich fokussieren zu können. Aber genau das geht bei einem sofortigen Zugriff auf alle Informationen und bei gleichzeitiger sofortiger Bedürfnisbefriedigung im Netz verloren. Ständige Ablenkung führt zu hohem Zeitverlust und kostet nicht nur Energie. Untersuchungen haben ergeben, dass Menschen durchschnittlich 25 Minuten benötigen, um sich nach einer Unterbrechung gedanklich wieder auf eine Aufgabe konzentrieren zu können. Fokussierte Konzentration ist demnach wesentlich effektiver, als sich im Multitasking zu verlieren.

Zu 6.) Global Mindset – internationales und interkulturelles Lernen

Die heutige Wirtschaft zeichnet sich durch eine weltweite Vertretung der Unternehmen aus. Die Führung internationaler Unternehmen umfasst alle Problem- und Gestaltungsfelder, die sich bei grenzüberschreitender Unternehmenstätigkeit ergeben. Das bedeutet, dass auch sozio-ökonomische Daten der bearbeiteten Regionen in das Führungshandeln und in die Entscheidungsprozesse berücksichtigt werden müssen. Das erhöht die Führungskomplexität enorm und bedeutet bezogen auf das Verhalten, dass verschiedene Wertesysteme im konkreten Arbeitsleben aufeinandertreffen. High Performance Leader sind hier, bezogen auf zwei Führungsdimensionen, gefordert.

1. Internationale Managementkompetenz ist die Fähigkeit, ein international aufgestelltes Unternehmen erfolgreich zu steuern.

Es geht um das universale, kulturübergreifende Know-how, das notwendig ist, um die Organisation entsprechend den Erfordernissen fokussiert zu steuern. Es geht um die Frage: Was ist professionelles Management auf internationaler Ebene? Wie muss das Unternehmen aufgestellt sein, um im internationalen Wettbewerb zu bestehen? Für erfolgreiche Unternehmen kommt es auf den jeweiligen Kundennutzen, die Marktstellung, die Innovationsleistung, die Produktivität der Arbeit, des Geldes, der Zeit und des Wissens, die Attraktivität für gute Leute, den Cashflow, die Liquidität und die Profitabilität einer Organisation an.

2. Interkulturelle Managementkompetenz ist die Fähigkeit, Synergien zwischen Mitarbeitern und Führungskräften unterschiedlicher Kulturen zu erzeugen.

In jeder Kultur werden spezifische Kulturstandards wirksam, die den Mitgliedern der jeweiligen Kultur eine Orientierung für ihr Verhalten liefern und ihnen ermöglichen, zu entscheiden, welches Verhalten als normal, typisch und noch akzeptabel beziehungsweise welches Verhalten abzulehnen ist (Thomas 2009). „Zentrale Kulturstandards sind gleichsam die Schlüssel zum Verständnis und zur kulturadäquaten Interpretation fremden Verhaltens" (Thomas 2009). Neben Fremdsprachenkenntnissen gehört eine gewisse Kultursensibilität, das heißt ein Verständnis für andere und anderes, Toleranz für Ambiguität, das heißt das Aushalten und Akzeptieren von unklaren und widersprüchlichen Situationen und Verhaltensreaktionen, dazu. Darüber hinaus braucht es ein hohes Maß an Lernbereitschaft und echter Wertschätzung gegenüber fremdkulturellen Arten der Lebensgestaltung, Lebensbewältigung und des sozialen Miteinanders, um als High Performer mit interkultureller Managementkompetenz zu glänzen. Geografische und interkulturelle Unterschiede werden überwunden beziehungsweise wirken sich nicht hinderlich aus. Im Gegenteil: Unterschiedlichkeiten, die jeweiligen kulturellen Stärken und die Vielfalt werden im Sinne der Unternehmensziele genutzt und synergetische Interaktion – Kommunikation, in der eigene und fremdkulturelle Verhaltensstrategien berücksichtigt werden – findet statt. Letztlich geht es um die Kunst, von einem durch die Unterschiedlichkeit angelegten Konfrontationsdenken (das ist anders, also bedrohlich oder unbequem) zu einem komplementären Denken (das ist anders und bereichernd) im Umgang mit seinen Mitarbeitern und Führungskräften zu kommen. So können auf internationaler Ebene Synergieeffekte realisiert werden.

Global Leader können beides: Sie sind gute Manager und haben eine interkulturelle Anpassungsfähigkeit (Intercultural Adaptability) entwickelt. Sie sind in der Lage, unter Berücksichtigung der jeweiligen kulturellen und gesellschaftlichen Bedingungen das Geschäft zu betreiben. Sie passen ihren Managementstil entsprechend den jeweiligen kulturellen und nationalen Erfordernissen an. Professionelles globales Management zeichnet sich durch die Lernbereitschaft und Offenheit aus und es wird auf einer international gültigen Wertebasis agiert. In virtuellen Teams wird, unter Berücksichtigung unterschiedlichster Einstellungen und Sichtweisen, proaktiv zusammengearbeitet, Ideen werden ausgetauscht und neue Wege gefunden. Die Vorteile im globalen Leadership ergeben sich durch die strategische Kompetenz, die Einsicht in die Organisation, die Einsicht in die Kultur des Partnerunternehmens und die Einsicht in die jeweiligen nationalen kulturellen Bedingungen.

In einer internationalen Managementstudie von Hay/McBer wurden 55 CEOs von höchst erfolgreichen Unternehmen in 15 verschiedenen Ländern bezüglich ihrer Strategien und Vorgehensweisen befragt (Goleman 2000). Ziel war es, die spezifischen Eigenschaften und Fähigkeiten von CEOs, die im internationalen Managementbereich auf Dauer herausragende Leistungen aufweisen konnten, zu analysieren und herauszufiltern. Die folgenden drei Verhaltensmuster – die beide Kompetenzbereiche abdecken – konnten hier unterschieden werden:

1. Geschäftsbeziehungen aufbauen (Building Business Relationships)
   Persönliche Beziehungen (Personal Relationships)
   Vertragliche Beziehungen (Contractual Relationships)
2. Ausgangspunkt für das Handeln (Basis for Action)
   Planung (Planning)
   Implementation (Implementation)
3. Einfluss ausüben (Exercising Authority)
   Zentralisierte Autorität (Centralized Authority)
   Partizipative Führung (Participatory Leadership)

Die befragten globalen Leader zeichneten sich durch einen klaren Geschäftsfokus und analytisch-konzeptionelles Denken aus, sie waren in der Lage, Commitment, das heißt bindende Vereinbarungen zu schaffen und Mitarbeiterfähigkeiten klar einzuschätzen und sie zeichneten sich durch Leistungsbereitschaft, durch einen Erfolgswillen und soziale Verantwortung aus (Goleman 2000).

Zu 7.) Selbstmanagement und überlegtes Netzwerken

> Der High Performance Leader ist eine lernbereite und reflektierte Führungspersönlichkeit. Er liefert Ergebnisse in einer verantwortlichen, glaubwürdigen und konstruktiven Art. Er zeichnet sich durch eine besondere innere Stärke und Unabhängigkeit aus und ist in der Lage, sich selbst und die jeweilige Situation mit einer gesunden Distanz einzuschätzen, die richtigen Schlussfolgerungen zu ziehen und diese verständlich und nachvollziehbar zu vermitteln. Er agiert auf Basis reflektierter Werte und Prinzipien und ist sich seiner Vorbildrolle bewusst. Er weiß seinen Beitrag und den der anderen ein- und wertzuschätzen. Der High Performance Leader ist sich seiner, und der Stärken und Schwächen der anderen bewusst. Er lebt eine gesunde Balance zwischen Beruf und Privatleben. Er betrachtet jede Situation als Lern- und Entwicklungsfeld, führt sich und andere auf authentische Weise und macht einen Unterschied.

In Zeiten des globalen Wandels ist die Top-Führungskraft aufgerufen, ein kraftvoller Vertreter dieses Wandels zu sein. Hierzu braucht es Werte, die Halt und Orientierung in das private und berufliche Leben bringen. Es braucht eine klare Vision und eine abgestimmte Strategie, um gemeinsam mit Energie und Kraft die Aufgaben anzugehen. Und es braucht die konsequente Ausrichtung des eigenen Handelns an diesen Werten und dieser Vision. Hierbei geht es um die Frage von Belastbarkeit, Anpassungsfähigkeit, Akzeptanz von Unterschieden und den menschlichen Bezug. Top-Führungskräfte sollten sich trotz allem, dem Paradoxon – große Herausforderungen zu managen und persönlich zufriedenstellend zu leben – stellen und dies vorleben. Die Frage ist: Wie schaffe ich es, mich ganz einzubringen und im Umgang mit mir und den anderen konstruktiv und klar ausgerichtet zu sein.

Beispiel aus der Praxis

„Allianz-Chef Oliver Bäte etwa hat es letztlich auf den Vorstandsposten geschafft, weil er, bezogen auf den Umgang mit sich und anderen, noch rechtzeitig die Kurve bekam. Als ehemaliger McKinsey-Berater trat er vielen Leuten – und damit auch sich – auf die Füße. Doch er verstand schnell, dass er sich ändern muss. Vor sechs Jahren wechselte der langjährige McKinsey-Berater zu Deutschlands größtem Versicherer. Bei der Allianz, wo viele annähernd ihr ganzes Berufsleben verbringen, gilt so einer noch als Frischling. Und anfangs tat Bäte eher wenig dafür, die Vorbehalte abzubauen, fügte sich vielmehr nahezu perfekt ins Unternehmensberaterklischee: Smart und clever sei er gewesen, erinnern sich Allianzler, aber eben auch besserwisserisch und arrogant. Dass er fachlich dafür geeignet wäre, stand seit Jahren außer Frage. Doch diese Allüren kamen nicht gut an. So soll er auch auch mal über Kollegen oder Konkurrenten gelästert haben. Allüren, die im gediegenen Unternehmenssitz am Englischen Garten gar nicht gut ankommen. Der ideale Allianz-Manager ist schließlich seriös, hat perfekte Manieren und macht nicht viel Gewese um sich. Von allen möglichen Diekmann-Nachfolgern stehe Bäte am wenigsten für die traditionelle Firmenkultur, schimpften Kritiker bis zuletzt. Vielen galt er als menschlich nicht kompatibel. Gerade rechtzeitig hat er offenbar die Kurve gekriegt: Der Aufsichtsrat traut ihm jetzt zu, den langjährigen Patron Michael Diekmann zu beerben. Der 49-Jährige steht immer noch mehr für Dynamik und hohe Ansprüche als für souveräne Unaufgeregtheit. Und doch hat er sich angepasst. Bäte übernahm das Versicherungsgeschäft in West- und Südeuropa. Er habe seine Sache dort sehr gut gemacht, heißt es. Er habe mal saniert, mal für Wachstum gesorgt und gute Manager geholt. Vor allem aber entwickelte er sich auch menschlich weiter: Bäte habe gelernt, nicht nur zu reden, sondern auch zuzuhören. Er will hier wirklich dazugehören", sagt ein Weggefährte (Jost und Kunz 2014).

In seinem Buch „Architekten der Arbeit" (Rahner 2014) hat der Berliner Politikwissenschaftler Sven Rahner mit prominenten Gesprächspartnern wie dem US-amerikanischen Soziologen Richard Sennett, der Top-Managerin B. Ederer, dem ehemaligen Bundesarbeitsminister Franz Müntefering, dem ehemaligen SAP-Chef Henning Kagermann und dem Enthüllungsjournalist Günter Wallraff einen Blick in die Zukunft der Arbeit geworfen und skizziert, wie Arbeit sich in den nächsten Jahrzehnten verändern wird. Von New Work ist die Rede und Henning Kagermann bringt seine Vision für die Zukunft der Arbeit sehr prägnant auf den Punkt: „Arbeit muss Spaß machen, die intrinsische Motivation sollte bei dem, was wir tagtäglich tun, Ansporn sein. Dann können wir uns auch glücklich schätzen, wenn wir vielleicht länger arbeiten müssen als Generationen vor uns." „Die hohen Erwartungen an sinnvolle Arbeitsinhalte und eine gute Vereinbarkeit von Familie und Beruf der ab 1980 Geborenen, die als sogenannte Generation Y derzeit selbstbewusst und fordernd auf den Arbeitsmarkt strömen, sind Ausdruck dieser Entwicklung. Die Sinnhaftigkeit ist tatsächlich ein prägender Begriff dieser New Work und seiner Generation. Die Gegensätze und Widersprüchlichkeiten auf dem Arbeitsmarkt wirken sich nicht nur auf die Gesellschaft als Ganzes aus, sondern auch direkt auf die Gedanken- und Gefühlswelt jedes Einzelnen. Viele Menschen wünschen sich Orientierung, Leitbilder und Verlässlichkeiten für das Leben und Arbeiten im flexiblen und digitalen Kapitalismus. Die Chancen stehen daher nicht schlecht, dass die Frage nach der gerechten Verteilung von individuellen Verwirklichungschancen, ökologischen Ressourcen und ökonomischen Erträgen grundlegend neu gestellt und mehr Mitsprache eingefordert werden wird" (Rahner 2014).

Die Sinnforscherin Prof. T. Schnell untersucht Menschen in ihrem Beruf und weiß, wie wichtig es dabei ist, Arbeit auch einmal links liegen zu lassen. Tatjana Schnell gilt als Begründerin der empirischen Sinnforschung und lehrt als Professorin an der Universität Innsbruck. Sie sagt: „Arbeit darf nicht alles andere verdrängen. Prinzipiell ist es für jeden Menschen kritisch, langfristig etwas zu tun, dessen Sinn er oder sie nicht sieht. Doch nicht jede Arbeit muss persönlich sinnerfüllend sein. Zwischen sinnloser Arbeit und Arbeit als zentraler Sinnquelle gibt es natürlich Zwischenstufen. Wenn mir etwas sinnlos erscheint, ist es frustrierend und zermürbend, mich dafür auch noch anzustrengen. Eine als sinnlos erlebte Arbeit saugt unsere Ressourcen aus, ohne etwas zurückzugeben. Das kann – im besten Falle – zu einer Sinnkrise führen, die mich bewegt, eine Veränderung durchzuführen. Oder aber zu Resignation und Abstumpfung. Erschöpfung und Frustration treten bei jeder Art von Arbeit auf – doch bei als sinnvoll erlebter Arbeit steht dem Erfüllung und Freude gegenüber. Eine sinnvoll erlebte Arbeit gibt einen starken inneren Antrieb, die Arbeit weiter zu leisten. Sie erscheint als intrinsisch wichtig, also um ihrer selbst willen wertvoll. Doch auch die sinnvollste Tätigkeit kann als frustrierend erlebt werden, wenn Kriterien wie Zugehörigkeit und Kohärenz infrage gestellt sind."

Was also macht als sinnvoll erlebte Arbeit in unserer Zeit aus? Nach der Sinnforscherin Prof. Schnell sind es vier Kategorien, die über die Sinnhaftigkeit von Arbeit entscheiden: (Schnell 2014)

- Orientierung/Ausrichtung: Kann ich hinter den Zielen des Unternehmens stehen? Trage ich mit meiner Arbeit zu etwas bei, das ich gutheiße, worauf ich stolz bin? Oder widerspricht es meinen Werten? Der Leader kann durch eine verständlich kommunizierte Strategie und klare Ziele, die den Mitarbeiter fordern und fördern, zur Orientierung und Ausrichtung einen großen Beitrag leisten.
- Kohärenz: Passt meine berufliche Tätigkeit zu mir und meinem Lebensentwurf? Kann ich hier ich selbst sein, meine Fähigkeiten gut nutzen? Der Leader ist in der Lage, die Fähigkeiten der Mitarbeiter klar einzuschätzen, entsprechend einzusetzen und mit herausfordernden Zielen die Entwicklung von Potenzialen zu stärken.
- Bedeutsamkeit: Hat das, was ich tue, eine Bedeutung – oder ist es egal, ob ich etwas tue und wie ich es tue? Bedeutsamkeit heißt, dass mein Handeln von anderen wahrgenommen und für wichtig befunden wird; von Kolleginnen, Vorgesetzten und/oder der Gesellschaft. Der Leader kann mit kleinen und großen Gesten den Mitarbeiter wahrnehmen, und wahrgenommen zu werden, entspricht einem Grundbedürfnis des Menschen. Darüber hinaus ist die unmittelbare Anerkennung von guter Leistung ebenso ein sehr wirksames Vorgehen, die Bedeutsamkeit herauszustellen, die Bedeutung mitzuteilen und nicht nur auf das eigene Konto zu verbuchen.
- Zugehörigkeit: Habe ich das Gefühl, ein Teil des größeren Ganzen zu sein? Des Kollegiums, des Unternehmens, der Institution …? Wenn ich mich als zugehörig erlebe, bin ich bereit, Verantwortung zu übernehmen, mich zu identifizieren. Ich weiß: Ich werde gebraucht. Der Leader kann durch eine gelebte Teamkultur und durch gemeinsame Unternehmungen dafür sorgen, dass Zugehörigkeit wahrnehmbar wird. Die Kommunikation ist bei all den sinnstiftenden Kategorien eine entscheidende Größe – große Führer sind auch große Kommunikatoren, sie verstehen es, den sinnstiftenden Bezug zu vermitteln.

Dass es allerdings hieran oftmals mangelt, macht eine Initiative ehemaliger Berater deutlich. Mikey Howe, Rob Symington und Dom Jackman haben als Manager und Investmentbanker in New York und London gearbeitet und Karriere gemacht. Irgendwann haben sie gemerkt, dass ihnen das alles, Karriere, Geld und Luxus, nicht das Erwartete brachte. Sie stellten fest, dass es vielen anderen auch so ging und gründeten eine Online-Community, das Portal „Escape the City" und haben nach drei Jahren online bereits 100.000 Mitglieder. Es sind Menschen, die ihre

Großfirmenjobs verlassen wollen, um etwas Befriedigenderes oder Sinnvolleres anzufangen. Zusätzlich veröffentlichten sie das Buch „Escape Manifest" und geben Ratschläge für unzufriedene, frustrierte Arbeitnehmer.

Beispiel aus der Praxis

Ein hochkompetenter IT-Mitarbeiter könnte sich hier angesprochen fühlen. Im Unternehmen zieht er sich, nach Konflikten mit dem Chef, zurück und kommuniziert nur noch das Notwendigste. Er fühlt sich nicht wahrgenommen, nicht geführt, geschweige denn anerkannt und geschätzt. Und er will wissen, ob und wie wichtig seine Anwesenheit und seine Leistung tatsächlich sind. Er kommt wochenlang erst spät am Vormittag zur Arbeit und selbst dann erfährt er keinerlei Reaktion, obwohl er einer derjenigen ist, der sich mit einem IT-Kernprozess bestens auskennt. Für ihn einen Ersatz zu finden, würde nicht ganz einfach und in jedem Fall kostenintensiv.

Top-Führungskräfte, die die sinngebenden Fragen weder für sich selber noch für die Mitarbeiter beantworten können, Unternehmenszusammenkünfte, auf denen nicht über Unternehmensziele, die anstehenden Anforderungen, die Anerkennung von erbrachten Leistungen kommuniziert wird, nutzen diese Ressourcen und das Motivationsreservoir nicht, schlimmer noch: Sie hinterlassen eine demotivierte, resignierte, abgestumpfte, erschöpfte, frustrierte und konfliktbeladene Workforce. Wird stattdessen für eine klare, abgestimmte Ausrichtung des Unternehmens auf der Top-Ebene gesorgt und diese auch kommuniziert, schafft dies eine sinnstiftende Basis für das gesamte Unternehmen und für jeden Mitarbeiter. Dann ist es auch nicht notwendig, strikt zwischen Arbeit und Leben zu unterscheiden – so wie der Begriff Work-Life-Balance es suggeriert. Arbeit wird dann vom Leben abgespalten wahrgenommen, wenn Arbeit entfremdet stattfindet. Arbeit ist ins Leben integrierbar, wenn sie als sinnvoll wahrgenommen wird. Es kommt vielmehr auf Kohärenz, die Passung an. Führungskräfte und Mitarbeiter kennen den Zweck und die strategischen Ziele eines Unternehmens und können ihren Beitrag daran – in Form von Zielen und gelieferten Ergebnissen – erkennen. Arbeit wird integrierbar in ein ausgewogenes Leben, in dem sowohl die Sorge um sich selber als auch der Beitrag für das Ganze Platz haben. Wichtig ist es, sich selber zu verorten, das heißt, das, was Sinn und Wert im eigenen Leben schafft, herauszufinden. Und mit Zwanzig oder Dreißig beantwortet man diese Frage anders als mit Vierzig oder Fünfzig. Im Folgenden kann man sich sozusagen auf die Werteschliche kommen.

Ziel der Wert-Management-Übung ist es, sich über die eigenen Leitwerte Klarheit zu verschaffen (Tab. 5.4). Welche Gedankengebäude und Muster haben mich

Tab. 5.4 Werte-Management-Fragebogen

Das Leben ist …
Die Menschen sind …
Unsere Zeit ist …
Besonders wichtig im Leben ist …
Am besten kommst du durchs Leben, wenn du …
Am wenigsten mag ich Leute leiden, die …
Unsere Zeit leidet vor allem an …
Wenn ich Kinder hätte, würde ich ihnen vor allem beibringen …
Das höchste Glück meines Lebens wäre …
Am liebsten hätte ich Menschen um mich herum, die …
Wenn ich mir etwas wünschen könnte, wäre es …
Was ich am wenigsten mag, ist …
Glück hat, wer …
Karriere bedeutet für mich …
In der größten Not würde ich mich an … wenden
Meine Haltungen gegenüber Zeit, Geld, Versagen, Erfolg, Macht sind …

geformt, sind mir zu Leitbildern geworden und prägen mein Verhalten? Die in der Tabelle aufgeführten Sätze sollten spontan ergänzt und dann reflektiert werden.

Eine ausgerichtete Wertestruktur bildet die Basis für wirksames Netzwerken und den Aufbau einer Community. Für High Performance Leader kommt es darauf an, eine Community zu schaffen, die gemeinsam Ziele und Visionen realisiert. Zum effektiven Networking gehört es, sich klar darüber zu werden, wer die entscheidenden Stakeholder in Bezug auf die Zielsetzungen sind, und dafür zu sorgen, dass mit genau diesen Personen eine vertrauensvolle Beziehung aufgebaut wird. Das gelingt nur, wenn man selber ein vertrauenswürdiger und verlässlicher Partner ist, mit dem es angenehm ist, in Verbindung zu sein. Auf dieser Basis besteht eine Chance, in der Community seines Circles als anerkanntes Mitglied aufgenommen zu werden. Gemeinsam können so viele Themen auf dem kleinen Dienstweg geregelt werden. Die Kennzeichen tragender beziehungsweise schwacher Beziehungs- und Netzwerkstrukturen werden im Folgenden beschrieben: (in Anlehnung an Renz 1998)

Kennzeichen tragender Netzwerkstrukturen:

1. Sich die Zeit nehmen, anderen unvoreingenommen zuzuhören, andere Perspektiven anerkennen und zu verstehen
2. andere ermutigen, ihre Meinung zu sagen. Wie interpretieren die anderen das Geschehene?

3. bevor die eigenen Ideen präsentiert werden, die möglichen Reaktionen anderer durchdenken und berücksichtigen
4. bezogen auf die aktuellen Beziehungen – wie angemessen reagieren Sie, wenn Sie einen Ratschlag beziehungsweise einen Hinweis erhalten?

Kennzeichen schwacher Netzwerkstrukturen:

1. Andere werden für erfolglose Projekte verantwortlich gemacht
2. das Gefühl, andere leben nicht gemäß den gesetzten Erwartungen
3. der Eindruck, dass viele der Interaktionen im beruflichen Umfeld unangenehm und streitbar sind
4. der Eindruck, dass viele Menschen mit denen gearbeitet wird, nicht vertrauenswürdig sind.

Der Aufbau von tragenden Beziehungen braucht Zeit. Es sind die Erfahrungen, die eine solide Vertrauensbasis schaffen und die Gewissheit stärken, dass man sich gerade dann, wenn es schwierig wird, aufeinander verlassen kann.

So hat der Verhaltensökonom Gerhard Fehr herausgefunden: „Geduldige Menschen haben bessere Jobs, verdienen mehr Geld und sind insgesamt glücklicher" (Fehr 2014). Fehr hat bei mehr als 20.000 Menschen im deutschsprachigen Raum die Geduld gemessen und konnte dabei interessante Erkenntnisse gewinnen. Gesellschaft, Institutionen oder Märkte bauen einen Druck in Richtung Kurzfristigkeit auf und das führt dazu, dass die Menschen anfälliger geworden sind, der Kurzfristigkeit zu erliegen. Gesellschaftliche Trends und institutionelle Rahmenbedingungen verstärken das Kurzfristdenken noch. „Die Impulskontrolle im Job, im Konsum, im Privaten oder in der Ausbildung ist heutzutage durch viele äußere Einflüsse schwerer als noch vor dreißig Jahren. Mit dem mobilen Internet können wir eigentlich fast 24 Stunden am Tag in Versuchung geführt werden, unsere Bedürfnisse sofort zu befriedigen. Das macht müde und ungeduldig. Doch um Intelligenz zu erlangen und einzusetzen, brauchen wir Geduld und Einsatz. Dabei geht es nicht nur darum, etwas tun zu wollen, sondern länger durchhalten zu können und Impulskontrolle in den verschiedensten Situationen walten zu lassen – denn: Geduld ist der Schlüssel zum Erfolg."

5.5 Die unvermeidlichen Schritte zum High Performance Leader

Das eigene Leben zu navigieren und Leadership zu entwickeln, beginnt mit einem klaren Commitment bezogen auf die Zukunft, die möglich ist und die man bereit ist, zu kreieren. Leadership zu entwickeln, bedeutet über die Vergangenheit und die

Gegenwart hinauszugehen, einen Standpunkt in Bezug auf die Zukunft einzunehmen und einen Prozess aufzusetzen, der gemeinsam mit anderen diesen ins Leben bringt. Aus der Perspektive des Selbstmanagements bedeutet das, sich diese realistische Zukunft im persönlichen und beruflichen Bereich genau vorzustellen, sich dieser verpflichtet zu fühlen und alles Notwendige für deren Realisierung zu tun.

Die folgenden Fragen helfen, sich die eigene Zukunft vorzustellen und ein mentales Bild zu entwickeln, das dem Leadership-Potenzial entspricht.

- Wie sieht mein Leben aus, wenn ich mein ganzes Potenzial und meine einzigartigen Fähigkeiten im beruflichen und privaten Bereich einbringe? Was würde sich ändern, wenn ich mein ganzes Können wirksam einbringe?
- Für was würden sich die kommenden drei bis fünf Jahre wirklich lohnen und woran konkret werde ich festmachen, dass es tatsächlich Realität geworden ist?
- Was wird sich in meiner Organisation ändern, wenn ich mein ganzes Potenzial lebe?
- Wie werden sich meine Beziehungen im privaten und beruflichen Bereich ändern?
- Mit wem werde ich wie zusammenarbeiten, und was sind die Ergebnisse für mich und für die Menschen, die ich (an)leite und denen ich mich verbunden fühle?
- Was würde sich in der Welt ändern, wenn ich meine Fähigkeiten voll einbringe? Welchen Betrag würde ich leisten und welche Veränderung würde ich ermöglichen?
- Wie wirkungsvoll bin ich bereit zu sein?

Leadership-Kompetenz ist sicher auch zu einem Teil angeboren, doch typische Verhaltensweisen von sogenannten Natural-Born-Leaders können ebenso auch gelernt werden. Echte Leader haben besondere Eigenschaften – im Folgenden beschrieben –, an denen es sich lohnt, zu arbeiten:

Scheitern und die Lektion lernen

Scheitern oder Misserfolg kann ein großer Lehrer und Motivator für den zukünftigen Erfolg sein. Echte Leader sind in der Lage, die Lektionen des Lebens zu lernen und diese als wichtigen Schritt für den Erfolg zu sehen.

> „The difference between winners and losers is how they handle losing", Harvard Business School professor Rosabeth Moss Kanter (2013). „Resilience – the ability to effectively cope with losing, failing, and not getting what you want – is an important quality for anyone to cultivate in order to achieve success and well-being, but for leaders, it's essential. To lead well is to risk failure, and resilience helps leaders to bounce back from the inevitable hardships and setbacks that risk necessitates."

Huffington, der Herausgeber der Huffington Post, sagt:

> „great leaders dare to fail – just read the biography of any leader you admire and you'll find a story of failure." Und an anderer Stelle schreibt er: „When I ran for governor of California in 2003, it was a failure – but I learned a tremendous amount about the power of the Internet. I also learned a lot about myself, about communicating, being able to touch people's hearts and minds, and listening. All the things that were ingrained in me during the campaign definitely had an impact in forming The Huffington Post."

Dem Zweck dienen

Leader sehen den Nutzen und sind bereit, die Umgebung zu verändern, andere davon zu überzeugen und Produkte und Dienstleistungen zur Verfügung zu stellen, die einen bedeutenden Beitrag leisten und Nutzen stiften.

> „Apple's core value is we believe that people with passion can change the world", Steve Jobs said at a 1997 internal meeting on Apple's ‚Think Different' ad campaign. „And that those people who are crazy enough to think they can change the world are the ones who actually do." „Purpose drives the greatest leaders, like Jobs, to create a meaningful product or accomplish a goal that transcends the company's bottom line and to think of the company as having not just a bottom line, but also a soul. In doing so, they inspire their employees to work to their highest potential to fulfill their larger vision" (Gregoire 2015).

Ein Geber sein

Der Organisationspsychologe Adam Grant unterscheidet grundsätzlich drei Charaktere: (Grant 2013)

- die Geber, die ihre Priorität auf die Unterstützung anderer legen
- die Nehmer, die in erster Linie auf sich selber ausgerichtet sind
- die Tauscher, die gleichverteilte Vorteile für sich und andere suchen.

Seine Untersuchungen ergeben ein klares Bild. Geber herrschen entweder auf den untersten oder obersten Sprossen der Karriereleiter vor, sie haben das Risiko, „Krücken" (erfolgsarmer Typ) zu werden, aber auch die größten Chancen, als Siegertyp hervorzugehen. „Geber" sind nach Grant die auf Dauer Erfolgreicheren. Sie bringen das Potenzial in anderen zum Vorschein, sie sehen die Menschen als rohe Diamanten und sind bereit, sie zu unterstützen, sodass sie über ihre eigenen Erwartungen hinaus ihr volles Potenzial entwickeln. (Grant 2013) „Geber" werden in der Regel auch als Vorbild gesehen und verändern so auch die Verhaltensnormen in ihrer jeweiligen Gruppe. Sie unterstützen konstruktive Verhaltensweisen und fördern den Interaktions- und Wissensaustausch – was wiederum zu mehr Kreativität und Innovation führt. Sie bauen mit Geduld soziale Netzwerke auf und wiegen ihre kooperativen Gesten nicht in Dollar oder Applaus auf. Nehmer hingegen sind in jeder Situation auf ihren Vorteil bedacht. Sie möchten mehr bekommen, als sie geben. Sie sorgen dafür, dass sich die Gegenseitigkeitswaage zu ihren Gunsten neigt, indem sie ihre eigenen Interessen über die Bedürfnisse anderer stellen. Nehmer glauben, dass die Welt von Konkurrenz geprägt ist und jeder nur an sich selber denkt. Am Arbeitsplatz verhalten sich nur wenige ausschließlich als Geber oder Nehmer, eher schon nach dem dritten Verhaltensmuster. Tauscher streben nach einem Gleichgewicht von Geben und Nehmen. Sie orientieren sich am Prinzip Fairness: Wie du mir, so ich dir. Doch Nehmer und Tauscher landen auf der Erfolgsskala in der Mitte. Warum ist das so? Der Erfolg von Gebern, so der Autor, erzeugt einen Welleneffekt, der den Erfolg der Menschen in ihrer näheren Umgebung stärkt. Der Erfolg muss demnach nicht auf Kosten anderer gehen. Geber müssen weder besonders nett noch selbstlos sein. Sie erreichen ihre Ziele nur auf eine andere Art und Weise. Die Fähigkeit, sich in andere hineinzuversetzen, ist typisch für die erfolgreichen Geber. (Grant 2013)

Für Entspannung und Erholung sorgen

Leader verfolgen ambitionierte Ziele und sie arbeiten hart, um diese zu erreichen. Sie wissen, dass es Erholungsphasen braucht, um auf Dauer leistungsfähig zu bleiben. Sie haben gelernt, so mit sich umzugehen, dass ein Ausbrennen vermieden wird. Nur ein klarer Geist und ein gesunder Körper können auf Dauer hohe Leistung bringen. Sie bauen regelmäßig Erholungsphasen in ihren Tages-, Monats- und Jahresablauf mit ein. Cisco CTO Padmasree Warrior meditiert täglich und hat jeden Samstag ihren „Digital Detox Day" oder „Tech Sabbatical Day" und sorgt damit für einen ruhigen und klaren Start in die nächste Arbeitswoche. Selbst die hartnäckigsten Manager, die meinen, man müsste unbedingt bis 22 Uhr im Büro sein und am Wochenende arbeiten, machen die Erfahrung, dass auf Dauer gesehen die bewussten Erholungsphasen zu mehr und besserer Leistung führen.

Wirklich hinhören

Top-Manager sind in der Lage, die sogenannten „Weak Signals" wahrzunehmen, sei es bezogen auf ihre Mitarbeiter, sei es bezogen auf die Entwicklung am Markt, sei es bezogen auf die Situationen, die im privaten Leben gegeben sind. Sie haben gelernt, genau hinzuspüren und wahrzunehmen und mit Emotionaler Intelligenz zu agieren. Sie konzentrieren sich auf das Gegenüber und geben jedem das Gefühl, wahrgenommen und wertgeschätzt zu sein. Sie haben diese spezielle Art, mit Menschen umzugehen und ihren Vorschlägen und ihren Ideen Raum zu geben.

Offen für neue Erfahrungen und Sichtweisen sein. Für echte Leader ist es wichtig, offen, flexibel, anpassungsfähig für die globalen Veränderungen und neuen Herausforderungen zu sein. Offenheit ist eine von fünf Hauptdimensionen des Fünf-Faktoren-Persönlichkeits-Modells, die von Borkenau und Ostendorf (1993) wie folgt beschrieben werden:

- Offenheit für Erfahrungen: Mit diesem Faktor wird das Interesse und das Ausmaß der Beschäftigung mit neuen Erfahrungen, Erlebnissen und Eindrücken beschrieben. Personen mit hohen Offenheitswerten geben häufig an, dass sie ein reges Fantasieleben haben, ihre positiven und negativen Gefühle deutlich wahrnehmen sowie an vielen persönlichen und öffentlichen Vorgängen interessiert sind. Sie beschreiben sich als wissbegierig, intellektuell, fantasievoll, experimentierfreudig und künstlerisch interessiert. Sie sind eher bereit, bestehende Normen kritisch zu hinterfragen und auf neuartige soziale, ethische und politische Wertvorstellungen einzugehen. Sie sind unabhängig in ihrem Urteil, verhalten sich häufig unkonventionell, erproben neue Handlungsweisen und bevorzugen Abwechslung. Personen mit niedrigen Offenheitswerten neigen demgegenüber eher zu konventionellem Verhalten und zu konservativen Einstellungen. Sie ziehen Bekanntes und Bewährtes dem Neuen vor und sie nehmen ihre emotionalen Reaktionen eher gedämpft wahr.
- Neurotizismus: Dieser Faktor spiegelt individuelle Unterschiede im Erleben von negativen Emotionen wider und wird von einigen Autoren auch als emotionale Labilität bezeichnet. Der Gegenpol wird auch als emotionale Stabilität, Zufriedenheit oder Ich-Stärke benannt. Personen mit einer hohen Ausprägung in Neurotizismus erleben häufiger Angst, Nervosität, Anspannung, Trauer, Unsicherheit und Verlegenheit. Zudem bleiben diese Empfindungen bei ihnen länger bestehen und werden leichter ausgelöst. Sie tendieren zu mehr Sorgen um ihre Gesundheit, neigen zu unrealistischen Ideen und haben Schwierigkeiten, in Stresssituationen angemessen zu reagieren. Personen mit niedrigen Neurotizismuswerten sind eher ruhig, zufrieden, stabil, entspannt und sicher. Sie erleben seltener negative Gefühle. Dabei sind niedrige Werte nicht zwangsläufig mit dem Erleben von positiven Emotionen verbunden.
- Introversion/Extraversion: Dieser Faktor beschreibt Aktivität und zwischenmenschliches Verhalten. Er wird teilweise auch Begeisterungsfähigkeit genannt. Personen mit hohen Extraversionswerten sind gesellig, aktiv, gesprächig, personenorientiert, herzlich, optimistisch und heiter. Sie sind zudem empfänglich für Anregungen und Aufregungen. Introvertierte Personen sind zurückhaltend bei sozialen Interaktionen, gerne allein und unabhängig. Sie können auch sehr aktiv sein, aber weniger in Gesellschaft.

- Gewissenhaftigkeit: Dieser Faktor beschreibt in erster Linie den Grad an Selbstkontrolle, Genauigkeit und Zielstrebigkeit. Personen mit hohen Gewissenhaftigkeitswerten handeln organisiert, sorgfältig, planend, effektiv, verantwortlich, zuverlässig und überlegt. Personen mit niedrigen Gewissenhaftigkeitswerten handeln unsorgfältig, spontan und ungenau.
- Verträglichkeit: Ebenso wie Extraversion ist Verträglichkeit in erster Linie ein Faktor, der interpersonelles Verhalten beschreibt. Ein zentrales Merkmal von Personen mit hohen Verträglichkeitswerten ist ihr Altruismus. Sie begegnen anderen mit Verständnis, Wohlwollen und Mitgefühl, sie sind bemüht, anderen zu helfen, und überzeugt, dass diese sich in der Regel ebenso hilfsbereit verhalten werden. Sie neigen zu zwischenmenschlichem Vertrauen und zur Kooperativität. Personen mit niedrigen Verträglichkeitswerten beschreiben sich im Gegensatz dazu als widerstreitend, egozentrisch und misstrauisch gegenüber den Absichten anderer Menschen. Sie verhalten sich eher kompetitiv als kooperativ.

Leader zeichnen sich darüber hinaus durch eine hohe Ambiguitätstoleranz aus, das heißt, sie begegnen Unterschiedlichkeit offen und sind interessiert daran, neue Erfahrungen zu machen, oder wie Steve Jobs es ausdrückte: „making the bag of experiences as large as possible." In einer sich schnell verändernden globalen Welt sind Open Mindedness und Kreativität die wichtigsten Eigenschaften, die helfen, das Business strategisch richtig auszurichten und der Konkurrenz voraus zu sein. „Great leaders don't have to hit the desert to keep coming up with innovative ideas and strategies. They simply make a practice of keeping their minds open and explorative."

Sich in andere einfühlen

Empathische Leader sind die effektivsten Führungskräfte, inspirieren andere und gewinnen andere Menschen für ihre Ideen und Vorgehensweisen. Ein Leader mit empathischen Fähigkeiten findet leichter Kontakt mit anderen und versteht deren Sichtweisen und ist in der Lage, unterschiedliche Perspektiven zu berücksichtigen, um dann die wahrscheinlich richtige Entscheidung zu treffen. Jayson Boyers – Vice president of continuing professional studies at Champlain College – sagt sogar, dass Empathie die größte Kraft ist, die das Business nach vorne bringt. „Successful people do not operate alone; each of us needs the support of others to achieve positive results that push us toward our goals" (Plink 2013). „True empathy combines understanding both the emotional and the logical rationale that goes into every decision." Unternehmen, wie beispielsweise Google, bieten ein Training zur Entwicklung von Freundlichkeit und Empathie am Arbeitsplatz an.

Die Realität klar erkennen
Eine weitere Eigenschaft von High Performance Leadern ist die Bereitschaft, die gegenwärtige Realität klar zu sehen. Unter Berücksichtigung verschiedener Sichtweisen werden die unterschiedlichen Perspektiven betrachtet, gewichtet und in eine „innere Gesichtungsmaschine" gebracht, bis dann schlussendlich ein klares Bild über die jeweilige Situation abgeleitet wird. Das klingt einfach, ist es aber nicht. Psychologisch gesehen tendiert jeder erst einmal dazu, die Welt gemäß eigener Wahrnehmungsschemata zu interpretieren. Genau hinschauen und mit Verpflichtung zur „Wahrheit" die tatsächlichen Ergebnisse und Fakten im Leben anzuerkennen, das ist wichtig. Denn nur von hier aus können die nächsten Schritte in eine neue Zukunft gemacht werden.

Die folgenden Fragen helfen, ein realistisches Bild in Bezug auf die eigene Person zu erarbeiten. Wo stehe ich heute wirklich? Sie haben bereits viel für Ihre Karriere getan, einen enormen Einsatz gezeigt und die Prioritäten entsprechend gesetzt. Harte Arbeit, Selbstaufgabe und ein unbändiger Wille hat Sie erfolgreich werden lassen. Doch Sie haben auch einen Preis gezahlt. Vielleicht auch falsche Prioritäten gesetzt und im Umgang mit sich und anderen nicht immer und gegebenenfalls auch in entscheidenden Momenten nicht den richtigen Ton, die richtige Art und Weise gefunden. Wie fühle ich mich wirklich, wenn ich die letzten Jahre Revue passieren lasse? Was würde ein guter Freund mir heute sagen? Was ist noch machbar? Oder habe ich mich schon eingerichtet? Was fange ich an mit dem noch offenen, gestaltbaren Stück Leben? Was habe ich noch nicht gelebt und was wäre erfüllend, wichtig oder zufriedenstellend? Was macht es schwierig, das ganze, volle Potenzial zu leben? Wo ecke ich immer wieder an? Habe ich selber das Gefühl, dass es irgendwie nicht stimmt beziehungsweise noch nicht das ist, was lebbar wäre? Was würden die Familie, der Partner, die Freunde sagen, wo ich heute stehe und was mich auszeichnet? Was wäre machbar, wenn nicht …? Was würde ich selber aus der Perspektive einer weisen Person über mich und meine derzeitige Lebenssituation sagen? Wie würde mein Leben aussehen, wenn die bisher nicht genutzten Möglichkeiten und Potenziale lebbar wären? Bin ich bereit für Veränderung und Entwicklung? Bin ich bereit – trotz aller guten Gründe, die dagegen sprechen mögen –, das volle Leadership-Potenzial einzubringen? Bin ich bereit, mich auf mich selber einzulassen und den Weg zu finden, der genau das ermöglicht – und zwar schon bald? Bin ich bereit, einen weiteren Schritt auf dem Weg der inneren Transformation zu gehen und mich ganz einzubringen? Bin ich bereit für die Resultate, die im privaten und beruflichen Bereich tatsächlich machbar und lebbar sind?

5.6 Praxisbeispiele für Leadership und Transformation

Durch die Art, wie sie sich verhalten und wie sie die Arbeit talentierter Mitarbeiter strukturieren, können High Performance Leader das Potenzial von Führungsteams und Mitarbeitern freilegen und so kanalisieren, dass Transformation möglich wird. Denn Veränderung entsteht durch die Auseinandersetzung in Gemeinschaften. Dazu sind abgestimmte Ziele (worum geht es?), Werte (was ist uns allen wichtig?), Spielregeln (wie gehen wir miteinander um, wie gehen wir Probleme an?) und ein konstruktives Konfliktverhalten (kreative Reibung) wichtig. Eine Netzwerkstruktur, die das Arbeiten an den strategischen Themen parallel und verzahnt mit den Arbeiten an den operativen Themen sicherstellt, ermöglicht es, Neuerungen tatsächlich umzusetzen. Die folgenden Praxisbeispiele zeigen, wie das funktionieren kann.

Praxisbeispiel I

„Der Handelskonzern Otto Group hat sich vom einstigen Otto-Versand zum E-Commerce-Unternehmen entwickelt. Das Bild des Versandhausgiganten mit dicken Katalogen verblasst. Der Weg aus der Print- und Katalogwelt zum E-Commerce-Anbieter war nicht einfach, doch der Sprung ins digitale Zeitalter ist geschafft. Neckermann und Quelle konnten hier nicht mithalten. Die Kundschaft heute ist anders, sie ist mobiler, untreuer, spontaner und unberechenbarer. Otto hat sich angepasst mit agilen Strukturen, technischen Lösungen und kreativem Personal. Das Durchschnittsalter der Belegschaft liegt bei 40,3 Jahren; im E-Commerce-Bereich sind es 34 Jahre. Bereits 1995 begann man das E-Commerce-Geschäft auszubauen, 2002 wurde das Wort „Versand" im Namen gestrichen. Der Handel in den weltweit rund 100 Onlineshops ist mit über 50 % inzwischen Hauptumsatzbringer, der Gesamtumsatz 2013 lag bei 12 Mrd. €. Initiiert wurde der Transformationsprozess durch das Lhotse-Projekt. Man entschied sich, die Software für den Onlineshop von Otto selbst zu entwickeln und änderte althergebrachte Arbeitsmethoden, Strukturen und Prozesse. Es wurde auf interdisziplinäre Kollaboration gesetzt. Heute dient die Projekterfahrung als Blaupause für andere Abteilungen.

Olaf Schluter, Bereichsleiter E-Commerce, beschreibt diesen Prozess so: ‚Wenn wir einen Katalog herausgeschickt hatten, wussten wir ziemlich genau, wie viele Leute am nächsten Tag anfangen zu bestellen. Diese Planungssicherheit haben wir heute nicht mehr, weil sich der Markt komplett geändert hat. Wenn dieser Kontrollverlust de facto da ist, wie organisiere ich mich dann? Eine Otto-Antwort hierauf war die agile Kultur, in der Verantwortung in eigenverantwortliche Teams delegiert wurde und die Führungskräfte viel Zeit damit verbracht haben, über Ziele, Rahmenbedingungen und Teamkonstellationen zu reden.' ,Nach einem halben Jahr haben wir gemerkt, dass das genau unsere Aufgabe ist: uns darüber auszutauschen, quasi aus der Hubschrauberperspektive auf die Teams zu schauen und einzugreifen, wo es nötig ist. Darin liegt ein großer Teil unserer Wertschöpfung', resümiert Schluter. Lennert Bartel, 25 Jahre, der in der Softwareentwickung im Lhotse-Team arbeitet und die Apps für den Otto-Shop verschönert, schildert die Mitarbeiterperspektive: ,Meine Arbeit als Softwareentwickler soll eine Bedeutung haben. Dabei geht es mir ähnlich wie dem Handwerker, der ein Haus bauen möchte, auf das er stolz sein kann. Mir ist es wichtig, dass ich irgendwann etwas habe, von dem ich sagen kann: Dieses Produkt bleibt bestehen, das ist gut, darauf kann aufgebaut werden und es beeinflusst das Leben vieler Menschen. Das ist meine Motivation, zur Arbeit zu gehen.' Erwin Sprenger, Leiter der Systembetriebsführung, der dafür sorgt, dass Otto.de immer zur Verfügung steht, beschreibt den (Führungs-)Kulturwandel. ,Die Kultur bei Otto war früher sehr hierarchisch. Die Führungskräfte haben angeordnet und das wurde umgesetzt. Heute dagegen weichen die Manager in unserem Bereich auch mal von den eigenen Erkenntnissen ab und besprechen sich mit den Mitarbeitern. Das gilt vor allem für Probleme. Ich empfinde das als Wertschätzung. Die Vorgesetzten werden nicht mehr laut und persönlich, sondern es geht um die Sache. Der Umgang ist partnerschaftlicher, die Chefs haben gelernt, ihren Mitarbeitern zuzuhören. Sie wissen, dass sie nicht mehr alles kontrollieren oder auf dem letzten Stand sein können. In einer solchen Situation muss der Chef auf seine Mitarbeiter hören und ihnen vertrauen. Jeder Einzelne will wissen, welche Auswirkungen seine Arbeit hat, wie sie ankommt und wie sie von dem Vorgesetzten geschätzt wird. Heute gibt es ein zweiwöchiges Meeting mit jedem Einzelnen, das verlässlich stattfindet. Auch dem Wunsch nach mehr Freiraum in der Arbeitsgestaltung wird entsprochen. Früher war man eher Einzelkämpfer. Gab es ein Problem, hat man es selbst gelöst. Das ist heute nicht mehr der Fall, da häufiger in Zweierteams gearbeitet wird' (Kestel 2015).

Praxisbeispiel II

Das Praxisbeispiel wurde auf Basis des integrierten Unternehmensentwicklungsansatzes umgesetzt. Der verantwortliche IT-Chef stand vor der Aufgabe, die EDI-Plattform des Konzerns zu standardisieren, die IT-Strukturen auszurichten und weltweit einheitliche Prozesse einzuführen. Künftig sollten die Verantwortlichkeiten nicht mehr in den einzelnen Ländern, sondern in den Regionen zentriert werden. Für die Einhaltung standardisierter Prozesse trägt ein globales Team, bestehend aus den regionalen IT-Zuständigen die Verantwortung. Die in den Ländern bestehenden, unterschiedlichen IT-Systeme werden abgelöst und durch eine globale Lösung ersetzt. Auf diese Weise soll dem Unternehmen die nötige Beweglichkeit, Verfügbarkeit und Zuverlässigkeit ermöglicht werden, um die komplexen, globalen Verflechtungen innerhalb des Geschäfts effektiv managen zu können und den Anforderungen globaler Kunden gerecht zu werden. Die Ausgangssituation zeichnete sich durch eine große Anzahl in Anwendung befindlicher IT-Lösungen aus, durch entsprechend unterschiedliche Verträge und Kosten für Lizenzen und Instandhaltung, durch Know-how, das regional und produktspezifisch und nicht global anwendbar war und dadurch, dass keine Möglichkeit für gegenseitigen Support bestand. Synergien und Kooperationen zwischen den Regionen waren auf dieser Basis nur eingeschränkt möglich.

Mit den operativ Verantwortlichen in der Region wurde ein Teamentwicklungsprozess durchgeführt. Über mehrere Jahre konnte ein effektiv kollaborierendes, virtuelles, globales IT-Team aufgebaut werden. Die IT-Prozesse, Kernaufgaben und Verantwortlichkeiten wurden neu definiert, angepasst und eingeführt. Und ein zentrales Competence Center übernahm die Verantwortung für die Weiterentwicklung der Plattform.

Auf Basis einer eingerichteten Netzwerkstruktur, die drei Hierarchieebenen und vier Teams umfasste, konnten ein globales Umsetzungsvorgehen und die entsprechenden Lern- und Entwicklungsprozesse realisiert werden. Eine zielgerichtete Kommunikation zwischen den Umsetzern, den Umsetzungsverantwortlichen und den strategischen Entscheidern konnte umgesetzt werden. Die Steuerung dieser Transformation setzte zugleich auf der Inhalts- und auf der Verhaltensebene an. Das heißt, durch die Netzwerkbildung mit den regionalen IT-Verantwortlichen, durch die gemeinsame strategische Reflexion der Ausgangssituation und der Marktanforderungen wurde die Notwendigkeit für Veränderungen im globalen Team erkannt. In den Projektphasen konnten sowohl die Fachthemen als auch die Verhaltensthemen integriert bearbeitet werden. Es wurden – neben den üblichen Projektaufgaben – gezielt Teamentwicklungen durchgeführt, das interkulturelle Verständnis vertieft, Konflikte konstruktiv bearbeitet, über Projektfortschritte in den Ländern informiert und für ein grundsätzliches Verständnis der strategischen Notwendigkeiten gesorgt. In jeder Region konnte so die schrittweise Reduzierung der in Anwendung befindlichen IT-Systeme vertraglich vereinbart werden. Über mehrere Jahre wurden und werden parallel zum operativen Geschäft, verantwortet durch die regionalen IT-Manager, diese Vereinbarungen umgesetzt.

Die IT-Unternehmensberatung Gartner, die Marktforschungsergebnisse und Analysen über die Entwicklungen in der IT anbietet, bestätigt diesen hier angewendeten Entwicklungsansatz. Denn laut Gartner liegt die Herausforderung bei der erfolgreichen Umsetzung einer weltweit eingesetzten IT-Lösung nicht entscheidend in der technischen Lösung, sondern in der nachhaltigen Umsetzung der strukturellen und kulturellen Veränderungen. Neben der technischen Umsetzung ist das Zusammenwirken von weltweit aufgestellten Teams die entscheidende Erfolgsgröße (Gartner 2009). „It's all about integrating people", kommentierte der verantwortliche Projektmanager.

Die Erfolgsfaktoren dieses umgesetzten integrierten Unternehmensentwicklungsprozesses waren:

- global funktionierende Kommunikations- und Meetingstrukturen
- der offene Austausch zwischen den Verantwortlichen und eine klare Steuerung des Gesamtprozesses
- der Aufbau global funktionierender Kommunikations- und Teamstrukturen
- die Vereinbarung und Einhaltung von Aufgaben, Verantwortlichkeiten und Prozessen auf globaler Ebene
- die konsequente, operative, fachliche und verhaltensbezogene Steuerung der drei Regionen
- die zentralisierte (Weiter-)Entwicklung und Unterstützung der globalen Lösung und ein dezentral aufgestellter Betrieb.

Das Unternehmen hat es heute geschafft, bezogen auf die IT-Landschaft, große Schritte in Richtung Global Player zu gehen. Die vertraglich vereinbarten Migrationen wurden und werden umgesetzt. Das integrierte Projektvorgehen gilt als Benchmark für andere Umstrukturierungsvorhaben im Unternehmen. Eine einheitliche globale IT-Lösung existiert, Strukturen, Prozesse, Rollen und Verantwortlichkeiten, die einen weltweit abgestimmten IT-Betrieb ermöglichen, sind eingeführt, die Anwendung der dezentral betriebenen IT-Applikationen wird vertragsgemäß reduziert.

Fazit Menschen in Unternehmen haben viel zu lernen, das 21. Jahrhundert zwingt alle in Richtung einer fundamental neuen Form der Organisation, der Führung und des Umgangs miteinander. So früh wie möglich sollte mit exemplarischen Lern- und Change-Projekten gestartet werden, um Erfahrungen zu sammeln, kreativ das Neue zu gestalten und die neue Führungskultur zu leben. Inspiriert von einer klar definierten und strategisch plausiblen Vision, ausgehend von den daraus abgeleiteten strategischen Zukunftsprojekten und Netzwerken, wird eine Dynamik geschaffen, die den notwendigen Wandel ermöglicht. „Heute arbeiten noch zu viele in einem System, in dem geschwiegen, in dem Anweisungen befolgt und immer gleiche Jobs erledigt werden. Es geht um ein ständiges Suchen, Handeln, Lernen und Verändern" (Kotter 2015).

5.7 Das High-Performance-Leadership-Programm

Das High-Performance-Leadership-Programm bietet wirksames Selbstmanagement und Potenzialentfaltung auf persönlicher und organisatorischer Ebene. Im Rahmen eines High-Performance-Workshops und nachfolgenden individuellen Coaching-Sessions werden die entscheidenden Stellhebel für High Performance und Zufriedenheit im beruflichen und privaten Kontext erkannt und die zentralen Selbstmanagement-Themen lösungsorientiert bearbeitet. Parallel dazu werden die Herausforderungen im beruflichen Kontext definiert, die Interaktion mit den entscheidenden Stakeholdern verbessert und ein nachhaltig wirksames Programm zur Umsetzung der notwendigen strategischen Veränderungen in der Organisation aufgesetzt. Es wird ein Reflexionsprozess durchlaufen, der Schritt für Schritt die Potenzialentfaltung stärkt und, bezogen auf das Unternehmen, die Stellhebel für die wirksame Umsetzung von Veränderung deutlich macht. Es finden Methoden und Vorgehensweisen ihre Anwendung, die helfen, einschränkende Verhaltensweisen im privaten und beruflichen Bereich zu erkennen und loszulassen. Das Potenzial in der Leadership-Aufgabe wird erkannt und mehr und mehr zur Wirkung gebracht. Der Coaching- und Beratungsprozess findet im geschützten Rahmen und in aufmerksamer und lösungsorientierter Weise statt. Es werden die Leadership-Fähigkeiten von Entscheidungsträgern stärker aktiviert und sowohl in persönliche als auch unternehmerische Erfolge transformiert. Die angewendeten Selbstmanagement-Methoden fördern echte Gelassenheit, Effektivität und den erfolgreichen Umgang mit sich und anderen.

Im Folgenden werden die drei Bausteine des integrierten Selbst- und Unternehmensentwicklungsprogramms skizziert.

A. Leadership und Zufriedenheit im persönlichen Bereich

- Was bedeutet Leadership im Leben und im Arbeitskontext wirklich?
- die drei entscheidenden Schritte, die gemacht werden müssen, um die Leadership- Qualität nachhaltig zu stärken
- warum es wichtig ist, zunächst bei sich selber zu beginnen und am besten nie aufzuhören
- warum es absolut notwendig ist, alte Verhaltensmuster loszulassen, will man das volle Leadership-Potenzial nutzen
- die unbewusste Reinszenierung im beruflichen und privaten Kontext vermeiden und Entwicklungsthemen lösen
- wie man es schafft, bei all den Anforderungen zentriert und fokussiert zu bleiben

- wie die einschränkenden Haltungen überwunden werden, von denen man nicht einmal weiß, dass sie das eigene Leben maßgeblich beeinflussen
- welche Werte auch in kritischen Situationen zielführend sind und schwierige Dynamiken steuern helfen
- warum ein Nein zum Selbstmanagement und zur Selbstentwicklung der beste Weg ist, Leadership und Ergebnisse im Leben zu verhindern.

B: High Performance Leadership im Umgang mit Chefs, Kollegen und Mitarbeitern

- warum es auf Dauer entscheidend ist, im Umgang mit anderen konstruktiv und konsequent zu sein
- wie man die anderen wirklich für die gemeinsame Sache gewinnen kann
- welche Haltungen und Werte unabdingbar sind für das produktive und konstruktive Miteinander
- Wie sehen die Prägungen bezüglich des Miteinanders aus und wie können diese neu ausgerichtet werden?
- echte Teamdynamik kreieren, eine Leistungskultur entwickeln und Aufgaben schnell und effizient erledigen
- wie ein Mehr an strukturierter Kommunikation Arbeitsergebnisse verbessert und Zeit einzusparen hilft
- wie man Beziehungen im privaten und beruflichen Leben auf die Ebene von Beitrag und Zusammenarbeit bringt.

C: High Performance Leadership im Unternehmen

- wie ein Quantensprung in der Organisation tatsächlich umgesetzt wird
- wie ein ausgerichtetes und abgestimmtes Vorgehen auf der Top-Ebene geschaffen wird
- wie der Kundenfokus die Kraft und das Commitment entwickeln lässt
- wie im Transformationsprozess die Stärke und die Dynamik in der Organisation gebündelt und genutzt werden
- wie die Grundprinzipien von Entwicklung und Wachstum auf die Organisation angewendet werden
- welche Change-Architektur und Vorgehensweise für die Transformation wirklich funktioniert
- wie außerordentliche Performance möglich wird.

Zusammenfassung

Unternehmen heute sehen sich einem permanenten Veränderungsdruck ausgesetzt und haben die Wahl, Gestalter des Wandels zu sein und sich entscheidende Wettbewerbsvorteile zu sichern oder weiter am Gewohnten festzuhalten. Ob diese Anforderungen lediglich als unwillkommener Druck wahrgenommen oder als Gestaltungsmöglichkeit aufgegriffen werden, hängt im besonderen Maße von der Führungsmannschaft eines Unternehmens ab. Für eine gelingende Zukunft wird entscheidend sein, wie schnell und wie kompetent man auf dem Transformationsweg voranschreitet und wie nachhaltig eine neue Führungskultur gelebt wird. Lernprozesse und Potenzialentfaltung auf individueller und organisatorischer Ebene sind zur Steuerung der Transformation erforderlich. Eine gekonnte Kopplung von einerseits Selbstmanagement- und Organisationsentwicklungsthemen und andererseits die Umsetzung strategisch notwendiger Veränderungen „auf der Sach- und der Verhaltensebene" machen nachhaltige Entwicklungen im Unternehmen möglich. Für die erfolgreiche Steuerung der Transformation ist ein wirksames Selbstmanagement der Top-Führungskräfte mit entscheidend. Denn: „The world as we have created it, is a process of our thinking. It cannot be changed without changing our thinking." (Einstein/www.zitate.de) In diesem Sinne gilt der Leadership-Anspruch vom Dekan der Harvard Business School, Nitin Nohria (2015): „Ein Leader ist jemand, der das Leben anderer verbessert, der für die langfristige Überlebensfähigkeit der Organisation sorgt und der vorbildhaft seine und die Werte der Organisation lebt."

D. Kappe, *High Performance Leader – Dauerhaft erfolgreich auf der Top-Ebene*,
DOI 10.1007/978-3-658-09019-7

Literatur

Ackermann, J. (2014). Boni-System hatte jeden Bezug zur Realität verloren. *Handelsblatt-Magazin*.

Arnold, R. (2012). *Wie man führt, ohne zu dominieren. 29 Regeln für kluges Leadership*. Heidelberg: Carl-Auer.

Arnold, R. (2014). *Wie man liebt, ohne (sich) zu verlieren. 29 Regeln der Beziehungsgestaltung*. Heidelberg: Carl-Auer.

Assig, D., & Echter, D. (2012). *Ambition – Wie große Karrieren gelingen*. Frankfurt a. M.: Campus.

A.T. Kearny Managementberatung: Studie. (2014). Welt am Sonntag Nr. 32.

Auffermann, U. (2012). *Gratwanderung. Vom Überlebensinstinkt bekannter Alpinisten*. München: Bruckmann.

Avolio, B. J., & Bass, B. M. (2004). *Multifactor leadership questionnaire* (manual, third edition). Lincoln: Mind Garden.

Bay, L. (2014). Tücken des Wettbewerbs. Wie Manager nicht in die Kartellfalle laufen. *Handelsblatt*.

Beck, H., & Plickert Ph. (2014). Entwicklung alternativer Designs von politischen Vorhaben. *FAZ*.

Becker, J. (1997). Nachruf. *Der Spiegel*.

Beer, S. (1995). *Diagnosing the system for organization*. New York: Wiley.

Bellinger, A. (2004). Ich verbringe meine Zeit lieber mit der Familie. *Stern Magazin*.

Bennis, W. (2009). *Becoming a leader* (Auflage: revised edition). New York: Basic Books.

Berke, J., Brück, M., Bergermann, M., & Salz, J. (2014). Ulrich Lehner – Die stille Macht am Rhein. *WirtschaftsWoche*.

Berkel, K. (1984). *Konfliktbewältigung und Konfliktforschung*. Berlin.

Bethkenhagen, E. (2014). Kienbaum-Studie zum Mitarbeiter-Engagement im weltweiten Vergleich.

Bialdiga, K. (2014). Zu viele Lügen, zu wenig Demut. *Süddeutsche Zeitung*.

Bischoff, S. (2010). *Wer führt (in) die Zukunft*. Gütersloh: Bertelsmann.

Bleicher, K. (1991). *Das Konzept Integriertes Management* (2. Aufl.). Heidelberg: Carl-Auer.

Borkenau, P., & Ostendorf, F. (1993). *NEO-Fünf-Faktoren-Inventar (NEO-FFI) nach Costa und McCrae* (S. 5–10, 27–28). Boston: Hogrefe.

D. Kappe, *High Performance Leader – Dauerhaft erfolgreich auf der Top-Ebene*,
DOI 10.1007/978-3-658-09019-7

Boulding, K. E. (1962). *Conflict and defense, a general theory*. New York: Harper.
Bude, H. (2014a). *Gesellschaft der Angst*. Hamburg: Hamburger Edition.
Bude, H. (2014b). Die rieselnde Angst vor dem eigenen Ungeschick. *WirtschaftsWoche*.
Bund, K., & Rohwetter, M. (2014). So wollen wir arbeiten. *ZEIT*, (15).
Büntig, W. (2006). *Wie nutze ich meine Potenziale*. München: Jokers Edition.
Caillet, A., Hirshberg, J., & Petti St. (2014). How your state of mind affects your performance. *Harvard Business Review*.
Carroll, A. B. (1991). The pyramid of corporate social responsibility. Toward the moral management of organizational stakeholders. *Business Horizons*.
Carson Marr, J., & Thau, St. (2014). Falling from great (and not so great) heights. How initial status position influences performance after status loss. *Academy of Management Journal, 57*, 233–248.
Clinton, B. (2005). *Mein Leben*. Berlin: Ullstein.
Collins, J. (2014). *From good to great*. New York: Harper Business. (2001/Edition Winterwork).
Covey, S. (2012). *Die 7 Wege der Effektivität. Prinzipien für den persönlichen und den beruflichen Erfolg*. Offenbach am Main: Gabal.
Covey, S. (2014). *Leadership. Essentials für die Unternehmensführung*. Offenbach am Main: Gabal.
Dalai Lama XIV. (2012). *Regeln des Glücks: Empfehlungen des Dalai Lama für ein gelingendes Leben und Miteinander*. Freiburg: Herder.
Deckstein, D. (2010). Der Harte mit dem Adlerblick. *Süddeutsche Zeitung*.
Demaré, M. (2012). Neue Karriere mit mehr Raum. *Zeitschrift Bilanz*.
De Spinoza, B. (1632–1677). Das, was Paul über den Peter sagt, sagt mehr über den Paul aus als über den Peter. www.aphorismen.de.
Deutsch, M. (1976). *Konfliktregelung – konstruktive und destruktive Prozesse*. München: Reinhardt.
Dobbs, R., Ramaswamy, S., Stephenson, E., & Viguerie, S. P. (2014). Management intuition for the next 50 years. *McKinsey Quarterly*.
Doppler, K., & Lauterburg, Chr. (2008). *Change-Management: Den Unternehmenswandel gestalten*. Frankfurt a. M.: Campus.
Drucker, P. (2000). *Die Kunst des Managements*. Düsseldorf: Econ.
Drucker, P. (2006a). *The effective executive: The definitve guide to getting the right thinks done* (3. Aufl.). New York: Harper Business Essentials.
Drucker, P. (2006b). Die wichtigsten Ideen von Peter F. Drucker. *Harvard Business Manager*.
Drucker, P. (2008). Managing oneself. *Harvard Business Review Classics*.
Dunch, J. (2013). Die Schweiz bewegt eine Serie tragischer Manager-Schicksale. *FAZ*.
Ecclestone, B. (2013). Motorsport; Ferrari ist nicht alles.
Ehrmann, M. (1927). Die Desiderata, 1927: ursprüngl: Sage aus der Old St. Paul's Kirche, Balitmore 1692.
Fehr, G. (2014). *Geduld ist der Schlüssel zum Erfolg. Interview von Dämon K. Wirtschafts-Woche*.
Fischer, A. Odgers Berndtson Unternehmensberatung: (Befragung).
Fischhuber, S. (2013). Manager im Hamsterrad – das dann plötzlich still steht. *Wirtschafts-Woche*.

Frankl, V. E. (2009). *Trotzdem Ja zum Leben sagen. Ein Psychologe erlebt das Konzentrationslager* (9. Aufl.). München: Kösel.
Frankl, V. E. (2013). *Man's search for meaning*. London: Ebury Publishing.
Frankl, V. E. (2014). *Was nicht in meinen Büchern steht. Lebenserinnerungen*. Weinhaeim: Beltz.
Freud, S. (2014). *Gesammelte Werke*. Köln: Anaconda.
Friedman, G. (2009). *Die nächsten hundert Jahre. Die Weltordnung der Zukunft; Die Weltordnung der Zukunft*. Frankfurt a. M.: Campus.
Funke, C., Suder, K., & Domscheit, A. (2007). *A wake-up call for female leadership in Europe*. Frankfurt a. M.: McKinsey & Company.
Gallup Engagement Index, Interview mit Marco Nink, saatkorn, Hesse G. 03/2014
Galuska, D. Bewusste und leidenschaftliche Führungskultur, S. 6.; http://www.greatplacetowork.de/storage/documents/BAG_2014/Fachkongress_Vortraege/Dorothea_Galuska_Neue_Fuehrungsperspektiven.pdf.
Gälweiler, A. (2005). *Strategische Unternehmensführung* (2. Aufl.). Frankfurt a. M.: Campus.
Gartner, J. Market Trends: Multi-Enterprise/B2B Infrastructure Market, Worldwide, published March, 10th 2008.
Gartner, J. (2009a). *In search of Bill Clinton: A psychological biography*. Old Saybrook: Tantor Media Inc.
Gartner, J. (2009b). Degrees of separation, strategy for collaboration, Gartner HR Report Q 4 2009
Girard, R. (2009). *Das Ende der Gewalt*. Freiburg: Herder.
Glasl, F. (2010). *Konfliktfähigkeit statt Streitlust*. Dornach: Verlag Am Goetheanum.
Gneuss, M. (2015). Deutsche Firmen verschlafen die Digitalisierung. *Die Welt*.
Gnirke, K. (2013). Gestresste Führungskräfte: Manager am Limit; Bilanz.
Goleman, D. (2000). Leadership development. *Harvard Business Review*.
Goleman, D. (2011). *Working with emotional intelligence*. New York: Random House Publishing Group.
Goleman, D. (2013). *Konzentriert euch. Eine Anleitung zum modernen Leben*. München: Piper.
Goleman, D. (2014). *EQ – Emotionale Intelligenz, dtv* (22. Aufl.). München: Deutscher Taschenbuch.
Gottwik, G. (2006). Deutsches Ärzteblatt.
Grant, A. (2013a). Helfen macht erfolgreich. *WirtschaftsWoche*.
Grant, A. (2013b). *Geben und Nehmen, Erfolgreich sein zum Vorteil aller*. München: Droemer/Knauer.
Grässlin, J. (2000). *Jürgen E. Schrempp – Der Herr der Sterne*. München: Droemer Knauer.
Greene, R., & Elffers, J. (2000). *The 48 laws of power*. Westminster: Penguin Books.
Gregoire, C. (2015). 7 habits of natural leaders; Huffington Post; 05 2015.
Grochowiak, K., & Castella, J. (2001). *Systemdynamische Organisationsberatung*. Heidelberg: Carl-Auer-Systeme.
Gropp, M. (2015). Bewerber haben heute viel mehr Macht. *Frankfurter Allgemeine*.
Gruen, A. (2003). *Verratene Liebe – Falsche Götter*. Stuttgart: Klett-Cotta.
Grün, A. (2006). *Menschen führen – Leben wecken, dtv*.
Gunther McGrath, R. (2014). Das Zeitalter der Empathie. *Harvard Business Manager*.
Guro, J. (2013). Missmanagement. *WirtschaftsWoche*.

Hackhausen, J., & Zinnecker, S. (2014). Hoeneß, der Zocker. *Handelsblatt.*
Hammer, M., & Champy, J. (1996). *Business reengineering*. Frankfurt a. M.: Campus.
Haslauer, A., Kailitz, S., & Reinhard, J. (2014). Die Kraft zum Comeback. *Focus,* (48).
Hegele-Raih, C. (2004). Was ist Leadership? *Harvard Business,* (4).
Hellinger, B. (2011). *Erfolge im Leben und im Beruf.* Berchtesgaden: Hellinger Publications.
Hellinger, B. (2013). *Ordnungen der Liebe* (10. Aufl.). Heidelberg: Carl-Auer.
Hengstschläger, M. (2012). *Die Durchschnittsfalle*. Salzburg: Ecowin.
Hermann, H.-D. (2014). Bezaubernde Eigendynamik, Interviewt von Wolfsgruber A., Focus 30/2014.
Hill, L. A., Brandeau, G., Truelove, E., & Lineback K. (2015). Wecken Sie das kollektive Genie. *Harvard Business Manager ‚Leadership Special 2015'.*
Hoidn-Borchers, A. (2014). Das Wir-Gefühl. *Stern Magazin.*
Holtzbrinck, D. (2014). Der Boss-Effekt, Was Macht aus den Menschen macht. *Wirtschafts-Woche*. (Online/Handelsblatt GmbH, 12/2014).
Horn K.-P. & Brick R. (2001). Das verborgene Netzwerk der Macht. Gabal.
Huber, A. (2013). *Die Angst, dein bester Freund.* Salzburg: Ecowin.
IBM Unternehmensberatung, Global Business Services: Making Change Work; Studie 2009.
Johannes XIII. 10 Gebote der Gelassenheit. http://de.wikipedia.org/wiki/Die_10_Gebote_der_Gelassenheit.
Jost, S., & Kunz, A. (2014). Der Schnellmerker, der rechtzeitig die Kurve bekam. *Die Welt.*
Kaiser, A. (2015). Letztes Schaulaufen vor der Strategie. *WirtschaftsWoche.*
Kälin, K., Müri, P., Bernhard, H., Blöchliger, K., Fink, R. (1996). *Sich und andere führen. Psychologie für Führungskräfte*. Bern: Ott-Verlag.
Kappe, D. (1996). *Konfliktbewältigung und kulturspezifisches Konfliktverhalten.* Wiesbaden: Dt. Universitäts-Verlag.
Kappe, D. (2010). *Integriertes Change-Management. Die entscheidenden Erfolgshebel für Veränderung*. Mering: Rainer Hampp.
Kestel, Ch. (2015). Blaupause für die Transformation. *Harvard Business manager Spezial.*
Kets de Vries, M. (1996). *Leben und sterben im Business*. Friedrichstraße: Econ.
Kets de Vries, M. (2008). *Führer, Narren und Hochstapler.* Stuttgart: Schäffer-Poeschel.
Kets de Vries, M. (2014a). Warum Manager den Ruhestand fürchten. *Harvard Business manager.*
Kets de Vries, M. (2014b). Top-Manager auf der Couch. *Harvard Business manager.*
Kets de Vries, M. (2014c). Four pathologies that can hobble an executive and bring misery to the workplace – and what to do about them. *Harvard Business Review.*
Kets de Vries, M. (2014d). The dark side of retirement. *Harvard Business Review.*
Kets de Vries, M. (2014e). *Reflections on leadership and career development* (eBook, PDF). San Francisco: Wiley.
Kets de Vries, M., & Florent-Treacy, E. (2002). Global leadership from A to Z. *Organizational Dynamics, 30,* 295–309.
Kiani-Kress, R., & Finkenzeller, K. (2014). Einfühlsamer Haudegen. *WirtschaftsWoche,* (28).
Kienbaum, J.-M. (2014). Pfau Kienbaum-Studie zum Mitarbeiter-Engagement im weltweiten Vergleich, Welt am Sonntag.
Königswieser, R., & Exner, A. (2013). *Systemische intervention.* Stuttgart: Schäffer-Poeschel.
Königswieser, R., & Lutz, C. (Hrsg.). (1990). *Das systemisch-evolutionäre Management. Königswieser.* Wien: Orac.

Kopper, J. P. (2015). Die Kraft der zwei Systeme. *Harvard Business Manager Spezial: Leadership.*

Kotter, J. P. (2008). *A force for change. How leadership differs from management.* New York: Free PR.

Kotter, J. P. (2015). Die Kraft der zwei Systeme. *Harvard Business Review Spezial*

Kowalsky, M. (2013). Was den deutschen Topmanager in den Tod trieb. *Die Welt.*

Krieg, W. (1979). *Praxis des Systemorientierten Managements. Festschrift für Prof. Dr. Dr. h.c. Ulrich.* Bern: Verlag Paul Haupt.

Kroker, M. (2015). Bill McDermott, der Straßenkämpfer. Was den SAP-Chef antreibt.

Kruse, P., & Greve, A. (2009). Initiative Neue Qualität der Arbeit; Bundesanstalt für Arbeitsschutz und Arbeitsmedizin (02/2014 Lampe M./Kinter A. Führungskultur bei der ING DiBa, BertelsmannStiftung, 2009).

Kutter, I. (2014). Bosse, die bellen. *Die Zeit.*

Leyendecker, H. (2011). Das ist wie bei der Mafia. Die Siemens-Korruptionsaffäre. *Süddeutsche Zeitung.*

Luhmann, N. (2013). *Soziale Systeme.* Berlin: Akademie. (Hrsg. v. Detlef Horster).

Lukas, E. (1980). *Auch Dein Leben hat Sinn.* Freiburg: Herder.

Malik, F. (2009). *Systemisches Management, Evolution, Selbstorganisation. Grundprobleme, Funktionsmechanismen und Lösungsansätze für komplexe Systeme* (5. Aufl.). Schweiz: Haupt.

Malik, F. (2011). Die große Transformation, Malik on Management m.o.m.®-Letter 02/11

Malik, F. (2013). *Unternehmenspolitik und Corporate Governance.* Frankfurt a. M.: Campus.

Marci M. (2015). 35 Inspiring Leadership Quotes. *Business News Daily contributor.*

Matschoss, C. (2014). *Robert Bosch und sein Werk.* Stuttgart: Aischines.

Mayer, J. D., & Salovey, P. (2008). Emotional intelligence. New ability or eclectic traits? *American Psychological Association, 63*(6), 503–517. (0003-066X/08).

Mc Grath, R. G. (2014). Das Zeitalter der Empathie. *Harvard Business Manager.*

Meckel, M. (2013). Wer mitfühlt gewinnt. *Handelsblatt,* (236).

Menzel, S. (2014). Das wegweisend Urteil im Mittelhoff-Prozeß, Handelsblatt-online.

Merten, Ch., & Dueck, G. (2014). Alle fünf bis zehn Jahre die Strategie ändern. *Wirtschafts-Woche.*

Messner, R. (2014). Passion for limits, Audiobuch OHG.

Messner, R. Grenzgänge, Audiobuch OHG, 2002 | 2004 | 2006 | 2014.

Metzger, W. (1974). Figural-Wahrnehmung. In N. Bischof & W. Metzger (Hrsg.), *Allgemeine Psychologie. Halbband 1, Wahrnehmung und Bewusstsein* (2. Aufl.). Hogrefe: Göttingen.

Mohn, R. (2010). *Menschlichkeit gewinnt. Eine Strategie für Fortschritt und Führungsfähigkeit.* München: Goldmann.

Moss Kanter, R. (2013). Surprises are the new normal. Resilience is the new skill. *Harvard Business Review.*

Müller, U. (2014). Portugals Ex-Premier, Madrid, Hamburger Abendblatt.

Nicklas, H., & Ostermann, A. (1976). *Vorurteile und Feindbilder.* Berlin: Urban und Schwarzenberg.

Nohria, N. (2015). Harvard business school. Educating leaders, in Charly Rose interview.

Pelzmann, L. (2009a). In Malik on Management m.o.m.®: Bevor der Instinkt verkümmert, 07/09.

Pelzmann, L. (2009b). Spirit – auf den richtigen Geist in der Firma kommt es an. in: Malik on Management m.o.m.®-Letter.

Pentland, A. (2012). Social Physics. Untersuchung von Credit Suisse. *Handelsblatt.*

Piccard, B. (2015). Auf welchen Überzeugungen beruhen Ihre Strategien? *Harvard Business Manager Special.*

Plink, H. (2013). Why empathy is the force that moves business, Forbes.

Poralla, S., & Bruch, H. (2009). Wie Hilti über Generationen gute Führung garantiert, Universität St. Gallen. *Harvard Business manager Artikel.*

Probst, G. (1987). *Selbst-Organisation. Ordnungsprinzipien in sozialen Systemen aus ganzheitlicher Sicht.* Berlin: Parey.

PwC-Studie. (2014). 17th Annual Global CEO Survey ‚Fit for the Future 2014'.

Rahner, S. (2014). *Architekten der Arbeit.* Edition Körber Stiftung: Hamburg.

Reinhard, J. (2014). Die Kraft des Comeback, Selbst Tiefschlägen etwas Positives abgewinnen können. *Focus,* (48).

Renz, T. (1998). *Management in internationalen Unternehmensnetzwerken.* Wiesbaden: Gabler.

Rilke, R. M. (2011). *Die schönsten Gedichte.* Berlin: Insel.

Robinson, L. (2014). Intuition Definition, Website of the North Carolina Division of the International Association of Administrative Professionals.

Rohwetter, M. (2014). Ein Chef muss gewählt werden. *Zeit.*

Rüegg-Stürm, J., & Grand, S. (2014). *Das St. Galler Management Modell.* Bern: Haupt.

Rüttinger, B., & Sauer, J. (2014). *Konflikt und Konfliktlösung. Kritische Situationen erkennen und bewältigen* (3. Aufl.). Berlin: Springer.

Saada Saar, M., & Hargrove, J. (2014). *Leading with conviction. Mastering the nine critical pillars of integrated leadership.* New York: Wiley.

Saldern, von M. (2010). *Die Meisterung des Ichs.* Norderstedt: Books on Demand. (Sie hören eine Probe der Audible-Audioausgabe. Weitere Informationen).

Salovey P. & Mayer J.D. (2004). Emotional Intelligence. In *Imagination, Cognition, and Personality* Band 9. (S. 185–211).

Sattelberger, T. (2014). Aufbauen statt auslaugen. *Manager Magazin.*

Schlipat, H., & Martin, M. An den richtigen Stellschrauben drehn; PIPS Langzeitstudie.

Schnabel, U. (2013). Neue Haltung im Büro. Achtsamkeit gegen Stress. *Zeit.*

Schneider, M. (2014). Made in Germany. *Stern Magazin.*

Schnell, T. (2015). Arbeit darf nicht alles andere verdrängen; spielraum.xing.com.

Schwartz, T. (2013–2014). What is your quality of life @ work? HBR.org & The Energy Project.

Schwenker, B., & Müller-Dofel, M. (2012). *Gute Führung. Über den Lebenszyklus von Unternehmen.* Mainz: Brunomedia.

Scott, S. (2014). *The 10 effective qualities of a team leader.* Santa Monica: Demand Media.

Seifert, J. (2009). *Moderation und Konfliktklärung.* Offenbach: Gabal

Senge, P. (2011). *Die fünfte Disziplin. Kunst und Praxis der lernenden Organisation.* Stuttgart: Schäffer-Poeschel.

Senge-Anderson, E. (2010). Selbstmanagement. Ein umfassender Ansatz für Coaching und Training. http://www.selbstmanagement-zentrum.de/heidelberg/downloads/smsm-coaching.pdf.

Shinoda Bolen, J. (2014). *Gods in everyman: Archetypes that shape Men's lives.* New York: Harper Collings.

Siegler, R., DeLoache, J., & Eisenberg, N. (2005). *Entwicklungspsychologie im Kindes- und Jugendalter*. München: Spektrum Akademischer.

Sinek, S. (2011). *Start with why*. London: Penguin. (Portfolio Hardcover).

Singer, T., & Bolz, M. (2013). Mitgefühl in Alltag und Forschung. Max-Planck-Gesellschaft.

Slater, R. (2014). Jack Welch and the Ge was; must read summaries.

Smothermon, R. (1999). *Drehbuch für Meisterschaft im Leben*. Kamphausen.

Sodian, B. (2008). Entwicklung des Denkens. In R. Oerter & L. Montada (Hrsg.), *Entwicklungspsychologie. Ein Lehrbuch*. Beltz: Weinheim.

Spreitzer, G., & Porath, C. (2012). (Studie) Creating sustainable performance. *Harvard Business Review*.

Sprenger, R. (2007). *Vertrauen führt. Worauf es im Unternehmen wirklich ankommt*. Frankfurt a. M.: Campus.

Stamov-Roßnagel, Ch. (2015). Zitat im Harvard Business manager SPEZIAL.

Stein, von der B. (2006). Transgenerationelle Traumatisierung: Erinnerungsarbeit notwendig. *Deutsches Ärzteblatt,* (5).

Stuff, B. (2011). Jetzt wollen wir doch mal sehen, was hier los ist. *Die Welt*.

Tauber, A. (2011). Härtere Linie gegen Korruption. *Die Welt*.

Thaler, R., & Sunstein, C. (2009). *Nudge. Wie man kluge Entscheidungen anstößt*. Berlin: Econ.

Thomas, A. (2008). *Psychologie des interkulturellen Dialogs*. Göttingen: Vandenhoeck Ruprecht.

Thomas, A. (2009). *Handbuch Interkulturelle Kommunikation und Kooperation*. Göttingen: Vandenhoeck Ruprecht.

Tödtmann, C. (2014). Vertrauensindex. Die Marken, denen die Deutschen vertrauen. *WirtschaftsWoche*.

Tödtmann, C., & Engeser, M. (2014). Führungskräfte – Wie die neuen Chefs wirklich ticken. Psychogramm deutscher Chefetagen. *WirtschaftsWoche*. (06/2014 ting Sustainable Performance).

Tracy, B. (2010). *How the best leaders lead*. Flushing: Gildan Media Corporation.

Tracy, B. (2012). *Das Gewinnerprinzip. Wege zur persönlichen Spitzenleistung*. Berlin: Gabler.

Ulrich, H. (2001). *Die Unternehmung als produktives soziales System*. Bern: Haupt.

Ulrich, H., & Probst, G. (1995). *Anleitung zum ganzheitlichen Denken und Handeln*. Bern: Haupt.

Walda, M. (2010). Stress-Studie 2010: Stress bei Erwerbstätigen in der Schweiz, Staatssekretariat für Wirtschaft, www.seco-admin.ch.

Wartzman, R. What Peter Drucker Knew About 2020. http://blogs.hbr.org/2014/10/what-peter-drucker-knew-about-2020. 1610/2014.

Welch, J., & Welch, S. (2014). *Winning. Das ist Management*. Frankfurt a. M.: Campus.

Wellensiek, S. K. (2014). Resilienz-Training für Führende. Beitz.

Wikipedia. 10 http://de.wikipedia.org/wiki/Die_10_Gebote_der_Gelassenheit.

Wikipedia. http://de.wikipedia.org/wiki/St._Galler_Management-Modell.

Wikipedia. http://wikipediation.org/index.php?title=Wahrnehmung.

Willenbrock, H. (2014). Der getaktete Mensch. *brand eins*.

Wolfersdorf, M. (2009). Suizidforscher. Die harte Variante. *WirtschaftsWoche*.

Zitatebuch. (2003). Hermann Hesse. www.normanRentrop.de.

The manufacturer's authorised representative in the EU is Springer Nature Customer Service Centre GmbH, Europaplatz 3, 69115 Heidelberg, Germany. If you have any concerns regarding our products, please contact ProductSafety@springernature.com

Printed and bound by CPI Group (UK) Ltd, Croydon, CR0 4YY
23/04/2026
02095601-0002